生态文明建设思想文

主编 杨茂林

"资本有机构成"学说视域中的
社会就业失衡

谢露 何林 / 著

ZIBEN YOUJI GOUCHENG XUESHUO SHIYU ZHONG DE
SHEHUI JIUYE SHIHENG

山西出版传媒集团　山西经济出版社

图书在版编目(CIP)数据

"资本有机构成"学说视域中的社会就业失衡/谢露,何林著. -- 太原：山西经济出版社，2022.8
(生态文明建设思想文库/杨茂林主编. 第二辑)
ISBN 978-7-5577-1006-4

Ⅰ.①资… Ⅱ.①谢… ②何… Ⅲ.①失业—研究—世界 Ⅳ.①D582

中国版本图书馆CIP数据核字(2022)第103865号

"资本有机构成"学说视域中的社会就业失衡

著 者：	谢 露 何 林
责任编辑：	宁姝峰
封面设计：	阎宏睿
出 版 者：	山西出版传媒集团·山西经济出版社
社 址：	太原市建设南路21号
邮 编：	030012
电 话：	0351-4922133（市场部）
	0351-4922085（总编室）
E-mail：	scb@sxjjcb.com（市场部）
	zbs@sxjjcb.com（总编室）
经 销 者：	山西出版传媒集团·山西经济出版社
承 印 者：	山西出版传媒集团·山西人民印刷有限责任公司
开 本：	787mm×1092mm 1/16
印 张：	15.25
字 数：	215千字
版 次：	2022年8月 第1版
印 次：	2022年8月 第1次印刷
书 号：	ISBN 978-7-5577-1006-4
定 价：	68.00元

编委会

顾　　问：雷忠勤　李茂盛　张凌云　陈　劲　杨君游
主　　编：杨茂林
执行主编：晔　枫　李慧平
副 主 编：杨必仪　韩克勇
编委人员：徐　筝　蔡　静　李繁荣　姚　婷　吴朝阳　陈　玲
　　　　　延　鑫　谢　露　何　林　李国祥　李　娟　张　玥
　　　　　毕　扬　张　静　乐志红　赵李越

总　序

生态文明建设既是我国当前和未来的重大战略性任务,也是实现联合国《21世纪议程》提出的可持续发展的重要前提,同时,它还是我国发展理念的一次深刻变革。正因为如此,党的十九大将生态文明建设放在了我国发展战略的最重要的位置。习近平同志在党的十九大报告中把生态文明建设提到了前所未有的高度,他指出:"生态文明建设功在当代、利在千秋""建设生态文明是中华民族永续发展的千年大计"。很清楚,这就为促进我国生态文明建设指出了明确的方向。

为了推动生态文明建设,使学术研究能对我国生态文明建设做出理论上的贡献,我们组织不同专业领域的大学教师,及社科研究人员撰写了与生态文明建设直接相关的著作系列,亦即《生态文明建设思想文库》(以下简称《文库》)。该《文库》第一辑2017年已经正式付梓。业已出版的《文库》第一辑,具体由《自然的伦理——马克思的生态学思想与当代价值》《新自由主义经济学思想批判——基于生态正义和社会正义的理论剖析》《自然资本与自然价值——从霍肯和罗尔斯顿的学说说起》《新自由主义的风行与国际贸易失衡——经济全球化导致发展中国家的灾变》《区域经济的生态化定向——突破粗放型区域经济发展观》《城乡生态化建设——当代社会发展的必然趋势》《环境法的建立与健全——我国环境法的现状与不足》七本书构成,它是我们对生态文明建设研究的阶段性成果。

在业已出版的上述《文库》基础上,结合党的十九大与生态文明建设直接相关的顶层设计方案,《文库》编委会进一步拓展了生态文明建设方面的学科研究范围,并在此基础上组织撰写了《文库》第二辑。第二辑的内容是在第一辑基础上,对与"生态文明建设"直接相关的、诸多学科领域的系统化探讨,其内容具体包括:《国家治理体系下的生态文明建设》《生态环境保护的公益诉讼制度研究》《经济协同论》《能源变革论》《资源效率论》《大数据与生态文明》《人工智能的冲击与社会生态共生》《"资本有机构成学说"视域中的社会就业失衡》《环境危机下的社会心理》《生态女性主义与中国妇女问题研究》共十本学术专著。这十本书,围绕生态文明建设的基本思路,规定了我们所要研究的大体学科范围。《文库》作者,也大都把与生态文明建设相关的、最为紧迫的学术问题作为自己研究的方向,各自从不同角度做出了专题性的理论探讨,同时奉献出他们在这些不同领域中对生态文明建设的较新认知和具有创造性的理论观点。

下面我们对《文库》第二辑的内容进行简要介绍和分析,以使读者从中了解到我们组织撰写这套《文库》的初衷及《文库》中各专业著述的大体内容。

其中,《国家治理体系下的生态文明建设》一书,由多年从事大学思政课教学工作的年轻学者、重庆外语外事学院徐筝女士撰写。多年来,她非常关心我国生态环境保护问题。由于在大学从事思政课教学工作,所以对我国生态环境保护的顶层设计意图,及国家的相关政策和决策方针方面非常关注。同时,她也十分关心国家治理体系对我国生态文明建设的重要性。正因如此,在本书中,她对顶层设计下的生态文明之治,抑或国家治理体系下的生态文明建设问题做了系统化阐述与分析,以便更有利于对我国生态文明建设的实践做出科学性的说明。她认为,生态文明建设,当然首先涉及生态环境的治理问题。而具体到后者,又将蕴涵三个基本要素,亦即治理主体、治理机制和治理效果三个方面。为了厘清生态环境治理在各主体间的权责关系及特点,她详细讨论了它们之间的权力规定,并认为,虽然生态环境保护既属于政府治理范畴,也属于公共群体实践运作的目标;既是国家层面的战略规定,也是社会范畴的治理内容,但在不同的权力主体中,国家无疑是压倒一切的最重要的权力主体。因为,国家是整个社会前进的"火车头"和导向者,与社会范畴的其他主体相比,国家有着重要的统摄性力量,而其他主体均在国家主体的统摄范畴之中。生态文明建设,一旦成为国家的政治决策和战略目标,将会产生巨大的力量。在此前提下,国家主体将同其他主体,包括地方企业,连同群众性的社会团体等,形成上下互动、纵横协调的治理运行系统,从而确保生态环境保护和治理的高效协调性,确保人与自然之间关系的和谐共生,同时也确保"生态文明建设公共利益最大化的治理目标"得以完成。

该书由3篇12章构成全书的整体结构和框架。其中,第一篇主要阐述"问题分析:生态文明建设与国家治理的关系",它揭示了生态文明建设概念的基本内涵、主旨及当今生态文明建设的最新情况,连同历史演化等问题;第二篇是对"实践与探索:国家治理是中国生态文明建设的必由之路"的相关论述,主要阐述国家治理体系下生态文明建设的运营情况、监管体系、市场机制和创新模式等;第三篇则是对中国生态文明建设模式在全国范围运行情况的大体介绍。通过对东北、华北、华南、西南、西北这些区域建设成果及案例的对比性分析,实证性地说明了在国家主体的理论和政策的引导下,我国在生态文明建设实践中所取得的重大成就。

《生态环境保护的公益诉讼制度研究》一书,由有环境执法工作经历,及从事高校教学工作多年的重庆外语外事学院副教授蔡静女士撰写。她在教学和从事环境执法工作的实践中,对引起社会广泛关注的司法热点——"环境公益诉讼"问题十分关注,并对之进行了法学理论上的相关探讨。她认为,"环境公益诉讼"在我国生态文明建设中是需要着重加以强调的方面,因为我国资源环境承载力已达到或接近上限。故此,基于"目的是全部法律的创制者"和"制度的技术构造总是以制度的预设功能为前提、基础和目标的"两方面的原因,在书中她建设性地强调:"环境公益诉讼",旨在最大限度地维护生态环境所承载的社会公共利益,以及它所具有的生态环境保护的功能。针对2012年以来我国"环境民事公益诉讼"和"环境行政公益诉讼"制度的运行情况,作者进一步分析指出:"环境公益诉讼",目前正在成为国家环境治理的有效方式,但同时还存在着司法保护环境公共利益功能不充分的问题。因而,作者又以实现环境公益诉讼及其预设功能等法学内容为逻辑主线,结合司法实践中存在的一些突出问题,重点对"环境民事公益诉讼"和"环境行政公益诉讼"之受案范围与管辖、适格主体、审理程序中的特别规则,连同社会组织提起环境公益诉讼的激励机制等问题进行了详细分析,并有针对性地提出相应的、具有创新性特点的法学建议。很清楚,其研究对"环境公益诉讼制度"的不断完善,对我国环境保护法规范畴法学理论条款的增设或创新来说有着重要的参考价值。

除前述与"国家治理体系"及"国家法律制度建构"层面紧密相关的两本学术著作之外,本《文库》还增设了《经济协同论》《能源变革论》《资源效率论》三本专业性的论著。这三本著作,也是《文库》第二辑的一个突出亮点,它既是与我国生态文明建设相关联的理论创新,又各自从不同角度,对以往新自由主义片面的经济增长观,抑或定势化的"GDP主义"发展方式进行了实质性的理论证伪。

其中,《经济协同论》由多年来一直从事经济学和生态学理论研究的山西财经大学教授李繁荣博士撰写。该书依据马克思主义生态学理论,依据党的十九大关于生态文明建设的重要指示精神,依据可持续发展的战略原则及哈肯《协同学》的方法论,全面论证了经济发展与生态文明建设之间的关系。基于这一前提,作者对传统的经济发展方式,尤其是由新自由主义经济学主导的发展方式进行了剖析与批评。事实上,此项工作在其之前的相关著述《经济思想批评史——从生态学角度的审视》(与《经济问题》杂志主编韩克勇先生合著)及《新自由主义经济学思想批判——基于生态正义和社会正义的理论剖析》中,已经得到全面展开。在本书中,这一思想同样贯穿其中。作者认为,新自由主义经济学思想及传统的经济发展方式,严重忽略了经济发展与自然生态系统平衡之间的协调关系,同时割裂了经济进步与社会公平之间的内在联系,割裂了"代内发展"与"代际发展"之间的关系。除此,新自由主义经济学思想,还忽略了发展过程对其他众多"序参数"的协同关注,其主要特征就是片面地追求经济增长这一"单一目标"。从历史的和逻辑的结果看,新自由主义经济学思想,已经导致福利经济学派庇古理论意义上的巨大的"外部不经济"(加勒特·哈丁称之为"公地悲剧")和社会范畴的严重两极分化。而《经济协同论》的理论观点则与之不同。如果说,《经济思想批评史——从生态学角度的审视》《新自由主义经济学思想批判——基于生态正义和社会正义的理论剖析》两书,是对传统经济发展方式,抑或新自由主义经济学思想"破"字在先的系统梳理,那么,《经济协同论》则更注重可持续发展经济学新范式的"立"的内容的理论建构。它是以经济、社会、生态多元目标的协同演化及其动态平衡关系为核心研究目标的,目的在于使之能够更有效地服务于可持续发展战略及我国生态文明建设工作。另外,该书还以习近平同志2016年提出的"创新、协调、绿色、开放、共享"概念作为全书的理论架构,并借此对经济、社会、生态多元目标的有机整合过程进行了全方位分析。这种经济协同的运作方式,是在整体的有机机理中进行全面审视的。理论上,它不仅能纠正新自由主义经济学思想的片面性质,而且有助于对我国生态文明建设工作的系统解读。

《能源变革论》是由山西省社会科学院能源研究所两位副研究员,即姚婷女士和吴朝阳先生共同撰写。多年来,他们在从事能源理论的研究过程中,目睹了我国经济发展过度依赖不可再生性化石燃料,即煤炭资源的不合理情况。这种传统的能源经济发展方式,引发了对自然生态系统的严重破坏,使得山西有害气体过度排放、环境污染日益严重、地下水资源大量流失,等等,因而造成了山西自然生态系统的严重灾变。山西曾引以为荣的"能源重化工基地建设",在所谓"有水快流"发展思路指导下,煤炭超强度挖掘和开采,似乎给当时经济发展带来一时"繁荣",但生态环境失衡或破坏性的灾变也迅速凸显。据《中国环境报》2006年7月11日报道:"山西挖一吨煤损失2.48吨地下水资源。"尤其在新自由主义风行的年代,片面的经济增长观曾经渗透到煤炭开采领域的各个角落,造成全社会对不可再生能源依赖程度的越来越大。这种建立在过度消耗不可再生性化石燃料——煤炭资源基础上的经济发展方式,显然是不可持续的。在实践中,它不仅违背了联合国《21世纪议程》,及《中国21世纪议程白皮书》规定的可持续发展方向,而且也与习近平同志提出的"必须坚持节约优先、保护优先、自然恢复为主的方针"相去甚远。故此,更谈不上与党的十九大突出强调的生态文明建设发展战略要求相一致。为了从根本上扭转以往过度耗竭不可再生性自然资源的粗放型经济发展方式,为了实现约翰·罗尔斯《正义论》理论意义上的"代际公平"和能源可持续利用,为了推进党的十九大突出强调的生态文明建设发展战略,我们需要进行一场能源变革。所谓能源变革,是指在当今时代条件下,利用数字化方式和技术创新的力量,改变传统粗放型能源发展思路,促进具有环保特征的化石燃料无害化处理,推广多元新能源技术利用,优化能源结构,运用德国伍珀塔尔气候能源环境发展研究院之"因子X"(Factor X)理论提高能源利用效率,减少对不可再生性化石燃料的依赖,突破性地改变能源现状的变革,即称之为能源变革。而《能源变革论》则是对能源利用革命性转变的系统论述。

前面有关能源变革之界说的基本内涵,也正是本书进行深入探索的理论重点。在此基础上,本书对能源变革的理论内涵、能源变革的历史沿革、能源变革的具体形态和范畴、国际能源变革的最新状况、新技术手段的利用和普及、清洁生产及废弃物的资源化处理与利用、技术创新对新能源利用的推广、管理层对能源变革的认知高度、管理体制对能源变革的机理性促进、不可再生性化石燃料的减少程度,以及工业生态园区建设对废弃物资源处理和能源节约的最新进展等方面进行了全方位讨论。

《资源效率论》由重庆外语外事学院陈玲副教授撰写。陈玲女士,在多年教学过程中,对资源利用效率问题非常关注,因而也将之作为自己的主要选题。"资源效率论"与"看不见的手"的学说思想的资源配置方式有所不同,它旨在研究资源生态合理性优化配置的相关理论,同时主张摈弃并限制传统工业化发展中许多粗放型的资源利用方式。

我们知道,传统的工业化发展方式,已经对自然生态系统造成了十分巨大的破坏。这种耗竭式的资源利用方式,同时还造成了全球自然资源濒临枯竭,以致使我们今天面临着十分严峻的资源稀缺性挑战。为了做到资源生态合理性优化配置,减少传统工业化发展方式对自然资源的耗竭式采掘与消费,提高资源利用效率,开发资源利用新途径,以技术进步的力量提高资源效能,并在实践中促进资源生态合理利用率的提高,确保资源利用的高效、节约和可持续性,就成了本书所要探讨的理论重点。围绕这些关键性的理论问题,本书对"资源利用与环境变迁""生态效率与生态设计""创新式节流与开源""循环经济与资源效率""生态效率的评价",连同对未来的"思考与展望"六个方面的内容进行了讨论,并做了系统化的理论探讨。

书中还谈道:"资源效率"问题,也是国际性的大问题,因而早就引起国际上许多知名学者和著名研究机构的超前性探讨与研究。作者有幸有赴英国和加拿大访学的两次机会,这为之完成本书,提供了在国际视野范围进行研究的便利。访学过程,既便于在更广阔范围搜集与"资源效率"相关的学术资料,又便于提升自身认知水平。正是在此前提下,在书中,作者不仅大量阐述了国际上广为流行的"因子X"测定标准及与《工业生态学》的经典著述紧密相关的案例,而且还引入了与"资源效率"课题紧密联系的其他诸多信息。所有这些,不仅对完成本书,而且对促进我国生态文明建设将起到参考性作用。

除了已经介绍的前述著作,《文库》还增设了《大数据与生态文明》一书。本书由太原师范学院经济系讲师延鑫撰写。延鑫现正在韩国全州大学攻读博士学位。他对大数据与生态文明建设二者间的关系非常关心,因而在其读博期间,也将之作为自己的专题性研究项目,并使之成书。作者认为,当今时代,大数据与生态文明建设的有机整合,将会更有效地促进我国生态文明建设。因为大数据是信息化时代的重要科技,其作用不仅存在于数字与数字间的统计学分析,同时也体现在对人的决策行为的直接影响方面。大数据是多元、复杂的数字化管理系统,借助数据挖掘、信息筛选、云计算等操作方式,可将国家生态文明建设的决策,准确、科学地贯穿于实践过程。譬如,IBM(国际商业机器公司)推行的"绿色地平线计划",既是运用大数据、物联网、云计算、GIS(地理信息系统)等对大气污染防治、资源可持续性回收利用、节能减排等生态文明建设范畴的内容,智能化、数字化的系统管理过程,也是与大数据紧密关联的生态文明建设具体目标的实施或运作。故此,在本书中,作者将体系化地探讨大数据与生态文明建设二者间的关系,以使之更有效地服务于我国生态文明建设的实践过程。

除此,《文库》关注的另外理论重点还有时下国际上热议的"人工智能"和"机器人"这些当代科技。关于"人工智能对社会就业的影响",以及"大学生就业难"等问题,我们特意安排了两本专著,即《人工智能的冲击与社会生态共生》和《"资本有机构成学说"视域中的社会就业失衡》。这两本书,从不同角度对当今时代的社会就业问题进行了理论探讨。其中,《人工智能的冲击与社会生态共生》一书,由山西省社会科学院思维科学研究所副研究员李国祥撰写;而《"资本有机构成学说"视域中的社会就业失衡》一书,则由重庆外语外事学院讲师谢露和何林二位女士承担。他们都根据自己的专业特点,从不同角度瞄准并关心着同一个问题——社会就业。其中,《人工智能的冲击与社会生态共生》作者李国祥所在的山西省社科院思维科学研究所,其创始人张光鉴先生在建所之初,就将"相似论"和"人工智能"等问题作为全所研究重点。而作者作为该所的后继研究者,"人工智能问题"同样是其关注的重要范围。加之,马克思主义哲学乃其读大学和研究生期间的主修课程,这对其从事本书的理论研究大有裨益。也正是在此条件下,作者投入并完成了本书的撰写工作。作者认为,当今时代,人工智能越来越多地渗透到我们生活的各个方面,它对人类社会发展产生了深刻的影响。随着人工智能的深入研发和机器人的普及,也相应引发了诸如就业等十分严峻的社会性问题的出现。这种情况,是当今时代任何国家和政府都不能回避的重要事实。人工智能对社会就业的冲击,也要求我们在推动科技进步、重视人工智能促进生产力发展的同时,还必须考虑它与人类社会协调发展的重要性。换言之,必须重视在共生理念前提下的社会进步与和谐,因为这是我国构建和谐社会不可或缺的重要环节。

而《"资本有机构成学说"视域中的社会就业失衡》一书的研究重点同样是社会就业问题。作者谢露、何林二位女士,均为重庆外语外事学院讲师,也都面对着大学生就业难的现实问题。在学院,谢露主要从事"马克思主义基本原理"课的教学工作。而何林除了承担一定的教学任务外,其所在职能部门还与校方招生及学生毕业安排有关。二人常常对社会就业方面的突出问题进行讨论。相应地,她们所从事的教学专业课——马克思主义的许多经典论述,也为其指引着探讨问题的基本方向。在书中,二人依据马克思主义基本原理,结合当今时代的现实,详细阐述了社会就业中存在的许多问题。作者不仅批评了作为资本主义国家意识形态的新自由主义及其风行所导致的灾难性后果——它使得马克思在19世纪早就预言过的"相对人口过剩"问题于21世纪的今天又重新上演,而且更加显著地促成了资本主体财富积累的激增。在资本增值过程中,同时也异化性地利用技术进步优势,使之成为服务于"资本主体自身利润最大化"的强有力手段。换言之,马克思在19世纪早就科学论证过的"资本有机构成"中的"技术构成",依然是当代资本主体扩大资本积累的最有效方式。这种情况,今天不是有所缓解,相反地,而是更加重了无视社会就业的趋势。因为,人工智能的广泛推行,是以机器人代替社会劳动力为目的的,客观上,就势必造成马克思早就预言过的"相对人口过剩",亦即失业者的大量增加成为事实,因而必将促使当今时代"失业大军"的不断出现。正因如此,作者在其著作的命题之初,便直接嵌入马克思经典著述中的"资本有机构成"概念,以向社会提出忠告:马克思"资本有机构成学说",即使是在21世纪的今天,依然有着强大的生命力和理论指导价值。

不难看出,《人工智能的冲击与社会生态共生》和《"资本有机构成学说"视域中的社会就业失衡》两本书,各自都有着自己的显著特点,也都围绕时下全社会都关心的就业问题系统性地进行理论分析与研究。二者的共同点则在于:在书中,均详细阐述了马克思主义经典理论,及习近平同志在党的十九大报告中强调的"人与自然和谐共生"的指导思想,对构建和谐社会乃至生态文明建设的理论重要性。

在生态文明建设中,人的心理与环境的关系问题也颇受关注,故此,环境危机问题,同样是心理学理论所讨论的重要问题。本《文库》与心理学相关的著述是《环境危机下的社会心理》。本书由重庆工商大学融智学院副教授李娟女士和重庆外语外事学院心理学讲师、国家二级心理咨询师张玥女士共同撰写。在书中,她们系统梳理了心理学发展史上不同的流派对环境与人的心理之间关系的相关研究,并将之陈述其中。作者指出:机能主义学派认为,人之心理对环境是有适应功能的;行为主义则是在对机能主义的批评中,通过个体外在的行为考察其内在的心理机制,从而揭示个体心理与环境间的关系;格式塔学派认为,人们对环境的认知,是以整体的方式,而非被割裂的片段展开的;精神分析学派弗洛伊德更注重心理过程的"无意识"特征,旨在考察变态的环境氛围"无意识"地对个体梦境心理形成的影响,进而对个体"无意识"梦境心理状态进行解析,亦即弗氏的《梦的解析》。继之,荣格则将"无意识"概念上升到了社会心理学范畴,强调"集体无意识"对环境认知的重要;而人本主义心理学更注重"需要层次说"和"自我价值实现"对个体生理心理过程的理论意义,并从中展示出处于环境中的人的心理动力学原因,等等。

在系统梳理了心理学发展史上各流派的主要观点后,作者全面、深入地论述了本课题——"环境危机下的社会心理"。她们认为,当前环境危机日益严重,已经成为亟待解决的全球性突出问题。在紧迫的环境危机情况下,无疑会造成人的压力的激增,从而影响到社会成员的心理或行为的各种反应。书中进一步指出:环境危机对社会心理的影响是多方面的,具体呈现在个体、群体乃至整个人类社会的不同层次。其内容的纷繁复杂,也涵盖了人的认知、行为或情绪的各个方面。故此,本书主要是从社会心理学角度出发,多学科探讨了引发环境危机的社会根源,也着重分析了环境危机对各个层面之主体心理所形成的诸如焦虑、恐慌、怨恨、冷漠乃至应激性的群体反应等影响。在此基础上,作者从社会心理学角度切入,多维度给出了促进人与自然关系良性循环及互动的方法与路径。

《生态女性主义与中国妇女问题研究》是《文库》第二辑的最后一本著作,它由重庆外语外事学院讲师毕扬、张静和乐志红三位女士共同撰写。三人均从事思政课教学工作,教书之余,均对"中国妇女问题"十分关注,同时做了一些针对中国妇女问题的相关研究。其中,毕扬女士还多次参加全国性妇女研讨大会并宣读了与会论文。本书的撰写,一方面是依据她们的前期研究成果,另一方面则立足于生态文明建设实践中妇女工作的现实需要。在撰写过程中,她们不仅严格遵循了党的十九大报告中有关生态文明建设的指示精神,而且还参考了国外生态女性主义思潮的许多内容,并对比性地探讨我国妇女问题。所谓生态女性主义,是一种将女性主义和生态学思想相结合认识问题的国际妇女运动思潮。生态女性主义的最大特点是反男权(尤其是反资本为主体的男权),强调妇女解放和男女平等,强调生态环境保护的重要性。生态女性主义,是20世纪70年代中期,法国妇女运动领袖弗朗西斯娃·德·奥波妮在其《女性主义·毁灭》一书中最早提出的。之后,在此基础上又逐渐发展了许多分支。它不仅在西方,而且在第三世界国家也产生了不小的影响。本书能够结合生态女性主义探讨处于生态文明建设实践之中的中国妇女问题,确实不失为一个全新的视角。

以上是对《文库》第二辑全部著作的简单介绍,大体反映了《文库》第二辑的整体内容和理论架构,同时也概括性地指出了其中每一本书的基本内涵及其与生态文明建设之间的内在联系。十本书,有对顶层设计下的生态文明之治的系统论述,有环境保护法范畴的理论创新,有对基于生态正义前提的"经济协同论""资源效率论"与"能源变革论"的全面思考和论证,有对信息化时代大数据与生态文明建设之间关系的创新性认知,有对生态共生原则下的就业问题的关注,有对马克思"资本有机构成学说"进入人工智能时代的全新阐释与解读,有对环境危机下社会心理的实证性分析,还有对具有强烈环保意识的国外"生态女性主义"与正处于生态文明建设实践之中的我国妇女二者关系的对比性探索。总之,其中每一本书的作者,都为本《文库》完成付出了应有的努力,也都对其从事的专业领域做了与生态文明建设直接相关的创新性思考。但是,由于时间仓促,加之作者知识底蕴的局限,难免存在一些不足之处,故此,还望学界方家大雅指正。

2020 年 1 月

绪　论

　　资本主义世界的发展波诡云谲，充斥着各种"羊吃人"的运动，资本家则千方百计地无情攫取无产阶级的血汗。在资本家的思维里，工人阶级在工厂里付出劳动，自己给予他们相应的工资，这是一个非常平等的公式。但在这个看似公平、以出卖自己劳动力换取工资的交易方式之下，却隐藏着巨大的蹊跷，那就是工人阶级用自己的血与泪换来的剩余价值被资本家无情占有。马克思和恩格斯批判资本主义，形成的伟大思想"马克思主义"，是关于工人阶级和人类解放的科学。

一、马克思主义资本有机构成学说

　　马克思、恩格斯时刻关注着当时受剥削最严重、最惨烈的阶级——工人阶级。恩格斯在《英国工人阶级状况》一书中谈道：工人阶级的状况是当代一切社会运动的真正基础和出发点，因为它是我们目前社会一切灾难的最尖锐最露骨的表现。马克思通过考察资本积累、流通、剩余价值等，旨在研究资本增长对工人阶级命运产生的影响。而在这种研究中，最重要的因素就是资本的构成和它在积累过程中所发生的质的变化。这就是马克思的"资本有机构成"学说，它是马克思主义政治经济学的重要组成部分。资本有机构成理论也是由马克思第一个提出并加以详细阐述的，是后人把握经济学中其他理论的关键。随着资本主义经济的发展，机器大生产的出现，科学技术的进步，资本积累的增长，资本有机构成有不断提高的趋势。其原因是，资本追求剩余价值的内在冲动和资本相互竞争的外在压力，迫使资本家努力提高劳动生产率，减少单位产品劳动耗费。因此，资本家就要采用先进的技术设备，提高劳动效率，促进资本技术构成提高。那么资本有机构成提高会对社会造成怎样的影响呢？换而言之，即劳动生产率的提高会产生什么影响呢？简单来说，就是不需要那么多的工人了，资本主义工厂中会出现机器排挤工人的现象,所以会产生相对过剩人口,大量的工人就失业了。

"资本有机构成"学说的提出,对于今天中国的社会主义经济建设也具有非常重要的现实意义。在本书中,我们也借"资本有机构成"学说,来讨论此学说视域中相对人口过剩引起的社会就业失衡问题。"资本有机构成"学说的产生也有很多的现实意义,比如这一理论对于说明资本积累对工人阶级命运的影响非常关键。随着资本积累,资本有机构成有提高趋势,即资本总额中不变资本部分日益增多,而可变资本部分则相对日益减少。这样的结果减少了对劳动力的相对需求,必然导致相对过剩人口和产业后备军的形成,为揭示资本主义积累的一般规律、无产阶级贫困的必然性、资本主义积累的历史趋势,提供了理论前提。具体说来,第一,它揭示了资本家对工人剥削的真实程度。将资本划分为不变资本和可变资本,可揭示资本家剥削工人的真实程度。第二,由于资本构成的不同,在资本有机构成提高的条件下随着资本总额的增长,全部资本中不变资本所占的部分将逐步递增,可变资本所占的部分将逐步递减,从而导致资本对劳动力的需求也相对减少,结果必然形成资本主义制度所特有的相对人口过剩,加深无产阶级的贫困化。第三,这一理论还可以揭示随着资本主义社会生产力的日益发展,资本积累的不断增长,资本有机构成的不断提高,平均利润率呈下降趋势这一规律。随着平均利润率的下降,资本主义社会内部各种矛盾的展开和尖锐化,以及由此引起的经济危机,同一资本获得剩余价值的相对额减少,资本主义社会生产力和生产关系的矛盾也在深化和发展,由此可进一步论证资本主义生产方式的历史暂时性。

二、西方经济学一些理论及其应用与马克思主义劳动就业思想

任何经济学都将服务于自己的阶级,有特定的目的。亚当·斯密(Adam Smith)的学说着眼于如何增进国民财富,大卫·李嘉图(David Ricardo)的学说主要关心的是如何分配社会财富。马克思经济学的主要任务,是探究资本主义的经济机理(也就是生产关系)——资本主义经济制度如何引起资本主义自身变革的运动规律。作为资本主义世界里"凯恩斯主义"学派的代表人物,约翰·梅纳德·凯恩斯(John Maynard Keynes)针对马克思政治经济学中的很多观点,

提出了不同的见解。

20世纪二三十年代,资本主义世界出现大萧条,时代要求经济理论给出确切的解释并提供所应采取对策的理论依据。但是,以往的经济学都无法承担这一使命。固然马克思经济学曾预言到这种资本主义的残破局面,但它却无助于现实经济问题的解决。况且,美英等国视马克思如无物而全然忽视。在这种情况下,资本主义社会亟须一种崭新的经济理论予以自救。1936年,凯恩斯《就业、利息与货币通论》一书应时而生。凯恩斯的经济理论适应了当时资本主义现实的需要,使英美大多数经济学家云集其麾下。同样,资本主义世界又一位关键的人物站了出来,他就是富兰克林·罗斯福总统。他用一系列的新型经济政策使当时一败涂地的资本主义社会逐渐起死回生,经济复苏,在历史上称为"罗斯福新政"。罗斯福通过推行新政以提供失业救济与复苏经济,并成立众多机构来改革经济和银行体系,从经济危机的深渊中挽救了美国以及资本主义世界。

在罗斯福新政中,资本家通过了一系列的改革方案,提高了员工的民主权利,在一定程度上缓和了阶级矛盾。例如,有的企业提出让员工持有股份,刺激员工积极性;国有经济、合作经济、职工股份制经济并存发展,开创了资本主义经济模式的先河;国家成为社会保障的主体,美联邦政府担任起社会保障的重任,通过国家财政救济弱势群体。并且在罗斯福新政之后,许许多多的资本主义国家都效仿美国,采取了由国家主导的社会保障体系。特别是在工人阶级就业和工资待遇方面,1937年5月24日,罗斯福向国会提交了关于最低工资和最高工时立法的咨文。该咨文中提道:"我们必须铭记我们的目标是要改善而不是降低那些现在营养不良、穿得不好、住得很糟的那些人的生活水平。我们知道,当我们工人的一大部分还没有就业的时候,超时工作和低水平的工资是不能提高国民收入的。"其间由于国会一度不理会,罗斯福总统又多次提出呼吁,直到1938年6月才得以通过。这就是《公平劳动标准法》,又称《工资工时法》,主要条款包括每周最高工时和每小时的最低工资;禁止使用16岁以下童工,在危险性工种中禁止使用18岁以下工人。关于最低工资的规定,随着经济的发展,日后陆续有所调整。罗斯福要求资本家们遵守"公平竞争"的规则,规定各企业的生产规模、价格、销售范围,从而限制了垄断,缓和了阶级矛盾。

从这些社会立法中，我们可以找到马克思主义社会保障理论的影子，例如马克思在《对德国工人党纲领的几点意见》中指出，社会中产品经过分配和再分配最终将会形成补偿基金、消费基金和积累基金，社会产品的分配应按照平等原则进行。在新政中，罗斯福总统没有一味采用凯恩斯的经济学观点，而是吸纳了马克思主义的相关理论观点，比如增加了政府对经济的直接干预和间接干预，从而缓解了社会矛盾和经济危机。

总之，罗斯福新政的核心是"福利性"国家垄断资本主义，改革措施主要分为农业政策、工业政策、金融政策和社会保障政策，特别是社会保障政策中在工人阶级就业方面和马克思主义经济学中的观点有异曲同工之处。马克思主义诞生于19世纪的欧洲并得到快速发展，受到欧洲各国工人阶级的普遍欢迎。各种著作被翻译成数十种文字，在生产力先进、经济快速发展的欧洲迅速传播。然而，马克思主义没能迎来欧洲革命的胜利，反而是俄国的普列汉诺夫被马克思主义中的科学社会主义深深吸引，在反对民粹主义的斗争中广泛予以传播，使得马克思主义在俄国有了生存的根基。在马克思主义的指导下，列宁领导俄国建立了世界上第一个社会主义国家。马克思主义从此由理论走向实践，并在社会主义国家实践中不断发展壮大。

马克思主义劳动就业思想是历来马克思主义经典著作中关于就业问题的理论、观点、方法等思维活动的综合，包含马克思、恩格斯、列宁、斯大林、毛泽东、邓小平、江泽民、胡锦涛和习近平总书记的劳动就业思想。他们从各个角度和不同的层面对劳动就业问题做了深刻而丰富的论述，这是一个不断完善发展的科学体系。这些杰出的马克思主义者从不同层次对社会分工、择业问题、工资待遇、失业问题、社会保障等方面做出了深刻的论述，形成了科学的马克思主义劳动就业思想。

三、马克思主义劳动就业思想的时代化与本土化

现阶段人类社会处于由现代工业文明时代向全球化时代的过渡期。全球化的发展趋势让世界上各个国家之间联系日益紧密。对于单个国家来说，它已经无法关起门来孤立封闭地搞建设。同样对于一种理论来说，它要学会在与其他理论正面交流碰撞中寻求立足和发展。马克思主义本身也是站在无数巨人

的肩膀上才创造性地提出唯物史观和剩余价值学说的,因此从一开始它就定位为全人类服务。在尊重马克思恩格斯劳动就业思想承继关系的基础上,把握其"历史语境发展史",嵌合人类社会形态的演变,要如海洋一般,纳百川,不自封。同样,开放包容、与时俱进是马克思主义与生俱来的优秀品质。文化思想只有在不断交流和碰撞之中,吸取别家文化精华,革新自家不足,经历史的检验,才能最终结晶出正确的理论成果。列宁说:"马克思主义同'宗派主义'毫无相似之处,它绝不是离开世界文明发展而产生的一种故步自封、僵化不变的学说,而正是哲学、政治经济学和科学社会主义及伟大的代表人物的学说的直接继续……"马克思主义一开始就具有批判的意识,在实践中不断以开放的姿态实现一次次自我超越,以其批判精神、以其实践品格助力一次又一次问题的解决,以持续不断坚韧地推动理论创新,从而最终实现马克思主义的时代化。[①]

马克思主义本土化是马克思主义发展的一个阶段。当然并不是每次都能取得正向的成果。如在苏联和东欧的实践,由于执政党对马克思主义的曲解,以至于走着走着就偏离原有的轨道,酿成了震惊世界的历史悲剧。马克思的劳动价值论自诞生以来就面临多方面的责难和挑战,学术界针对劳动价值论的"转形问题"、劳动价值论的适用性问题、生产劳动与非生产劳动的划分、价值的源泉问题、活劳动的界定等问题多次展开论辩。在论辩中,马克思主义海纳百川,汲取他人好的研究方法,不断得到完善和丰富,从而用发展的劳动价值理论来解决社会主义国家劳动就业问题。

四、新自由主义及其劳动就业方面的弊端

新自由主义萌芽于西方经济学领域,出现于20世纪二三十年代。现代意义上的新自由主义,以哈耶克为代表人物,继承了古典经济自由主义,并将它发扬光大,创造性地提出了许多经济思想,对全世界都产生了极大的影响。哈耶克新自由主义典型的主张表现为公开保护资产阶级利益,主张最大化市场经济完全自由竞争,绝对保障私人财产和个人自由,大大限制政府职能,反对

[①] 庄三红:《劳动价值论的时代化研究》,中国社会科学出版社,2012,第54页。

国家干预。20世纪70年代,西方资本主义国家面临经济滞胀危机,随着凯恩斯管理政策失灵,新自由主义又经历了自我革新探索,正好由资本主义世界拿来拯救现实的经济危机,自此发展为主导资本主义社会经济、政治和意识形态发展的核心理论,一度成为西方发达国家对发展中国家推行新殖民主义的理论武器。新自由主义公开维护私有财产,有着鲜明的资产阶级属性,始终扮演资本主义喉舌的功能。1989年"华盛顿共识"的出台,标志着新自由主义正式、正面、公开地向世界宣扬,是新自由主义从理论晋升为国际垄断资本主义经济范式和政治性纲领的一个里程碑。

西方新自由主义资本主义国家由此放弃政府原本的责任,用放任失业率高涨的方式来解决与日俱增的通货膨胀。20世纪70年代起,新自由主义成为当代资本主义社会的主流意识形态,并向全球扩张。以美国为首的资本主义国家不惜动用武力对发展中国家以及经济转型国家推行新自由主义。新自由主义与经济全球化互为动力,成为一种潮流,在拉美地区、俄罗斯迅速蔓延开来。在某种程度上来讲,美国主导的全球化,实质就是全球资本主义化,它并非为拉美、俄罗斯谋求真正意义的发展,而是让其变为资本主义市场,是发达资本主义国家向全球推行新霸权主义的战略、是国际垄断资本全球扩张的产物,其推行和实施为发展中国家带来了严重的社会问题和致命的经济危害。

不可否认,20世纪80年代,新自由主义曾成为这些地区和国家经济改革缓解阵痛的"良方"。然而到了20世纪90年代,经济危机开始不断席卷全球各国,新自由主义的伪善开始暴露,世界贫富差距拉大,失业率上升,社会矛盾日渐尖锐,出现了连续的经济衰退、社会动荡和金融危机。这使得国际社会开始反思,新自由主义是否真如其标榜的那样是推动经济高速发展、实现人的全面自由和社会民主唯一法宝?国际社会对其反对和揭露的呼声愈演愈烈。由于市场经济周期性的矛盾,以及西方新自由主义者对剩余价值最大化的追求,导致资本主义国家出现人为导致的失业,人为虚假地析出劳动力,使劳动力处于假过剩状态,引起失业率高涨,社会矛盾凸显。随着新自由主义劳动就业政策的实施,政府逐步退出了对劳动力市场的干预,并通过削弱工会力量、分散集体谈判等措施,破坏对劳工权益保护的三方合作机制。资本的权力得到了进一步扩张,劳动力相对于资本而言,处于弱势地位。资本主义重新回到资本占绝对支配地位的时代。

新自由主义代表着资产阶级的经济利益,属于资产阶级的意识形态。资本主义依旧出于追求剩余价值最大化的目的,把控着社会分工,导致了剥削和劳动者失业。新自由主义劳动就业政策的推行,导致了很高的失业率,缩短了经济危机的周期,扩大了世界贫富分化。这给我们的启示是,我们必须在中国共产党的领导下,正确解读马克思主义,坚持马克思主义指导思想。在深入开展改革开放时,坚持公有制在国民经济中的主体地位,致力于发展经济,立足于当下的国情,去批判地借鉴国际社会先进科学技术和管理经验,从而循序渐进地调整、融入全球化、信息化的国际浪潮,完善中国特色社会主义制度,发展中国特色社会主义经济,建立良好的中国特色社会主义国际形象。

五、马克思主义资本有机构成学说的现实意义

在科学技术尤其是人工智能高速发展的今天,人们开始对人工智能技术应用产生的影响进行理性思考。理论界针对科技进步给经济社会带来的影响,研究由来已久。早期学者主要聚焦于以机器应用为标志的科技进步给经济社会带来的影响,如马克思曾在《资本论》中分析了生产过程中工人和机器之间的关系,并提出了"机器排挤工人"的著名论断。当代美国数学家诺伯特·维纳认为,机器人和人必然要形成一种"替代关系",机器人的发展很可能会造成"人脑失去价值"。随着科学技术的不断发展,机器被赋予了"智能",人工智能对经济社会的影响更加深入。各方尽管对人工智能和机器人的认识与趋势预测等方面还存在着不同程度的差异,但又普遍认为它们很有可能成为助推经济增长和社会进步的重要驱动力,成为引发社会变革的重要技术,也必将为经济社会发展带来空前的机遇和挑战。随着人工智能的不断发展及智能机器人的广泛应用,如何选择适宜的政策措施,在推进智能化的过程中兼顾劳动力结构的优化升级,是学术界以及各级政府亟待解决的问题。人工智能所引导的技术变革会对生产方式和社会结构造成冲击,其基于人脑科学和认知科学的从信息到知识再到智能的转化机制,能够在一定程度上替代人类发展中的生产和服务职能,必然会带来人类社会生活与生产方式的重大变革,尤其是对不同行业、不同群体的就业产生革命性影响。不过,当我们理性地看待这些时,会发现每次技术革命都推动了人类社会的进步。这中间虽然不能避免一定程度出现工人失业的问题,但并没有带来长期大规模的失业潮。

近200年过去了,马克思资本有机构成学说依然保持着经久不衰的活力,在各种视域中衍生新的能量,比如经济领域、政治领域和哲学领域。资本有机构成的提高会对我国就业产业结构产生影响,如减少对劳动力的需求,造成部分工人失业,与此同时也会引发对劳动力新的需求。同时,作为一个工业生产大国,在全球制造业的生产链上,我国一些企业只处在中低端。随着经济全球化深入发展,国际产业结构加快调整与重组,要求我们抓住机遇,努力提高我国的制造业水平,使"中国制造"在国际市场上真正有竞争力。这就必须从源头抓起,更加重视和加快发展职业教育,全面提升人力资源的整体素质。随着经济体制改革逐步推向深入,劳动力供大于求的矛盾将日渐加大,就业结构的矛盾也随着经济结构的调整日渐突出,从而可能导致贫富差距扩大。解决的办法只有加速经济的良性发展,调整经济结构,扩展新的就业领域。

六、本书的理论框架

本书共六章。第一章,对马克思"资本有机构成"学说的产生和历史演变进行了较为详细的梳理,呈现其发展过程和构成要素。以此理论为依据,揭示资本家对工人剥削的真实程度、资本主义制度下形成的相对人口过剩等,更进一步论证资本主义生产方式存在于历史舞台的暂时性。第二章,从马克思主义"资本有机构成"学说对资本主义国家产生的影响入手,探讨马克思主义失业论的来源,展示社会发展过程中各时期的失业理论。通过对凯恩斯主义和美国罗斯福新政时期借鉴马克思相关理论和思想的分析——取得了良好的经济效益、解决了更多的社会问题、维护了当时资本主义的繁荣,以此证明马克思的相关学说在资本主义社会同样具有科学的指导性。第三章以时间为序,叙述第二次世界大战后,社会主义阵营国家对马克思主义的理解以及马克思主义劳动就业思想在苏联、东欧和中国本土化的运用,揭示了资本主义时代会终结的真理,呼吁正确解读马克思主义,坚持马克思主义劳动就业思想本土化科学发展,确保社会主义旗帜常红常鲜。第四章通过对新自由主义思想发展历程的阐释,揭露以英美为主导的新自由主义国家所倡导的自由化、私有化、市场化,本质在于服务资产阶级资本积累，其加剧了世界贫富分化，造成了国际就业失衡，导致拉美地区、俄罗斯出现了经济危机，给这些国家带来极其严重的社会问题，对中国也产生了一定冲击。以此指出要深刻认识马克思主义劳动就业思想的历史与现实发展意义，呼吁牢固树立正确的劳动就业价值观。第五章，主要围绕科技进步这条主线进行论述，随着大数据、互联网特别是人工智能的迅速发展，以信息化、智能化为特征的第四次工业革命正在全球范围内展开。步入智能化社会，人工智能将成为竞争力的核心要素。旨在揭示出劳动力与机器的矛盾、生产剩余与消费不足的矛盾等，探讨人工智能的高速发展和应用对社会产业结构及劳动就业的影响。第六章，收集相关资料，证明马克思主义"资本有机构成"学说是一门与时俱进的学说，在当下仍然能够在产业结构调整、劳动就业与分配制度、再就业再分配制度等政策上继续指导我们，展现它顽强的时代价值。

前　言

随着人类社会高速发展，经济结构调整深入开展，劳动就业逐渐成为经济发展中的重难点问题。尤其2020年新冠肺炎疫情在全球的蔓延，对全球经济的影响十分明显，从而导致就业岗位缩减，就业形势更加严峻。在这种特殊的背景下，对比以马克思主义为指导思想的社会主义和以新自由主义理论为指导思想的资本主义，很容易印证马克思在百年前的结论：社会主义最终要取代资本主义，并最终带领全人类迈向共产主义社会。

疫情引发全球经济发生连锁反应，导致西方新自由主义经济学陷入有史以来最大的危机。本书两位作者基于各自的研究专长，通过检索研读马克思劳动就业理论和新自由主义发展历程的相关文献，对比梳理揭露正是由于资产阶级贪婪的剥削性质，导致贫富差距扩大。西方社会周期性爆发的经济危机，严重阻碍着人类社会的发展进步，同时表明资本主义制度必然灭亡。马克思、恩格斯所创立的社会主义科学理论，一开始就站在致力于为人的自由发展而努力的起点，从世界上第一个社会主义国家的建立，到新时期中国共产党在东方高高举起社会主义伟大旗帜，历代中国共产党的领导人，皆在带领中国人民向共产主义社会迈进，为搭建人类命运共同体献言献智。

本书的研究框架以马克思的"资本有机构成"学说作为理论基础，对劳动就业论的历史演变做了梳理。自人类社会步入工业化时代，世界上绝大多数国家和地区都受到了就业不足的困扰。在人类发展史上，威廉·配第率先提出劳动价值论。他认为劳动是价值的源泉。资产阶级古典政治经济学家亚当·斯密在《国民财富的性质和原因的研究》中指出，劳动是衡量一切商品交换价值的真实尺度。大卫·李嘉图也指出，商品的价值是由生产商品所耗费的必要劳动时间决定的，在亚当·斯密的基础上发展了劳动价值理论。马克思在《资本论》中，结合当时所处经济时代的历史条件，以当时的英国为典型范例，对资本主义生产方式进行了研究，批判地继承并形成马克思主义劳动价值论。马克思在《青年在选择职业时的思考》中这样表达他的择业就业观，即选择最能为人类而工作的职业。他站在致力于人类个体发展的视角研究劳动就业理论，而与之对立的资本主义代表理论——新自由主义，目的却在于公开维护一小撮资本家的利益，保护资产阶级私有制，最大化占有劳动者剩余价值。

马克思劳动就业理论，是在劳动价值论的基础上，通过分析劳动力成为商品的条件、资本有机构成变化的趋势，剖析了资本主义机器大工业条件下的人口相对过剩规律，阐述了资本有机构成提高情境下，资本积累对工人阶级状况的影响，提出了产业后备军理论。马克思指出："资本主义积累会不断产生出超越于资本平均价值增值的过剩劳动人口。"相对过剩人口，是资本积累的必然产物。资本家根据生产的高涨与收缩，吸进或排出劳动力要素，而不担负其维持成本。基于此，马克思把资本主义生产过程中析出的过剩人口称作"产业后备军"，这部分人失业风险极大。一针见血地揭示出资产阶级剥削压榨劳动者剩余价值、实现了资本原始积累的本质。

随着社会生产力的迅猛发展，人的自我意识进一步觉醒，经济社会的发展越来越体现为人通过主体力量的发展而实现对客观世界的改造。"资本有机构成"的提高越来越隐形化，但也更大程度地剥削着劳动者的剩余价值。特别是人工智能的出现，导致社会产业结构和资本有机构成比例发生了更大的变化，劳动者失业率逐年攀升。这也恰好契合了"资本有机构成"学说下劳动就业理论的一些观点，足以证明马克思的理论仍然保持着旺盛生命力。

本书由重庆外语外事学院谢露和何林共同完成，其中第三章、第四章由何林执笔，其余内容由谢露执笔，对应完成的字数具体为：谢露完成10万余字，何林完成近10万字。由于时间仓促、水平有限，本书难免有错误和不足之处，敬请读者批评指正。

作者

2022年5月

目 录

第一章 马克思"资本有机构成"学说产生的历史过程 …………（1）
    第一节 马克思主义资本有机构成原理 …………………（2）
    第二节 三代更替的资本有机构成学说 …………………（8）
    第三节 资本有机构成学说产生的现实意义 ……………（14）

第二章 马克思主义学说对资本主义国家产生的影响 …………（19）
    第一节 马克思关于失业理论的相关学说 ………………（20）
    第二节 马克思主义学说对凯恩斯关于失业理论的批判 ………（32）
    第三节 马克思主义与罗斯福新政对资本主义世界的影响 ……（36）

第三章 马克思主义劳动就业思想本土化 …………………（43）
    第一节 马克思主义的劳动就业思想 ……………………（45）
    第二节 马克思劳动就业思想在俄国的实践与发展 ……（54）
    第三节 东欧社会主义阵营 ………………………………（63）
    第四节 新中国的社会主义发展历程 ……………………（79）

第四章 新自由主义全球风行与国际劳动就业失衡 ……………（108）
    第一节 新自由主义 ………………………………………（108）
    第二节 新自由主义全球风行及对各国劳动就业的影响 ………（116）
    第三节 新自由主义与马克思劳动就业思想比较研究 …（133）
    第四节 马克思主义解围劳动就业失衡的秘籍 …………（143）

第五章 人工智能的普及与发展对劳动就业的影响 …………（149）
- 第一节 人工智能的内涵 ……………………………………（149）
- 第二节 人工智能的展望与质疑 ……………………………（156）
- 第三节 人工智能的发展和资本有机构成学说之间的关系 ……（163）
- 第四节 人工智能对劳动就业的影响 ………………………（179）

第六章 马克思主义学说的当代价值及影响 ………………（197）
- 第一节 扩展了资本有机构成的研究视域 …………………（198）
- 第二节 资本有机构成的提高对我国就业产业结构的影响 ……（199）
- 第三节 资本有机构成创新理论的现代价值 ………………（208）

参考文献 ……………………………………………………………（211）

第一章 马克思"资本有机构成"学说产生的历史过程

在解剖资本主义社会经济形态的内部结构时，马克思发现了资本有机构成的规律，创立了完整的资本有机构成学说，这是马克思主义政治经济学的重要组成部分。这一理论可以探究资产阶级发展的最终命运，预示资本主义工人贫穷和失业的必然性，揭示资本积累的一般规律。

马克思生活的时代正处于工业革命迅猛发展的辉煌时期，第二产业在社会生产中占有突出地位，特别是制造业飞速发展。所以，马克思把研究对象定位为物质生产领域中形成的经济关系，即"研究人类社会中支配物质生活资料的生产和交换规律"。

早在19世纪40年代，"资本有机构成学说"就已经首次被马克思提出。他在声讨资本家剥削工人、批判资产阶级对资本内涵和资本积累的狡辩时，就曾对资本的构成进行过系统的考察，并被记录在了《1844年经济学哲学手稿》里。他把生产资料分为两个部分，即"变为机器和原料"的部分和"用于工资"的部分，这个论述被他写在了1847年《工资》这份手稿中。在此，他还指出，虽然生产力越来越发达、越来越先进，这两个部分却不会成比例地增长。随后，马克思在经济学手稿中从另外一个维度对资本的构成进行了考察，即从价值增值的过程又把资本分为两个部分——不变资本和可变资本。

马克思指出，不变资本和可变资本的构成比例不同，生产力也就不同，随着生产的日趋发展和扩大，资本的不变部分比可变部分增长的速度要快。在1861—1863年的《资本论》手稿中，马克思对资本有机构成学说做了进一步的发展。在资本主义社会中，资产阶级经济学家的研究重点在考察资本在流通中创造出来的价值，所以他们把资本分为固定资本和流动资本，却没有提到不变资本和可变资本的概念，只是简单地把工资定义为资本的积累，即收入转化为工资，并且错误地认为追加投资的资本只用于购买劳动力。

马克思深刻批判了以上观点，系统而科学地阐释了在资本积累的过程中，剩余价值资本化必然分为不变资本和可变资本及其变化趋势的重要原理。为了深入研究资本积累对资本主义发展的影响，马克思在《资本论》第1卷创造性地提出"资本有机构成"范畴。在这本巨著中，马克思根据资本的不同部分在价值增值过程中所起到的不同作用，对其做出了详细的描述。他认为资本可分为不变资本和可变资本两个部分，并且结合劳动二重性原理，说明了不变资本价值的转移和可变资本价值的增值是如何在同一生产过程中同时实现的。根据资本积累的相关理论，马克思进一步阐明了资本的构成和它在积累过程中所起的变化。一旦资本主义生产方式在社会生产中完全占统治地位，社会劳动生产率的发展就成为资本积累的最有力杠杆，这时资本技术构成必然发生变化，生产资料的量比推动它的劳动力的量相对增长，反映在资本的价值构成上则是资本价值的不变部分比它的可变部分相对增长，这是技术进步条件下社会生产的客观规律。

马克思运用资本有机构成学说阐释了政治经济学上的许多重要理论问题，本学说在《资本论》一书中占有极其重要的地位。资本有机构成学说的提出，对于我们今天的社会主义经济建设也具有非常重要的现实意义。在本书中，我们也借资本有机构成学说，来探讨相关的社会就业失衡问题。

第一节 马克思主义资本有机构成原理

在了解资本有机构成之前，我们有必要系统地阐释一下其中会提到的几个重要词汇，例如资本、不变资本、可变资本、物质形式、价值形式。在政治经济学史上，马克思第一个科学地揭示了资本的本质，进而将资本区分为不变资本和可变资本。恩格斯对此做了高度评价，他说："这个区别提供了一把解决经济学上最复杂的问题的钥匙。"[1]

---

[1] 马克思:《资本论》，第2卷，人民出版社，1975，第22页。

一、"资本有机构成学说"中的"三巨头"

(一)戴面具的"资本"

资本是依靠剥削工人带来剩余价值的价值来实现增值的。在资本主义社会中,资本的表现客体为"物"的东西,即资本总是以物的形式存在。资本作为一种生产关系总是体现在物品上,并通过物品作为载体表现出来。这样就很容易混淆视听,似乎这些物品本身的天然性就是资本。但并不是所有的物都是资本,只有当这些物成为资本主义社会中资本家的私有财产,并且资本家还把它们用于剥削工人、生产出剩余价值的时候才成为资本。所以,与其说物体现了资本家和工人之间的剥削关系,不如本质地说,资本是被物的外壳所掩盖的资产阶级和无产阶级之间剥削与被剥削的关系。因此,资产阶级经济学者在解释资本时,总是把资本说成超越历史范畴,是同生产工具一起出现的,从而否认资本是在特定历史条件下的产物,将资本主义美化为一种永恒的社会制度。马克思深刻地批判了这种谬论,指出:"黑人就是黑人。只有在一定的关系下,才成为奴隶。纺纱机是纺棉花的机器,只有在一定的关系下,它才成为资本。脱离了这种关系,它也就不是资本了。"[①]所以,"资本不是物,而是一定的、社会的、属于一定历史社会形态的生产关系,它体现在一个物上,并赋予这个物以特有的社会性质"。[②]

从资本在生产过程中体现的作用来看,它分为两个部分:一是以生产资料形态存在的资本,二是以劳动力形态存在的资本。马克思又根据这两个部分在剩余价值生产过程中的不同作用,把资本划分为不变资本和可变资本。在研究资本有机构成、相对剩余人口产生的原因时,我们必须认真地讨论不变资本和可变资本的构成和影响。

(二)无公害的"不变资本"

不变资本是指在剩余价值生产过程中转变为生产资料的那一部分资本

[①] 中共中央马克思恩格斯列宁斯大林著作编译局编《马克思恩格斯全集》,第 6 卷,人民出版社,1961,第 486 页。

[②] 马克思:《资本论》,第 3 卷,人民出版社,1975,第 20 页。

（用字母 C 表示），即以生产资料形态存在的资本，经过生产过程，它的价值随着物质形态的改变，转移到新产品中去，没有发生任何价值量的变化，价值不会增值，即资本家用于购买生产资料的那一部分资本。

生产资料投入生产过程中时，资本作为生产资料只是将本身的价值转移到产品中去，即各种生产资料在投入生产的过程中都不会有价值增值的作用，只是把原有的价值转移到新的产品上，继续以新的形式存在，原有的价值量并没有得到改变。因而购买生产资料的这部分资本即为不变资本。值得注意的是，由于它们在生产中的使用价值不一样，所以投入到生产过程中的原料消耗也不同，因此价值转移的方式也有不同。例如，生产资料中的原料、辅料、燃料等会在生产过程中被一次性消耗完，很显然，这些物品的价值也一次性全被转移到了新的产品中。另外，不变资本还包括厂房、机器和设备等，这些劳动资料的使用价值不会一次性地在生产过程被全部消耗完，而是在多次的生产劳动中被逐渐磨损，但每一次的磨损同样会被算为原有价值的逐步消耗，从而把这些逐渐消耗的价值转移到新产品中去。例如，一台机器价值 50000 元，平均使用 10 年，每年转移到产品上的价值就是 5000 元。任意一类生产资料，都是在劳动过程中随着旧的使用价值形态耗尽的同时把它的价值转移到新的产品上去，而不能增加新的价值。但是有一种情况不在我们讨论的范围之列：如果进入劳动过程的生产资料没有被赋予劳动本身的价值，也不是劳动产物，比如空气、天然的水源等，就不具有价值，也就不会成为新产品价值的构成部分。生产资料作为资本不能增值的这一个特殊性，并不能排除它的组成部分发生价值变动的可能性。但是进入劳动过程中的生产资料的价值量也会发生变化，这是由于生产资料的价值量是由生产它们所消耗的社会必要劳动时间决定的，如果生产资料再生产的社会必要劳动时间变长，则该生产资料的价值量也会相应增大，反之亦然。但是这种条件之下，改变的只是生产资料价值的多少，对于它作为其本身之外执行的资本职能的性质并不会发生改变。所以我们可以看出，马克思提出不变资本这个概念，就是为了区分资本的不同组成部分在价值增值过程中所起到的不同作用。不变资本的性质只是一种物质手段，其中包含着劳动者创造剩余价值的物化形式。随着科技的发展和生产力的提高，劳动者在同一劳动时间内推动生产资料消耗的数量就会不断增加，从而使得不变资本在所有资本中的所占比重不断提高,而用于给资本家带来财富、发生价值增值的可变资本部分的比重则相对减少,最后导致利润率下降。

因此,要想在行业竞争中占据优势,获得更高的利润回报率,就必须节约单位产品中不变资本的消耗,以使得单位产品的成本下降。这是资本家提高利润率的重要手段之一,也是加速资本累积的重要途径。但在资本积累的过程中,又会出现不变资本比重增加的现象,进一步引起利润率的下降。这是资本主义生产方式内在的不可调节的重要矛盾。

(三)会魔法的"可变资本"

可变资本指的是资本家用于购买劳动力的那一部分资本(用字母 V 表示),即以劳动力形态存在的资本。经过生产过程,它的价值随着劳动力在劳动过程中产生的剩余价值转移到新的产品中去,使商品的价值量发生了变化,从而使商品的价值增值。

人的劳动具有二重性,二重性可以划分为具体劳动和抽象劳动。具体劳动是同一劳动的一个方面,它可以改变生产资料的物质存在形态,使旧价值转移到新的使用价值中。例如,一个工人把一匹布做成了衣服,在这里,工人就把布的使用价值变成了衣服这另一种使用价值,说明工人消耗掉了生产资料并将其转移到了新产品中。抽象劳动是同一劳动的另一个方面,它创造出新的价值,这个新价值包含了两个组成部分:一是劳动力的价值补偿,常常用工资的形式表现出来;二是超过劳动力补偿而延长劳动时间、被资本家无偿占有的那部分价值,即剩余价值。剩余价值的出现不但可以揭示资本家对工人的剥削,还使这部分资本量发生了变化。因为掺入了人的劳动,劳动力在使用的过程中,不仅能够创造出补偿劳动力价值的价值,而且能创造出剩余价值,使资本增值。转化为劳动力的那部分资本在生产过程中改变了产品本身的价值量,也引起了剩余价值本身的变化,因而马克思把这部分价值称之为可变资本。

资产阶级的经济学家只承认了固定资本和流动资本的划分,却否认不变资本和可变资本的划分。马克思运用劳动的二重性理论,坚定地揭示出资本的不同构成部分在价值增值过程中所起的不同作用,并把资本划分为不变资本和可变资本,具有重大意义。以此而阐明了资本家占有的剩余价值并不是由其提前垫资预付的全部资本创造的,更不是由以生产资料形式存在的不变资本创造的,而是由以劳动力形式存在的可变资本即工人的劳动力创造的,从而揭示出剩余价值的唯一来源,即工人的劳动力。这进一步也揭露了剩余价值形成的实际过程,使剩余价值的理论更加具有科学说服力。

二、资本有机构成学说中的"双生子"

资本有机构成还可以从资本划分和物质角度两个层面来进行阐释,即分为资本的技术构成和资本的价值构成。

(一)艺高胆大的"技术构成"

资本家在准备生产活动时,首先要准备以物质形式存在的预付资本,包括生产资料和劳动力两个方面。在生产技术水平和劳动生产率稳定发展的情况下,工人在生产过程中会不停地消耗生产资料。一定数量生产资料的消耗同推动生产资料消耗所必需的劳动力之间保持着一定的比例关系。这种关系是由技术决定的。马克思就把由这种比例所决定的资本构成称为资本的技术构成。

资本的技术构成反映的是全社会劳动生产率的水平,它会根据生产技术水平和劳动生产率的变化而发生相应的变化。生产力越发达,生产技术水平和劳动生产率越高,每个劳动力在相同时间内所消耗的生产资料的数量就越多,资本的技术构成也就越高;如果生产力越落后,生产技术水平和劳动生产率越低,每个劳动力在相同时间内所消耗的生产资料的数量就越少,资本的技术构成也就越低。例如,使用人工的方式包装快递,每个人只能用一台快递打包机,而且速度较慢。这时如果生产力提高,机器技术改良,使用全自动快递打包机,只需要工人按下开启键,那么这时一个工人就可以同时操作很多台快递打包机,并消耗更多的快递包装盒和相应辅料,速度较快。后者的资本技术成本显然高于前者。

从上述例子可以看出,一定数量劳动力消耗的生产资料数量的增加,主要由两个原因引起:一是劳动生产率提高的结果,二是劳动生产率提高的条件。劳动生产率提高,每个工人在固定时间内所使用的原料、材料、辅料等劳动对象就会相应增加,这种生产资料数量的增长就是劳动生产率提高引起的必然结果。当机器、设备等劳动资料数量增加导致劳动生产率提高时,这种劳动资料数量的增长,就成为劳动生产率提高的条件。无论这两个因素哪个在增长,只要再生产过程中生产资料的数量高于消耗这些生产资料的劳动力的数量，就意味着资本技术构成在提高。

在资本主义制度中，资本的技术构成会呈现出不断提高的趋势，究其原因，这是由价值规律、剩余价值规律和资本积累所决定的。

首先，价值规律的其中一个作用就是能自发地刺激社会生产力的发展。资本家为了获取更多的利益，总是希望通过改进生产技术和使用更先进的设备，把单位商品的个别价值降低到社会平均价值之下，以便获得更多的超额利润。

其次，追求剩余价值是资本主义社会中资本家生产的唯一动力和目的。而通过改进技术和更新设备来提高劳动生产率，缩短社会必要劳动时间，就可以降低工人的使用数量，减少劳动力的数量，降低劳动力的价值，改变可变资本的比重，从而剥削到更多的相对剩余价值。

最后，资本积累是剩余价值的资本化，是扩大再生产的源泉。资本家为获取更多的剩余价值，以便在商业竞争中一直保持不败之地，也必须不断进行资本积累，同时采取新的技术、新的设备，来增加相对剩余价值的生产。

以上原因都导致一定资本所使用的生产资料数量比所使用的劳动力数量相对增多，从而促使资本有机构成不断提高。概括地说，生产力越先进，技术装备水平越高，每个劳动力可能推动的生产资料的数量也就越多。资本由一定数量的生产资料和劳动力构成，两者的比例由生产的技术水平决定。即资本的物质形态的构成决定并反映出技术发展的水平。因此，马克思把它称作资本的技术构成。

(二)不甘落后的"价值构成"

从价值形态来看，资本由一定数量的不变资本和可变资本构成，不变资本和可变资本之间存在一定的比例，马克思把这种构成称为资本的价值构成。

影响资本价值构成变化的是以下两个因素：一是资本的技术构成，二是生产资料、劳动力价值的高低。随着技术的不断改进，每个劳动力所推动的生产资料增加，就表明资本的技术构成提高了。反映在价值构成上，表现为不变资本的比重增大，可变资本的比重减少，即资本价值构成的提高。通常来说，较高的技术构成，反映的是较低的价值构成；较低的技术构成，反映的是较高的价值构成。但是，在技术构成不变的条件下，如果生产资料和劳动力的价值发生了变化,则价值构成也会发生变化;或者是技术构成虽然发生了变化,但生产资料或劳动力的价值却发生了反比例的相应变化,则价值构成可以不变。马克思说:"技术构成和价值构成的差别,在每一个产业部门,都由下述的事实指出了:技术构成不变时,二资本部分的价值比例可以发生变化;技术构成变化时,二资本部分的价值比例又可以保持不变。"① 可见,资本的技术构成和价值构成,既有密切的联系,又有显著的差别。马克思是从资本的技术构成与其价值构成的统一关系来考察这种结构的。

第二节 三代更替的资本有机构成学说

一、第一代资本——资本的积累

在资本积累的过程中,资本有机构成呈现不断提高的趋势。

资本积累即剩余价值的资本化,是扩大再生产的源泉。资本家新增加的资本是积累起来的剩余价值的转化,是剥削雇佣工人的结果。资本积累的本质就是资本家不断地利用和无偿占有工人创造的剩余价值,来扩大自己的资本规模,进一步扩大和加强对工人的剥削和统治。

考察资本积累的结果,可以从两个方面来规定,即质和量。这就是马克思所说的:"资本积累最初只是表现为资本的量的扩大,但是以上我们可以看到,它是通过资本构成不断发生质的变化,通过减少资本的可变部分来不断增加资本的不变部分而实现的。"② 资本家源于获取更多剩余价值的内在动因和在市场竞争中保持不败之地的外在压力,必然不断更新机器设备,改进技术,从而提高劳动生产率,其结果是全部资本中不变资本所占比重会日趋增大,而可变资本所占比重逐步缩小。这样,必然导致资本有机构成的提高。

在日新月异的今天,科学技术的高速发展不但会影响剩余价值,同时对资

---

① 马克思:《资本论》,第 1 卷,人民出版社,1953,第 801—803 页。
② 同上书,第 689—690 页。

本的积累也会带来一定的影响。我们也会发现,科技的进步与资本有机构成的变化也是同时发生并相互影响的。当今时代的资本积累,不能只简单地理解为资本规模的扩大再生产,质量和效率的扩大再生产才是资本家更多的追求。有两个新形式的变化明显地出现在资本积累中:一是在资本积累的过程中,资本家的目的是为了获取更大的利润,但要达到这个直接目的就必须购买更多先进的、生产效率高的、科学技术含量高的机器。这时,资本家肯定会不断积累不变资本。个别资本家为了追求更多的积累就需要寻找更多的方法来代替劳动力生产。新的方法使得个别生产劳动生产率提高,其生产的商品包含的价值量与社会平均价值量相比会更低,最终就会获得比其他企业更多的利润,也就是超额剩余价值。当个别企业引进新的技术和机器设备使劳动生产率提高时,其他资本家为了在竞争中获得优势也会进行技术革新,以提高自己企业的劳动生产率,结果就是整个社会的劳动生产率得到提高,科技得到进步。二是资本积累与科技进步息息相关,科技进步会更加促进资本的加速积累,随着社会化大生产,科技的飞速发展会促进劳动生产率的快速提高,劳动生产率提高会加速资本积累的水平与速度。资本积累的过程,首先从个别资本扩大开始,原因在于随着个别资本不断扩大,其在为资本带来更大提升空间的同时,会导致资本有机构成发生变化。个别资本为了获得更多的资本积累通常有两种方式,即资本积聚和资本集中。资本积聚是指大资本家在资本积累的基础上通过兼并其他个体小资本来实现总量资本的扩大。资本集中是指个别资本通过彼此结合形成较大的资本,是几个资本结合成为一个较大的资本而引起个别资本规模的增大,也就是许多分散的小资本通过彼此的合作、联合从而形成更大的资本。通过资本积聚和资本集中带来更多的资本,这些资本在最大限度上会投入到科研的使用,用作发明生产效率更高的机器。

资本积累的重要组成部分是剩余价值或剩余产品,一切建立在这个基础上的提高社会劳动生产力的方法,同时也是提高剩余价值或剩余产品的生产的方法,而剩余价值或剩余产品又是积累的形成要素。因此,这些方法同时也是资本生产资本或加速资本积累的方法。剩余价值不断地再转化为资本,表现为进入生产过程的资本量的不断增长。这种增长又成为不断扩大生产规模的基础,成为随之出现的提高劳动生产力和加速剩余价值生产的方法的基础。可见,一定程度的资本积累表现为特殊的资本主义生产方式的条件,而特殊的资本主义生产方式又反过来引起资本的加速积累。因此,特殊的资本主义生产方式随着资本积累而发展,资本积累又随着特殊的资本主义生产方式而发展。这两种经济因素由于这种互相推动的复合关系,引起资本技术构成的变化,从而使资本的可变组成部分同不变组成部分相比越来越小。

资本有机构成的提高必然会引起资本积累、资本扩张发展。原因在于,首先机器本身具备更大的价值,这个价值是工人手中的手工工具不能比拟的。这样就会导致不变资本在总资本中占有的比重快速上升。其次,机器的使用会引起能源动力的消耗。这也会导致不变资本在总资本中占有的比重大幅度上升。再次,假设生产中消耗的原料数量相等,但由于机器的改进,原有的原料需要几十个人消耗,现在却只需要几个人消耗,必然会导致不变资本的相对上升。最后,机器改良的直接结果是必然导致机器大量排挤工人,所以可变资本绝对下降。

二、第二代资本——传统的资本有机构成

资本有机构成概念是重要的分析工具,可以用来解释技术进步和社会劳动生产力提高的趋势,说明技术进步条件下的劳动力剩余及一般利润率下降的规律。

马克思对资本有机构成是这样论述的:"资本的有机构成要从双重的意义上来理解。从价值方面来看,资本的构成是由资本分为不变资本和可变资本的比率,或者说,分为生产资料的价值和劳动力的价值即工资总额的比率来决定的。从在生产过程中发挥作用的物质方面来看,每一个资本都分为生产资料和活的劳动力;这种构成是由所使用的生产资料和为使用这些生产资料而必需的劳动量之间的比率来决定的。我把前一种构成叫作资本的价值构成,把后一种构成叫作资本的技术构成。二者之间有密切的相互关系。为了表达这种关系,我把资本技术构成决定并且反映技术构成变化的资本价值构成,叫作资本的有机构成,通常用 C∶V 表示。凡是简单地说资本构成的地方,始终应当理解为资本的有机构成。"例如,某产业资本家以 1000 万元投入纺织工厂生产,其中用于纺织机、纱线、厂房等生产资料方面的不变资本为 900 万元,用于雇

佣劳动力方面的可变资本为100万元,则资本有机构成就是9∶1。

资本有机构成提高时,不变资本的增长速度快于可变资本的增长速度,在现实经济中就表现为企业对劳动力的需求相对减少,这一资本主义积累的一般规律就会带来社会平均利润率的下降以及劳动失业人口的增加,其结果必然是资本主义矛盾的激化,而这种资本有机构成的提高又是由资本的趋利性所造成的,其不仅是资本主义的特性,也是市场经济的必然结果,因而对于资本有机构成的分析也就可以成为现代宏观经济工作的重要衡量指标。

马克思的资本有机构成理论旨在讨论构成"不变资本"的"机器资本"与构成"可变资本"的"劳动资本"的变化对资本利润率的影响。更简明而通俗的解释,就是资本家选择用资本来购买新的设备更能带来价值,还是选择用资本来雇佣劳动力更能赢得利润。

三、第三代资本——与时俱进的资本有机构成

(一)新兴产业带来的变化

由于时代背景的局限性,马克思对于传统意义上资本有机构成的分析开始于工业革命爆发初期。当时的社会支柱行业为制造业,因此马克思研究的对象就必然集中于物质生产领域。然而,现代的市场经济发展是在信息技术革命背景下进行的,并有一系列新兴的科技和工业部门不断涌现,例如新能源、人工智能技术、空间技术及其相关产业部门等。国民发展中信息产业部门的比重也日益增大,产业结构软化,部分经济发达的资本主义国家已经率先进入信息时代。在这样的时代背景下,科技进步,生产力日新月异,传统的经济理论受到了诸多挑战。因此,资本有机构成这一范畴的学说和理论也需要与时俱进,顺应时代的需求发生相应的改变。

大量资本的投入,会使科学技术得到快速的发展,更符合当今时代追求科学技术快速发展的必然要求。科技的快速发展会给现代企业带来一些影响。首先,现代产业生产部门中分工不断被细化——细化分工也是提高劳动生产率的一种手段,但是在资本积累中外在条件一致的情况下,大的资本整体基数比小的资本基数大,在资本积累过程中比小资本的速度要更快,所以大资本带来的利润也会更大。尤其在竞争的条件下,大的资本优势就更为明显了,因为其

有更多的资本可以投入到企业中，比如引进先进的生产设备、科学组织管理等，这些都比小资本更易获得更多的剩余价值，进而获得更多的资本积累。其次，固定资本的更新以科技的创新来表现。资本家通过购买更为先进的科学技术和生产机器来提高生产率，可以获得比其他企业更多的剩余价值，而剩余价值的资本化就是资本积聚。所以综上所述，资本积聚是能获得更多固定资本的保障，固定资本的更新是科技进步的保障，科技进步又会使生产资料得到更新，从而各个方面都会得到提升，这是一个循环。

传统的物质生产部门，最显著的特点是高投入、高能耗，而新兴产业却更大比重地依托于科学技术、科学知识等非物质表现形式类型的资源投入，并表现为高效率、低耗能的特点。在信息时代，甚至是人工智能时代到来的今天，知识和技术成为了各企业发展的核心动力，企业为了攫取高额的利润和在市场上拥有长足的竞争力，只能不断地提高自身的研发能力。同时，信息化产业的高技术投入会导致劳动力的隐形成本急剧上升。能掌握高技能的工人必须经过复杂劳动和专业的教育和培训，企业中核心技术工人、技研人员等脑力劳动者的比重增加得快于一般的体力劳动工人，同样，其劳动的复杂性也大大增加。加之产业结构优化重点的转移，会导致生产投入中原材料、燃料等以流动资本为代表的物质资源投入总量大大降低，而依靠技术、教育衡量的劳动力价值明显增加。信息化时代、智能时代背景下让资本的有机构成也具有了与时俱进的先进性。

(二)科技进步带来的新变化

在社会发展的同时，科学技术也在不断进步，比如第一次科技革命，蒸汽机的出现给人们生产提供了动力源；第二次科技革命，内燃机的发明和电力的应用，使机器代替了手工劳动；第三次科技革命，是社会历史发展过程中的关键，因为计算机与航空技术的发明使用，使人们进入信息化时代，人与人空间上的距离被无限拉近。而如今人们正生活在数字化时代，这些进步使资本有机构成发生了哪些变化？可以从以下几个方面做分析。

1. 不变资本与可变资本

科技的进步使企业之间的竞争力由各自拥有的知识资本所决定，知识资本成为企业利润的主要来源。知识资本可以划分为结构资本(不变资本)和人力资本(可变资本)两种。结构资本包括企业制度、专利技术、商誉等。在不变资本方面，早期的社会生产中，机器设备是企业生存的主要因素，而现在企业生存不仅仅依靠机器设备，还有无形的资产如企业制度、商誉等，这些新生的变化都会给不变资本带来影响，但是结构资本在价值生产过程中只转移其本身价值，不发生价值增值。不变资本的生产资料价值的减少是科技等多方面因素促成的，在商品生产过程中所耗费的必要劳动时间也会相应减少，剩余劳动时间则会增加，这就使生产技术水平的提高也就是资本技术构成的提高会影响资本价值构成提高，最终使资本有机构成发生变化。在可变资本方面，人力资本具有很大的变动性，因此具有可变资本的性质，企业购买劳动力不仅包括劳动者生存所需要的工资，还包括劳动者作为人力资本参与剩余分配的那部分投资。科技发展的不断提高使简单劳动的标准也不断提高，劳动者就必须学习新的知识技能，才能更好地在社会中生存，因此这部分投资的增加会对资本价值构成产生影响。综上所述，不管是不变资本还是可变资本，都在随着科技的进步不断出现新的变化，影响资本有机构成的变化，进而使资本的积累发生变化。

2. 资本技术构成与资本价值构成

从马克思给出的定义中，可以看出资本有机构成的变动是由各个要素数量变动和要素价值变动两个方面引起的。从历史发展的观点看，科技进步使物质资本等不变资本中的各种知识与信息量有所增加，从而使管理者对劳动者的综合素质和劳动技能提出更高的要求，也就是对人力资本水平的要求也就越来越高，这就导致劳动者用于投资自身和家庭成员文化与技能的资金增加，人力资本价值迅速增加，最后导致了技术进步出现技能偏向性的趋势。而技能偏向性的技术对全社会资本有机构成的影响可以分为以下几个阶段：第一个阶段是全社会资本有机构成提高的阶段，该阶段科技进步会形成技能偏向型技术，技能偏向性进步发展程度缓慢降低时，技术发明部门的发展程度也相应地变低，规模偏小，而相反技术应用部门规模则变大。为了满足资本配置的条件，技术发明部门的固定资本投入比例要小于技术应用部门的结构资本投入比例，同时技术发明部门高技能劳动者的投入比例相应地也要小于技术应用部门低技能劳动者的投入比例，在这样的条件下全社会的资本有机构成会出现一种提高的趋势。第二个阶段，全社会资本有机构成受技能偏向型技术进步的影响不明显。经过一定时期的发展,技能偏向型技术得到一定的提升,技术发明部门在规模扩大的同时也在很大程度上得到发展。在资本配置控制的条件下,技能偏向型技术的发展会使一个部门的资本有机构成提高、另一个部门资本有机构成降低,两者之间的影响效应相互抵消,因此全社会资本有机构成就会处于一个稳定的状态。第三个阶段,由于技能偏向性技术的影响,全社会资本有机构成处于下降状态。经过前两个阶段的发展,技能偏向型技术已经得到了极大的发展,同时也促进了技术发明很好的发展,并且规模比之前更大。技能偏向性技术更大程度的发展,让技术发明部门高科技的劳动投入需求不再受到技术应用部门产品需求的限制,发展空间更大,发展速度更快,所以全社会资本有机构成会呈现下降的趋势。

四、资本有机构成的计算方法

资本的有机构成随着时代的进步、生产力的发展,也有着不同的计算方法:

第一种,根据马克思在《资本论》中的表述,资本有机构成可以分为两种资本的比例,即不变资本和可变资本的比例。其中根据生产资料是否一次性投入、一次性消耗、一次性回收,又分为不变的固定资本和可变的流动资本。

第二种,随着生产力的大力发展,特别是步入信息时代后,资本有机构成各构成部门的内容得到了充分的扩张,计算形式也发生了相应的变化。不变资本的价值成本除了原有物质资料投入的价值,还包含着技术、培训、教育、创新活动等非物质形式资本投入的价值。而可变资本除了原有的工人劳动力转化为劳动力商品的收入以外,还包含着人力资本的收益。

第三节 资本有机构成学说产生的现实意义

随着资本主义的发展、机器工业化的出现,科技进步,资本积累增长,资本有机构成有不断提高的趋势。马克思把资本积累过程中资本有机构成的提高,称为资本构成质的变化。最直接的动力是资本家追求剩余价值的内在动力和相互竞争的外在压力,迫使其必须不断地提高劳动生产率,减少单位产品劳动的消耗。在这样的大环境之下,资本家就要学习先进的技术,购买更高级的装备,提高劳动效率,促进资本技术构成的提高。而技术构成提高的最终结果是:总资本中不变资本的增长速度加快,使资本价值构成提高并导致资本有机构成提高。随着个别企业资本有机构成的提高,会引发本行业甚至整个社会资本有机构成提高。

一、产生亲生子"相对过剩人口"

强调资本有机构成与相对人口过剩,关系到马克思所说的用资本有机构成来检测剩余价值的剥削程度,更关系到进一步研究资本与剥削的关系和出现相对过剩人口的关系。另外,资本技术构成会带动有机构成的提高,是形成"过剩人口"的首要条件。马克思是这样表述的:随着资本有机构成的提高,资本主义积累对劳动人口的需要相对减少,资本主义剥削制度造成了劳动人口的相对过剩。正如马克思主义指出的,这是"由资本主义的劳动剥削引起的",[①]"在最有利和最不利的情况下,从劳动和资本的关系,从资本本身的本性所得出的结论都是:工人的供应总是超过对劳动的需求的"。[②]

资本有机构成在不断提高时,总会随着总资本的增长使可变资本的绝对量持续增加,但可变资本所占的比重却会相对减少。因此,在资本有机构成提高的条件下,随着资本总额的增长,可变资本所占的部分逐步递减,全部资本中不变资本所占的部分逐步递增,导致资本对劳动力的需求也相对减少,结果必然形成资本主义制度所特有的相对人口过剩,从而加深无产阶级的贫困化。

或者说,随着资本主义的发展,资本有机构成呈现出不断提高的趋势,表现为全部资本中不变资本所占的比重增大,可变资本的比重减少,引起相对过剩人口的产生。在这种情况下,不变资本不断增长而可变资本相对减少,从而导致对劳动力的需求相对减少,资本主义工厂中出现机器排挤工人的现象,形成了相对过剩人口。

[①] 马克思:《资本论》,第1卷,人民出版社,1953,第680页。
[②] 马克思:《资本论》,第3卷,人民出版社,1953,第158页。

正因为资本有机构成提高意味着可变资本的相对减少,由此便产生对生产力需求相对减少的效应。"资本主义积累不断地并且同它的能力和规模成比例地生产出相对的,即超过资本增值的平均需要的,因而是过剩的或追加的工人人口。"[1] 马克思同时也发现,不同部门有机构成不同,有机构成变化的趋势也不同,有机构成变化时对劳动力的需求也不同。例如有些部门,"资本时而在一定技术基础上持续增长,并按照它增长的比例吸引追加的劳动力,时而有机构成发生变化,资本的可变组成部分缩小"。[2] 从中,我们也可得到启示:面对沉重的就业压力,不能要求所有部门提高资本有机构成,社会上需要有一部分资本有机构成较低的部门来解决就业问题。

二、批判赤裸裸的剥削

将资本划分为不变资本和可变资本,揭示了资本家剥削工人的真实程度。既然剩余价值是可变资本创造的,因此在考察资本家对工人的剥削程度时,不应当拿剩余价值同全部预付资本相比,更不应同不变资本相比,而是应当同可变资本相比。剩余价值同可变资本的比率,就是剩余价值率,又叫资本主义剥削率,能准确地表示资本家对工人的剥削程度。

三、奠定研究理论基础

将资本区划为不变资本和可变资本,为研究资本主义生产总过程及其历史趋势奠定了理论基础。马克思正是以不变资本和可变资本的划分为基础,提出了资本有机构成理论,在此基础上,他又揭示了资本主义积累的一般规律,创立了再生产理论和剩余价值的分割理论,这些对于研究并揭示资本主义生产关系的产生、发展及其灭亡,具有极其重要的理论意义和现实意义。

马克思所建立的资本有机构成学说,是了解政治经济学中关于资本主义相对人口过剩,以及社会资本再生产、平均利润、绝对地租等基本问题的重要理论依据。既然资本技术构成的高低决定着资本有机构成的高低,因而在一个

---

[1] 马克思:《资本论》,第1卷,人民出版社,1953,第691页。
[2] 同上。

国家的不同发展阶段、不同生产部门、不同企业，或者不同的国家，由于生产技术水平跟与之相联系的资本技术构成不同，资本有机构成的高低也各不相同。但是，通常所考察的资本有机构成，一般都是指一个生产部门的资本平均有机构成，或是指一个国家社会资本的平均有机构成。把一个生产部门中各个企业的资本有机构成加以平均，就是该生产部门总资本的平均有机构成；把一个国家中各个生产部门的资本有机构成加以平均，就是该国家社会资本的平均有机构成。

一个国家或一个生产部门的资本有机构成，不可能长期不变，而是呈现不断提高的趋势。因为，资本家为了追逐尽可能多的利润和在激烈竞争中保存自己，击败对手，总是竭力改进生产技术，采用新的生产设备，提高劳动生产率。劳动生产率的提高，就意味着每个工人在一定时间内所推动的生产资料数量相应增多，意味着资本技术构成的提高。资本技术构成的提高，反映在资本价值构成上，即表现为不变资本部分所占比重相对增多，可变资本部分所占比重相对减少，从而导致社会或部门的资本平均有机构成逐步提高。同时，资本积累、资本积聚和资本集中的发展，为采用先进技术、使用新型生产设备创造了条件，这样又对资本有机构成的提高起到了促进作用。因此，资本平均有机构成的逐步提高，既是资本家在竞争中追逐更多利润的结果，又是资本积累的必然后果。

四、提供就业矛盾和企业利润差别依据

资本有机构成理论是正确处理资本有机构成提高与解决劳动就业矛盾的重要理论依据。在资本主义制度下，随着资本有机构成的提高，不变资本在总资本中的比例越来越大，可变资本在总资本中的比例越来越小；而劳动力对资本的供给却在迅速增加，因而必然产生资本主义社会所特有的相对人口过剩。

我们知道，在社会正常条件下，各个部门和企业的技术装备水平和资本有机构成是不相同的，由于资本有机构成低的部门和企业比资本有机构成高的部门和企业劳动力的构成指数高，所以会出现明显的利润率差别。这不利于各个部门和企业改进技术、加强经营管理甚至是提高劳动生产率。但平均利润形成以后，产品市场价格以生产价格为基础，情形就完全不同。尽管资本有机构

成不同,但是按照成本价格加平均利润构成的产品生产价格却是相同的。这在客观上保证了各部门、各企业在正常条件下都能获得平均利润。在这种情况下,采用资金利润率指标,就能通过不同部门、行业的实际资金利润率同社会平均资金利润率相比较,或不同企业的实际资金利润率同本部门、本行业的平均资金利润率相比较,来考核其经营管理水平的高低或经济效果的好坏,而排除客观因素特别是资本有机构成对利润率水平的影响。在占有资本相等的条件下,企业的劳动生产率高、成本低,利润额就大,资金利润率就高。可见,运用资金利润率指标,可以全面反映企业占用资金效果的好坏,促使企业节省资金,加强经营管理,提高经营效果。

五、总结

在新经济时代,科技的进步与资本之间有着密不可分的关系。从以上的分析中可以看出,科技进步在给人们带来更高效率生活的同时,也在深深地影响并改变着人们的一些生活方式、工作方式。马克思对科技进步有着预言式的看法,虽然在他生活的时代,科技尚不如现在发达,但他认为科技发展更应该关注人类本身和人类生存现状,在不适合的社会制度下发展科技,势必会使科技走向歪路最终伤害人类自身。现在科技如此发达,人工智能技术被广泛应用,一大批无人超市、无人车间、无人银行和人工智能的出现在很大程度上替代了一部分的劳动力,而劳动力的改变对资本有机构成会产生直接的影响。本文目前对此分析还不够深入,因此有必要进行更加深入的研究,另外还需关注新技术变化以及马克思主义经济学的最新研究成果。

第二章　马克思主义学说对资本主义国家产生的影响

资本主义国家自英国 1788 年第一次发生了资本主义经济危机以来,先后经历了包括 2008 年美国次贷危机在内的近 30 次因生产过剩引发的经济危机。在提出相应的解决方案时,凯恩斯主义和新古典经济学等传统资本主义理论轮番登场,试图从各个维度和层次化解这一次次灾难。但这些理论的解释力却日渐下降,资本主义危机的受害者和反对派开始反思什么理论能够在这样的黑暗中指引光明。于是,大家开始把目光转向马克思主义和马克思的相关理论,马克思的思想在全世界快速地传播开来。同时各个国家的背景不同,历史、文化和政治情况不同,对马克思主义理论的解读也有很大的不同。马克思主义对资本主义及其理论的批判与分析,以及在各种运动中总结的经验教训,是全人类的宝贵财富,更是我们分析相应理论的重要理论资源。

但是,纵观古典自由主义或新自由主义经济学说,各流派的理论主张都是自由竞争的市场能自动调节经济运行,不希望也不需要政府加入过多的经济干预。这种论调是不符合现实的,实际情况是总会周期性地发生因生产过剩而导致的经济危机。在经历了大萧条后,1936 年凯恩斯出版了《就业、利息和货币通论》一书。这本书是凯恩斯的经典代表作,在大危机后惊魂未定的西方世界引起了轰动。凯恩斯在这本书里提出了三条基本心理规律,承认资本主义社会由于生产过剩而引发经济危机是不可避免的,进而也否定了"供给本身会创造自己的需求"的萨伊定律。在这一著作中,凯恩斯摒弃了之前西方宏观经济学关于自动恢复资本主义经济均衡机制的学说,提出了国家调节经济的主张,认为没有国家的积极干预,资本主义就会灭亡。然而,凯恩斯的学说并没有解决资本主义危机的根本问题,只是在一定程度上缓解了资本主义国家失业严重、资本产品大量过剩的固有问题。后来的新自由主义经济学虽然在一定程度上批判了凯恩斯主义,但它的理论中心却并没有偏离古典自由主义经济学的基础。因此,马克思对资本主义制度进行的深刻解析,不但对古典自由主义经济学的学说进行了批判,否定了萨伊定律"供给本身会创造自己的需求"这一学说,而且这种批判同样适用于新自由主义经济学。

第一节 马克思关于失业理论的相关学说

一、马克思主义失业理论的来源

马克思学说的形成和他所处的时代环境有着密不可分的关系。在德国开始进行工业革命时,马克思正处于青年时期。这时各个资本主义国家的商品经济正在发展,手工业生产开始过渡到机器化大生产。大批的无产阶级在资本原始积累中失去生产资料,不得不出卖自己的劳动力。劳动力逐步转化为商品,劳动者开始与他们的生产资料分离开来,货币和生产资料越来越集中在少数资本家手中,并进一步转化为资本。在这样残酷的现实下,马克思身处于资本主义生活的包围圈中,更是看到资本家对资本的贪婪掠夺,对工人的无情剥削,对生产资料的完全占有。无产阶级生活在水深火热中,仅能靠微薄的收入养家糊口,但在这样的情况下,仍然有数以千万的工人被资本排挤,失业现象屡屡发生,社会矛盾非常尖锐。资本家出于对资本的无限欲望,不断扩大资本积累,提高资本的有机构成,最后的结局就是大量的工人失业。"马克思对资本主义社会的深恶痛绝不是一朝一夕,所以说,马克思分析失业问题是以资本主义的生产关系和社会背景为基础的。"[1]马克思经济思想源远流长,其中失业问题的观点批判继承了亚当·斯密、大卫·李嘉图等经济学家的思想。

(一)亚当·斯密

亚当·斯密被称为"现代经济学之父",也是古典主义经济学派的主要代表

---

[1] 顾相君:《马克思失业理论及其对解决中国失业问题的启示》,硕士学位论文,渤海大学马克思主义学院,2015,第32页。

人物。他主张市场自由竞争,政府应充当"守夜人"的角色,主要作用是提供公共品,认为政府干预对于经济的发展和运行没有任何意义。亚当·斯密是自由主义的主要提倡者和践行者,同时也认为失业是不会存在于资本主义社会中的,他笃定地提出要通过市场这只"看不见的手"来调控经济。要想达到充分就业,劳动力市场就必须自发地调节实现供给与需求之间的平衡状态。而且资本主义社会中劳动力能充分就业也是一种正常的现象。此观点与马克思的观点相悖,马克思认为资本主义社会普遍存在失业现象。

(二)大卫·李嘉图

大卫·李嘉图在古典主义经济学派中也占据重要地位,和亚当·斯密一样,他同样赞成自由竞争。李嘉图认为,要实现充分就业,劳动力市场需要通过自发调节来达到供应与需求之间的平衡。在他自己的《政治经济学及赋税原理》一书中提出了失业理论的观点。第一,他认为工资是劳动在市场中的等价表现。当劳动力资源紧缺时,工人的工资必然会上涨;同理,工资的下降则意味着劳动力过剩。第二,工资的涨幅变化反过来也会影响资本对劳动力的需求以及劳动力供给的平衡,工资和劳动力相互调节的最终结果是劳动力和劳动供给平衡,同时使工资趋向于劳动力的自然价格。第三,他还明确地指出,劳动也是一种特殊的商品,劳动的价格和其他商品的价格一样,即使它和普通商品的价格有较大的差距,但也是符合价值规律的。但在马克思看来,资本主义社会的工资是一种工人劳动力的付出,得到的也是劳动力的价值或者价格,而不是劳动的价值或价格。工资和就业的变化是不能自发调整的,其变化受价格规律、劳动力市场供求关系等因素的影响。与此同时,他认为资本主义社会忽视了政府的作用,市场的自由竞争导致了一系列失业、经济和社会问题。

(三)马克思的批判继承

马克思在批判和继承亚当·斯密与大卫·李嘉图失业理论的基础上,形成了自己的失业论。他扬弃了古典经济学的失业理论,并以古典经济学的劳动价值论为基础,说明了商品价值的概念,区分了什么是商品的价值与使用价值,进一步揭示了劳动二重性与商品二因素,从而奠定了失业理论的基础。马克思的失业理论主要形成于19世纪上半叶,不仅在《资本论》中有相关论述,在《哥达纲领批判》《经济学手稿(1857—1858年)》和《经济学手稿(1861—1863年)》

等著作中也对其有所论述。在马克思看来,失业现象是资本主义制度和资本主义生产方式的必然产物,揭示了资本主义为了追求更多的剩余价值而出现的资本对人的排挤现象,同样相对人口过剩也成为资本积累的必然结果。

二、马克思失业理论的构成

马克思认为:"一切现实危机的最后原因,总是群众的贫穷和他们的消费受到限制,而与此相对比的是,资本主义竭力发展生产力,好像只有社会的绝对的消费能力才是生产力发展的界限。"马克思一针见血地指出,资本家在资本主义生产条件下进行资本生产的唯一目的就是为了追求剩余价值。这也是符合资本主义生产规律的。在资本主义社会中,为了追求剩余价值,资本家一定会扩大生产规模、不断改进生产技术,从而变相延长相对剩余劳动时间,这样就会从个别资本家追求超额剩余价值发展为全社会的资本家追求相对剩余价值。这时工人的工资会减少,甚至会有大批的工人因被机器排挤而失业。结果就是可能会造成广大劳动者逐渐减少本身的购买能力。而站在利益链对面的,是资本家不断扩大生产规模,从而出现经济发展的失衡。在这样的条件下,生产的无限扩大对应着劳动者购买力的逐步减小,后果就是爆发经济危机。

(一)劳动力商品理论

马克思在《资本论》中重点解释了劳动力商品的观点。"要从商品的消费中取得价值,我们的货币占有者就必须幸运地在流通领域内发现这样一种商品,它的使用价值本身具有成为价值源泉的独特属性,因此,它的消费本身就是劳动的对象化,从而是价值的创造。货币占有者在市场上找到了这样一种独特的商品,就是劳动能力或者劳动力。"[1]资本家在生产过程中发现了商品劳动力。马克思在《资本论》中赋予劳动力的定义为:"把劳动力或劳动能力,理解为一个人的身体活的即活的人体中存在的、每当他生产某种使用价值时就运用的体力和智力的总和。"[2]在马克思看来:"劳动能力不卖出去,对工人就毫无用

---

[1] 中共中央马克思恩格斯列宁斯大林著作编译局编《马克思恩格斯全集》,第46卷,人民出版社,1980,第195页。

[2] 同上。

处,不仅如此,工人就会感到一种残酷的自然必然性。"①

劳动力商品不能顺利交换会导致失业,而失业对工人来说是一个沉重的打击。马克思对劳动力市场配置的实质有很明确的阐述。他认为其中具有两种含义的规定:一方面,劳动力的市场配置反映了社会生产和分工的要求,要实现资源的合理流动和优化配置。另一方面,它是现实社会生产关系的实现形式,是现实社会各种要素所有权的实现过程。②马克思指出,劳动力在市场进行配置是因为社会生产方式需要使用这种方式,实质上是指资本家通过利用对生产资料的垄断、控制及支配,实现对工人剩余价值的掠夺。判断生产力是否发展的一个重要依据就是劳动力和生产资料的社会分离,而社会分工和专业化的必然趋势是生产资料的集中。③在《资本论》中,马克思还阐明了在经济发展时期影响劳动就业的长期因素,指出劳动生产率的增长,表现为劳动的量比它所推动的生产资料的量相对减少。④

(二)相对剩余价值理论

马克思在《资本论》中揭示了相对剩余价值是资本家利润的来源,"资本家为了获取更多的剩余价值,就会对其利润进行积累。资本积累最初只是表现为资本量的扩大,但随着资本积累的增长,随着资本家从对绝对剩余价值生产的追逐转到对相对剩余价值的追逐,必然会通过改进生产方式、细化分工和加强管理等措施来不断促进劳动生产能力的提高,使得资本有机构成不断提高。"⑤随着资本有机构成的提高,"一方面,在积累的过程中形成的追加资本,同它自己的量比较起来,会越来越少地吸引工人。另一方面,同期地按新的构成再生产出来的旧资本,会越来越多地排斥它以前所雇佣的工人",⑥相对过剩人口

---

① 马克思:《资本论》,第 1 卷,人民出版社,2004,第 201—202 页。
② 同上书,第 683 页。
③ 同上。
④ 同上书,第 576—579 页。
⑤ 黄婧:《马克思的失业理论对破解当前我国技术性失业难题的启示》,《学理论》2012 年第 1 期。
⑥ 马克思:《资本论》,第 1 卷,人民出版社,2004,第 689 页。

就是以这种方式逐渐形成的。"资本主义积累不断地并且同它的能力和规模成比例地生产出相对的,即超过资本增值的平均需求,因而是过剩的或追加的工人人口。"马克思认为,"相对过剩人口是资本主义制度特有的产物,也是资本主义生产方式存在和发展的必要条件"。① 这是马克思失业理论最重要的理论前提。

(三)资本主义制度理论

第一,持续扩大的资本主义社会生产,让资本主义私人占有与社会化大生产之间的矛盾加大,导致生产与消费之间出现不平衡,必然会导致资本主义经济发展停滞,经济危机呈周期性爆发,不可避免地就会出现大面积的工人失业。

失业的另一个主要原因就是资本主义的生产方式。在马克思看来,失业的根源在于资本的扩张,资本的扩张也一直伴随着失业。"工人人口本身在生产资本积累的同时,也以日益扩大的规模生产出使他们自身成为相对过剩人口的手段",②"过剩的工人人口是资本主义积累或资本主义基础上的财富发展的必然产物,但是这种过剩人口反过来又成为资本主义积累的杠杆,甚至成为资本主义生产方式存在的一个条件"。③ 马克思把失业现象归结于资本主义制度的缺陷,他认为只有消灭资本主义制度,才能最终消灭失业。马克思认为,在资本主义社会的劳动市场中,有一个特有的人口规律就是相对过剩人口的出现。相对过剩人口在资本主义社会积累后就会造成一种必然的现象就是失业现象。马克思指出:资本主义社会的生产资料是私有制,这种制度导致劳动者和生产资料不能有效结合在一起,劳动者在通过劳动创造出先进的机械化设备后,自己却成为过剩人口,也就是说,劳动者因为自己的劳动而丢失了工作的机会,成为失业者。④ 马克思还提到在资本主义社会中的失业形式也是多样的。比如,在资本主义迅猛发展时,原有小作坊的老板和雇佣工人由于不具备

---

① 王敏:《马克思主义经济学与凯恩斯主义经济学失业理论比较研究》,《学术界》2013年第1期。
② 马克思:《资本论》,第1卷,人民出版社,2009,第727—728页。
③ 同上书,第728页。
④ 同上书,第703—709页。

适应当时市场竞争的能力,所以失去了原本的工作,成为失业者。但是这种类型的失业者是暂时没有工作,所以他们是具有流动性的失业人口。随着工业化的发展,在一些村镇中实现了机械化生产,造成资本有机构成的提高,使工厂对农业工人的需求量逐步萎缩减少,这又造成了一大批工人即将失业,所以他们成了大批潜在的失业人口。在经过资本主义社会的洗礼后,很多劳动者失去了原有的工作,只能依靠低等的杂活来维持生活,这部分劳动者的特点是拿到的有限的工资与工作时间成反比。①马克思通过对资本主义社会中失业现象的深度剖析,充分地阐释了失业人口产生的原因和形式,也为消灭资本主义制度、建立起以公有制为基础的社会主义提供了有效的理论支持。

(四)资本有机构成理论

《资本论》这部巨作重点揭示的就是资本家如何压榨工人获得剩余价值的问题。资本家为了得到无穷无尽的剩余价值,不惜更换机器设备,改善生产技术水平,扩大生产规模。马克思在《资本论》,第1卷第23章指出:"由资本技术构成决定并且反映技术构成变化的资本价值构成,叫作资本的有机构成。凡是简单地说资本构成的地方,始终应当理解为资本的有机构成。"②在资本主义国家,剩余价值对资本家来说有着巨大的吸引力,正如马克思所言:"随着时间的推移,旧资本总有一天会从头到尾地更新,会脱皮,并且同样会以技术上更加完善的形态再生出来,在这种形态下,用较少的劳动就足以推动较多量的机器和资料。由此必然引起对劳动需求的绝对减少,不言而喻,经历这种更新过程的资本越是由于集中运动而大量聚集,对劳动需求的绝对减少也就越厉害。"③"一方面,在积累的进程中形成追加资本,同它自己的量比较起来,会越来越少地吸引工人。另一方面,周期性的更新构成生产出来的旧资本,会越来越多地排斥它以前所雇佣的工人。"④因此,"工人人口本身在生产资本积累的同时,也以日益扩大的规模生产出使他们自身成为相对过剩人口的手段。这就

---

① 马克思:《资本论》,第1卷,人民出版社,1975,第682页。
② 马克思:《资本论》,第1卷,人民出版社,2004,第707页。
③ 马克思:《资本论》,第1卷,人民出版社,1975,第724页。
④ 同上。

是资本主义生产方式所特有的人口规律"。①

三、马克思对经济危机的解释

马克思不但分析了资本主义积累的一般规律,还对资本主义利润率呈下降趋势做出了相应的研究,揭示了资本主义自身不可克服的重大内在矛盾,合理地得出了在这样的发展轨迹下周期性爆发经济危机的必然性结论。

为什么资本主义社会会发生经济危机呢?而且这些危机还总是爆发在其经济相对繁荣的时期?马克思揭露指出其突发的条件就是资本的技术构成的不变化。换而言之,资本主义生产企业为了节约成本而不采取新技术,或者技术进步更新缓慢甚至停滞时,技术进步推动的资本主义的繁荣和工资的提高就会与利润率和利润量的下降产生矛盾,这个矛盾产生的时刻就是资本主义经济危机爆发的时刻。在危机爆发之后,所有的资本家和他们的企业为了力争在这激烈的竞争中幸存下来,就必须采用新的技术或者采购更先进的技术设备,从而对固定资产进行大规模的更新和改造,推动资本主义经济走出危机的漩涡。同时,出于资本主义生产资料私有制规律支配下资本追求剩余价值的内在动力和资本相互竞争的外在压力,资本的有机构成必然呈现提高的趋势。资本的有机构成提高了,就必然出现利润率下降的趋势。在这一过程中,剩余价值的生产和实现的矛盾、生产的扩大和资本价值增值的矛盾、资本过剩和人口过剩的矛盾等资本主义所固有的一系列矛盾不可避免。当失去技术构成盈利的利润时,工人的工资提高、利润率和利润量同时下降,必然就会引起经济危机的爆发。而为了生存和竞争的需要,资本主义企业又必须再次采取新技术进行大规模的固定资产更新从而使资本主义经济危机走出困局。资本主义的经济危机就是这样周而复始出现的。

马克思在提出剩余价值的生产和剩余价值实现的矛盾时,就明确地指出了资本主义生产和消费之间存在着不可调和的矛盾,其中也必然会包含导致资本主义危机周而复始爆发的不可避免性。

马克思在表述价值扩大再生产和商品价值增值的矛盾时,也阐明了资本

---

① 马克思:《资本论》,第1卷,人民出版社,1975,第727—728页。

主义经济危机爆发的深层次因素,即由于资本有机构成的提高使现有资本出现周期性的贬值。资本家会利用强制的手段,在一定程度上通过生产适应消费来让资本主义走出经济萧条的低谷时期。在此过程中,资本主义企业会使用新的技术,大规模地引进设备,更新固定资产来提高劳动生产率和剩余价值率。换而言之,资本主义经济危机的时期是资本主义企业集中使用新技术提高劳动生产率的时期,或者说,经济危机时期是资本主义生产技术突破集中表现的时期。当采取了新的技术,生产资料更加便宜,同时处于萧条时期的工人报酬要求更低,剩余价值率提高,利润率提高,资本主义生产就能较快速地恢复。在此过程中,新技术新设备不断扩大它的影响力,并推动相关部门相应产业部门实现相关技术创新应用,利润率也会不断地提高。

然而,这些新问题会带来新的挑战,新技术的发明不一定能在短时间内得到充分的应用,致使新一轮的技术革新速度逐渐减缓。再加上成本需要回收,资本主义企业固定资产的更新引致的资本有机构成提高,反而会使利润率发生反面的作用,再次快速往下跌落。如果再掺入生产和消费固有的源源不断的矛盾,相对生产过剩会使资本主义企业价值的实现更加举步维艰。这样很显然的一个后果就是,当商品不能销售出去,资金不能回笼,必然导致支付危机的发生。这种支付危机链条式扩散的后果就是导致资本主义经济危机再次发生。

关于资本主义危机的深层次原因,马克思早已深刻地指出两个直接原因:其一,被挤压的利润。由于资本主义工资提高,很大程度上挤压了自身利润,从而导致利润率和利润量的双下降。其二,资本有机构成的提高。资本有机构成提高会造成生产和商品积累这对矛盾不断激化,最终引发资本主义支付危机。

在这种发展过程中,有三对矛盾的相互影响导致了上述两个原因的出现。这三对矛盾是在资本主义追求剩余价值、在资本有机构成提高和利润率下降的基础上贯穿于资本主义发展的,分别是剩余价值生产和剩余价值实现、生产扩大和价值增值、人口过剩和资本过剩。但更深层次的分析在于,上述的两个直接原因还体现在不同的时间段里面,一是在商品生产过程中产生的,二是在商品和资本流通中产生的。同时我们要明白一个很显而易见的道理,这两个原因的产生不是孤立的,而是在资本主义经济危机发生的过程中紧密地交织在一起的。

马克思在讲解描述人口相对过剩和资本过剩这一对矛盾时说明了第一个直接原因:利润率的下降会导致经济危机的发生。因为在资本主义发展的过程中,由于技术的改进和提高,某一部分掌握特殊技能或者核心技能的工人会变得越来越少,迫使资本家必须提高这部分工人的工资待遇从而挤压利润。再加上工人通过暴力或者非暴力的方式,比如罢工、抗议或者组织工会等,使资本家不得不整体提高工人的工资。在资本主义生产和消费之间出现巨大矛盾时,这一系列的做法必然就会导致资本主义利润率和利润量同时下降。这就成了压垮资本家的"最后一根稻草"。在这个过程中,我们也不难发现,资本主义生产和消费的矛盾不断积累、利润率下降,使资本主义的生产关系变得愈发脆弱。更甚之处,企业都期望不断扩大生产规模,加快资本循环周转以在竞争中保住自己的地位,因而不得不在利润率不断下降的基础上增加雇佣工人扩大再生产。这时再从生产的层面来分析,可以看出利润的挤压除了表现为工资成本的提高之外,还可以表现为固定资本成本的提高、流动资本成本的提高等,这些都会阻断资本再生产的连续性。

同样,越往后,自由竞争资本主义的发展必然导致生产相对过剩的经济危机越来越频繁出现,杀伤力也越来越强。恩格斯是这样描述的:"生产资料和生产实质上已经变成社会的了。但是,它们仍然服从于这样一种占有形式,这种占有形式是以个体的私人生产为前提……赋予新的生产方式以资本主义性质的这一矛盾,已经包含着现代的一切冲突的萌芽。""社会的生产和资本主义占有之间的矛盾表现为个别工厂中生产的组织性和整个社会中生产的无政府状态。"恩格斯的分析也成为马克思分析的资本主义世界出现经济危机的本质原因。正因如此,这还影响了马克思和恩格斯对未来共产主义社会描述的构想,包括生产资料公有制、计划经济和按需分配等相关的内容。

四、马克思学说中几种过剩人口的类型

马克思在论述政治经济学原理时,总是把相对过剩人口理论和资本的有机构成作为一个有机整体来描述。这个捆绑式的理论也成为他讲解就业理论非常重要的奠基石。马克思认为,资本有机构成的显著提高伴随着资本主义社会中资本的积累和不断增长,也就必然导致将来会有两种现象产生:第一种可能出现的现象是手工业生产，特别是传统的手工业生产会被越来越发展的机械化生产所代替，同时反映出来的就是资本有机构成的提高，机器的精进终将导致劳动力在市场上的需求量逐渐降低。第二种可能会出现的现象就是机器的大量使用，机器排挤工人，使得劳动力在市场上的需求越来越小，最终表现为相对过剩人口，形成供大于求的局面。上述的两种现象都可能会使劳动力市场出现人口相对过剩。在资本主义的雇佣制度下，随着资本和劳动生产率的不断增长，相对人口过剩问题会逐渐凸显。[①]同时在资本主义社会，这样的相对过剩人口并没有成为社会的累赘，反而可有效平衡资本主义积累。[②]

马克思认为，资本主义的社会财富和增长能力，随着工业革命的到来得到进一步提升，但无产者的绝对数量和劳动生产力会越来越大，可供资产者进行支配和调动的生产力就越多，资产者的财富增长更为迅速，这直接导致资产者和无产劳动者间的贫富差距加大。[③]资本主义积累的一般规律也就如此。换而言之，最终形成产业后备军的可能就是在资本主义发展过程中，出现能满足资产阶级剥削的工人阶级。相对过剩人口也是资本主义条件下资本积累规律的重要内容，这个理论还能对工人阶级贫困的原因做出相应的解释。

马克思在《资本论》第1卷阐述了过剩人口有三种形式："流动的形式、潜在的形式和停滞的形式。"除此常见的三种形式以外，马克思还在《资本论》中简单补充了第四种形式："'陷于需要救济的赤贫境地的'相对过剩人口中最底层的人口。"[④]

（一）流动的过剩人口

流动的过剩人口，马克思将其定义为主要是指城市中就业时而有变化的群体。这部分劳动者时而有工作时而又失去工作。这个群体常常存在于经济较好、工业较发达的城市，他们有时候能够有工资并获得工资。但又具有不稳定性，有时由于自身原因、人为原因或者不可抗力的原因失去工作。"流动过剩人

---

① 马克思：《资本论》，第1卷，人民出版社，1975，第689—702页。
② 同上书，第692页。
③ 同上书，第707页。
④ 同上书，第741页。

口的特点是,虽然就业总人数是增加的,但是工人时而失业,时而被吸收到生产中,常常处于就业和失业的交替状态中。此外,流动性的过剩人口也与机器大工业本身的规律和特点有关。"①

(二)潜在的过剩人口

潜在的过剩人口,马克思将其定义为主要是指农业中的失业人口,和那些不在农村务农转向在城市中寻找就业机会的过剩人口。马克思指出:"资本主义生产一旦占领农业,或者依照它占领农业的程度,对农业工人人口的需求就随着在农业中执行职能的资本的积累而绝对减少,并且对人口的这种排斥不像在非农业的产业中那样,会由于更大规模的吸引而得到补偿。"此外,潜在形式的过剩人口"不断地向城市是以农村本身经常潜在的过剩人口为前提的,这种过剩人口的数量只有在排水渠开放得特别大的时候才能看得到。因此,农业工人的工资被压到最低限度时,他总是有一只脚陷在需要救济的赤贫的泥潭里。"②

(三)停滞的过剩人口

停滞的过剩人口,马克思将其定义为一些就业特别不规范的群体,他们是就业人口中的停滞形式。这类过剩人口就业极不稳定,他们靠从事家务和打零工为生,马克思将这类人群归类到产业后备军里。这部分群体的生活水平远远不及工人阶级,甚至由于他们的存在反而为资本家提供了可随意支配的劳动力市场。造成这部分人形成停滞过剩人口的原因主要是这个劳动群体也许没有得到技术能力的培养,导致他们技能低下。不但低技能而且必须用很长的劳动时间来换取低廉微薄的报酬。在过去的时间里,很多小作坊或者小工厂没有经受住技术更新的变化和生产结构的调整,造成了大量的工人或者手工作坊者失去工作,沦为停滞的过剩人口。

除此之外,还有一些生活在这个社会最底层、最没有能力获得劳动机会、最需要社会救济的人,他们生活在需要救济的赤贫线以下。这部分人主要由一些有劳动能力的人、贫民和丧失了劳动能力的人组成。马克思说:"它的生产包

---

① 马克思:《资本论》,第3卷,人民出版社,2009,第704页。
② 马克思:《资本论》,第1卷,人民出版社,2004,第740页。

含在相对过剩人口中,它的必然性包含在相对过剩人口的必然性中,它和相对过剩人口一起,形成财富的资本主义生产和发展的一个存在条件。"①

五、马克思失业理论对资本主义社会的影响

失业人口充当着满足资本主义生产发展需求后备军的作用,为其提供了充足的劳动力。马克思指出:"过剩的工人人口是资本主义积累或资本主义基础上的财富发展的必然产物,但是这种过剩人口反过来又成为资本主义积累的杠杆,甚至成为资本主义生产方式存在的一个条件。"②"过剩的工人人口形成一支可供支配的产业后备军,它绝对地从属于资本,就好像它是由资本出钱养大的一样。过剩的工人人口不受人口实际增长的限制,为不断变化的资本增值需要创造出随时可供剥削的人身材料。"③马克思还指出:"工人阶级中就业部分的过度劳动,扩大了它的后备军的队伍,而后者通过竞争加在就业工人身上增大的压力,又反过来迫使就业工人不得不从事过度劳动和听从资本的摆布。工人阶级的一部分从事过度劳动迫使它的另一部分无事可做,反过来,它的一部分无事可做迫使它的另一部分从事过度劳动。"④由此可以看出,劳动者因为害怕失业,是一定会受到资本家关于失业的威胁的。这种威胁会从某种程度上促使在业者更投入工作,从而使资本家名正言顺地对其进行剥削。

尽管如此,劳动者遭受失业的打击,承受的负面而消极的影响也是非常明显的。在马克思看来,"现代的工人只有当他们找到工作的时候才能生存"。⑤当然,没有人愿意失业,失业对于每一位失业者都是一种痛苦和折磨。失业很显然会造成这部分人群的生存危机——生活保障丧失、生活水平下降、精神思想和物质上饱受折磨、家庭不安全感环绕,等等。还有一个方面,是马克思

---

① 中共中央马克思恩格斯列宁斯大林著作编译局编《马克思恩格斯全集》,第4卷,人民出版社,1985,第472页。

② 马克思:《资本论》,第1卷,人民出版社,2004,第728页。

③ 同上书,第728—729页。

④ 同上书,第733页。

⑤ 中共中央马克思恩格斯列宁斯大林著作编译局编《马克思恩格斯全集》,第4卷,人民出版社,1985,第472页。

一直提到的人的全面发展,这一点和失业也是相违背的。失业不但不利于劳动者的身心健康发展,同时失业者带来的社会不稳定更不利于社会的和谐稳定发展。

第二节　马克思主义学说对凯恩斯关于失业理论的批判

一、凯恩斯提出失业理论的背景

凯恩斯在他的经典著作《就业、利息和货币通论中》中提出,有效需求的不足是经济危机爆发最根本原因。有效需求不足又是由人们的心理因素引发的,主要来自三大心理规律:心理上的消费倾向、心理上对未来收入的预期及心理上的灵活偏好。心理上的消费倾向也被解释为边际消费递减法,它表示人们的消费能力会随着收入水平的变化而发生改变,比如你的收入越高,你的消费能力也就会增加,但是无论如何,增加消费的那部分数量总是少于收入增加的那部分数量。凯恩斯认为人的天性决定了这一现象。心理上对未来收入的预期,即资本的边际效率会使资本家认为增加投资不仅增加了成本,而且收益也会降低,这种心理会使资本家减少投资。心理上的灵活偏好就是人们持有货币的意愿,人们持有货币是为了获得利息,这种偏好会限制利息率下降,从而限制人们对投资的增加。这样三个心理因素叠加,就会使得投资与消费不足,也就是有效需求不足,从而导致经济危机。

凯恩斯主义承认资本主义市场经济运行中存在着生产过剩(出现经济危机的原因),并主张政府应对经济运行采取干预政策。不过,虽然其承认资本主义经济危机的存在,但其对经济危机原因的解释从根本上完全不同于马克思的分析。为维护资本主义制度,凯恩斯否认资本主义经济固有的基本矛盾,企图论证因不可避免的生产过剩导致的经济危机并不是资本主义制度的必然产物,而主要由非制度因素造成;企图论证在不改变现存资本主义制度结构的前提下,通过政府对经济活动的必要干预来消除生产过剩和失业,实现"充分就业"。

凯恩斯认为,不受监管的私人市场存在局限和缺陷。这些局限和缺陷会周期性地将资本主义经济推向通货膨胀、衰退,甚至萧条。如果没有外部干预,私人资本主义可能会陷入长期的萧条或通胀中,从而威胁资本主义本身。凯恩斯明确了私人资本主义中产生危机的关键机制,建议通过各种国家干预(监管以及货币政策、财政政策)来阻止或消除私人资本主义危机。

二、凯恩斯学说中的几种失业类型

(一)摩擦性失业

凯恩斯在他的书中提到,摩擦性失业终究不是真正意义上的失业,因为它并不是由劳动力过剩而引起的。"摩擦性失业总是伴随社会的发展而一直存在,这一失业现象是指在生产过程中局部的、暂时的失调,如季节性变化、原料缺乏、机器设备发生故障以及工作转换等原因引起的失业。"[①]

(二)自愿性失业

自愿性失业在凯恩斯的理论里是这样解释的:在社会中存在有很多可以就业的工作岗位,但是这些工作岗位所给予的报酬却不能被人们所接受,所以劳动者就自愿放弃了这个工作机会。"由于法律规定、社会成规,由于为了自己集体的力量来进行工资协议而形成的工会组织,由于对变革的反应迟钝或者单纯由于人的顽固性,人们拒绝接受相当于他们的边际生产率的产品价值的报酬而去工作。"[②]

(三)非自愿性失业

凯恩斯提出的第三种失业现象被称为"非自愿性失业",它是指:"如果当工资的价格相对货币工资做出微小的上升,为了现行的货币工资而愿意工作的劳动供给总量和在同一货币工资之下的对劳动的需求总量都大于现行的就业量,那么人们便处于非自愿失业状态。"[③]

在资本主义发展的历史上,凯恩斯是第一个承认资本主义社会中有真正

---

① 鞠永红:《凯恩斯的就业理论对我国的借鉴意义》,《北方论丛》2000年第3期。
② 凯恩斯:《就业、利息与货币通论》,高鸿业译,商务印书馆,1999,第11页。
③ 同上书,第20页。

失业的西方经济学家,也是第一个对失业进行了系统阐述系统分析的经济学家。他还指出:"新古典失业理论主要源于'萨伊定律',萨伊否认资本主义社会存在大规模失业,只承认存在小规模的摩擦性失业和自愿性失业,除此之外再无第三种形式的失业。但事实是,总有一些人愿意接受现行的工资而工作,但却无工可做。"[1]

三、凯恩斯对经济危机的解释

凯恩斯认为:"经济周期的基本特征,尤其是可以让我们称之为周期的时间过程和时间长短的规律性,主要是由于资本边际效率的波动而产生的。"而凯恩斯关于资本边际效率概念的表述是有缺陷的:其一,凯恩斯资本边际效率是一个纯粹的心理预测性概念,分析的导致预期利润率变化的原因也不客观,只是做了表象的浅层次的分析。其二,凯恩斯将资本边际效率的预期状态区分为短期预期和长期预期,而长期的概念只不过是"目前考虑中的投资品寿命这段时间"。而马克思所谓的长期是整个资本主义历史时期。实际上,在整个资本主义历史时期,社会一般利润率都是下降的趋势,在资本主义经济上升阶段超额利润会有短期的上升。这也就解释了凯恩斯讲的资本边际效率呈下降趋势,但不排除在较短的一个时期内资本边际效率有上升趋势。其三,凯恩斯通过资本边际效率来解释微观企业导致宏观社会性的经济危机是不正确的。资本主义经济危机是一种宏观社会性问题,虽然这个问题是由各个微观企业合力变化导致的,但从各个微观企业的行为到宏观问题的变化应该有一个逻辑因果过程,不能笼统地分析为所谓的资本边际效率问题。这几个缺陷使得凯恩斯利用资本边际效率概念进行的相关分析显得混乱,更无法对资本主义经济危机产生的根源进行正确的分析。因此,建立在凯恩斯三条基本心理规律,特别是资本边际效率递减规律基础上的经济危机理论,将资本主义经济危机的原因归结为人们市场预期心理的变化是错误的。马克思认为,资本主义的危机总是在其繁荣时突然发生的,突然发生的条件是资本的技术构成不变。也就是说,当资本主义生产企业为了节省成本而不采用新技术或技术进步停滞时,技术

---

[1] 凯恩斯:《就业、利息与货币通论》,高鸿业译,商务印书馆,1999,第12页。

进步推动的资本主义的繁荣迟早会遭遇工资提高从而使利润率和利润量同时下降,这一刻便是资本主义经济危机爆发的一刻。当危机爆发后,资本主义企业为了能够在激烈的竞争中幸存,被迫采用新技术或创造发明新技术,从而进行固定资产的大规模更新改造,推动资本主义经济走出危机。悖论在于,在资本主义占有规律支配下资本追求剩余价值的内在冲动和资本相互竞争的外在压力,使资本有机构成必然呈现提高的趋势。而资本有机构成提高,利润率必然呈现下降趋势。在此过程中,剩余价值的生产和实现的矛盾、生产的扩大和资本价值增值的矛盾、资本过剩和人口过剩的矛盾等资本主义所固有的一系列矛盾不可避免。最终,当榨干了原有技术构成的利润,并引起工资提高,在利润率和利润量同时下降的那一时段的某一时刻,经济危机便又爆发了。而为了竞争的需要,资本主义企业又不得不采用新技术进行大规模的固定资产更新改造,使资本主义经济再次走出危机,周而复始,不断循环。

因此,资本主义经济危机根本不是凯恩斯所说的是由三条心理规律特别是资本边际效率这条心理规律作用的结果,而是资本主义内在矛盾不断发酵的客观结果。

四、马克思主义经济理论对凯恩斯失业理论的批判

依据马克思主义经济理论,伴随着生产力的提高,使工资停止上涨是资本家与劳动者不懈斗争的永恒目标。一旦条件允许,资本主义企业就会实现这个目标。一旦这一目标得以实现,就会反复出现财富和收入的不平等,金融投机、经济繁荣、泡沫破裂,并引发危机。对这种反复出现的危机,马克思的解决办法是改变这种制度。社会条件会一直发生改变,但是一种不同的、非资本主义的生产组织将能够适应不断变化的条件。马克思主义明显区别于现在的凯恩斯主义和过去的新古典主义。马克思主义的解决方案并非通过增加或减少国家经济干预、监管或解禁信贷市场和其他市场来变革资本主义。相反,它要从根本上改变生产中的阶级结构。马克思对资本主义的批判是要将工人置于企业之中,让他们处于能够获得他们在该企业中创造的剩余价值的地位。这当然也会让他们处于剩余价值分配者的地位。每个企业中生产剩余价值的工人实际上也会成为他们自己的集体董事会成员,他们将取代由主要股东选出并对其负责的传统公司董事会。这将消除资本主义企业中工人与资本家之间的对抗，从而改变董事会决定生产什么、如何生产、在哪里生产以及如何支配利润等的方法和结果。这种超越资本主义的变革可以成为经济民主化的第一步。每个企业都会需要民主，生产者在决策方面具有平等的地位。接下来，有必要通过当地社群与企业的相互依存来扩大经济民主，继而工人和居民可以对每个企业生产和分配的产品和剩余价值享有民主权利。以这种方式改变阶级结构不会消除经济中产生的矛盾和危机。但是，第二次世界大战后资本主义经济危机出现了一些变化，对它的理解和应对也应有所不同。

第三节　马克思主义与罗斯福新政对资本主义世界的影响

一、罗斯福新政提出的背景

美国经济大萧条发生的起点是 1929 年 10 月 29 日股票市场大崩盘。这场股市崩盘所造成的影响是惊人的。在 3 年的时间内，所有证券价值的 75% 相当于 900 亿美元的巨额资产蒸发。1930 年有超过 2.6 万家企业倒闭，1931 年有超过 2.8 万家企业停业。同样，1930 年 10 月美国银行破产，损失了约 40 万储户。

美国的 20 世纪 20 年代因经济调整发展被称为"咆哮的二十年代"。这一时期，广告、电影等媒体行业不断向人们灌输靠信用借贷的消费理念，随着这种理念广泛地被人们所接受，越来越多的人靠信用借贷来买股票。银行借钱给人们投资股票市场，在利益的驱使下，人们争相借贷投资，股价也随之上涨。这些虚假繁荣的背后孕育着大萧条的危机。同样，与大萧条形影不离的是美国工农业产值的急剧下降。"从 1921 年的低点衰退到 1929 年的周期性高峰，美国制造业生产指数从 54 点增加到 100 点。"尽管这种趋势在快进入 30 年代时还有些劲头，但是随着股市崩盘，经济泡沫终于被挤破。美国的工业生产指数从 1929 年的 100 点下降到 1932 年的 55 点，私人投资从 1929 年的 162 亿美元下降到 1933 年的 14 亿美元，488 个主要工业企业的净利润已经从 1929 年的 31.74 亿美元下降到 1933 年的 6.622 亿美元，1933 年制造业就业人数下降到

1929年水平的67%。农产品价格也受到重挫,"棉花在1924年已是每磅28.7美分,但在1931年却触底到每磅5.9美分,且在大萧条时期再没有高过每磅12.4美分"。

当经济持续衰退的时候,对经济解药的渴求也更为强烈,鉴于胡佛政府无力收拾残局,罗斯福的"新政"应运而生。

二、罗斯福新政的内容

(一)农业

从1933—1938年,罗斯福政府通过了一系列与农业相关的法律法规,比如《农业调整法》《农业信用法》和《紧急农业抵押放款法》等。为摆脱危机,政府成立了农业调整署,用行政手段调整农业政策,调控市场,为减耕减产的农民提供补贴,以调整农产品结构,稳定并提高农产品价格,防止农产品过剩。据统计,从1933年开始,美国春夏两季犁地减掉了大约1000万英亩(1英亩≈0.405公顷)棉田,收购和屠宰了约20万头即将临产的母猪和600多万头小猪、几千头牛和羊。① 这都是罗斯福政府宏观调控的结果。这些强有力的措施在某种程度上调整了美国的农业产业结构,保障了农产品的价格不至于过分低廉,从而使农民的生活得到了保障,刺激了农民的购买能力。

(二)工业

罗斯福政府颁布了《全国工业复兴法》和《全国劳工关系法》以保障工业危机的顺利过渡。这些法案的实行在很大程度上对缓解阶级矛盾和预防生产过剩起到了作用。《全国工业复兴法》中规定了各企业的生产规模、价格水平、市场分配、工资水平和工作日时数,规定工人具有集体谈判的权利,规定了资本家必须接受的最高工作时数和应付工资额。在《全国劳工关系法》法案中重申了工人的权利,规定雇主不得干预和图谋控制劳工组织,不得拒绝与工人进行集体谈判,并根据该法成立了劳工关系委员会。

(三)金融

由于经济危机的爆发是从金融业开始的,所以新政以整顿银行业为起点。

---

① 曹玉秀:《罗斯福新政的经济学浅析》,《山西师大学报》(社会科学版)2010年第11期。

1933年3月6日,在罗斯福上任第3天,他就宣布全国的银行停业4天,以示整顿。3月9日,国会紧急通过了《紧急银行法案》,授权他对银行进行个别审理,让有偿付能力的银行尽快开业,对缺乏偿付能力的银行进行改组。在罗斯福就任的第6天,共有2325家银行倒闭。[①] 从这一天开始到6月16日,国会应罗斯福的要求制定了一系列应急立法,其中15个重要立法中有关金融的法案就占1/3。例如,国会通过了《1933年银行法》,授权联邦储备委员会对其成员银行拥有更大的节制权,建立由联邦政府承担责任的联邦储备体系,成立联邦储备保险公司,对5000元以下的存款由政府保证其安全。国会还通过了《证券交易法》,使政府对证券发行和交易实行管理。在督促国会立法的同时,3月10日,罗斯福命令停止黄金出口,后来宣布放弃金本位制,10月美元贬值30%左右,增强了美国商品在国际市场上的竞争力。3月12日是星期日,罗斯福第一次发表炉边谈话,直接与美国人民沟通,收到了很好的效果。当时能够收听到他讲话的人口大约有6000万,罗斯福向国民保证把积蓄存进银行是安全的。次日,在12个设有联邦储备银行的城市里,人们开始在银行前排起了长龙存钱,4月银行存款额超过了提取额,这表明金融危机暂时停止。

罗斯福新政的财政金融措施,采取了放弃金本位制度、废除公私债务必须用黄金偿还的规定,可以用美元偿还。保证农民手中的美元不必兑换成黄金而可以直接还债,同时通过美元贬值增强农民的偿还能力,提升美国商品的国际竞争力。这些措施逐步稳定了美国的金融局势,为人们重建金融业注入了底气,树立了信心。

(四)社会保障

罗斯福新政同时在社会保障方面投入了大量的精力,以稳定社会的平稳发展。首先在法律上对社会保障中受关注最大的失业、就业、养老等方面制定法案,颁布了《社会保障法》《社会保险法》《失业救济法》。其次,通过各种方式拉大内需,增加工作岗位。比如全面修建国家的公共设施,采用"以工代赈"的方法为这些公共福利设施的修建提供大量的工作岗位,缓解劳动力需求,从而

[①] 刘国伟:《析罗斯福"新政"及其借鉴意义》,《齐齐哈尔师范高等专科学校学报》2010年1期。

解决了大批失业人员的就业困境。据统计,1933—1939 年,美国公共工程局共资助建造了全美国 70%的新校舍,65%的政府办公楼、市政厅和河水处理厂,以及 35%的医院等其他公共卫生设施。[①] 这些工程累计雇佣人员 2300 万,共养活了 426.4 万名失业者及其家属,将近占到当时全美劳动力总数的一半。[②]

1938 年,罗斯福政府颁布了《公平劳动标准法》:规定了企业工人最低工资和最高工时,规定每周工作 40 小时,最低工资每小时 40 美分,后调整为每小时 1 美元。还禁止雇佣 16 岁以下的童工。以此保护劳工权利,在很大程度上缓和了劳资矛盾。

三、马克思主义对罗斯福新政的影响

毋庸置疑,马克思主义对世界产生的影响是巨大的。西方资本主义国家曾经对马克思主义进行了猛烈批判。但经济大萧条出现后,为缓解局势,西方许多政治家、经济学家又对马克思主义进行了深入的研究和剖析,希望借鉴马克思主义的相关理论来解决资本主义社会的问题,"罗斯福新政"就是一个非常典型的案例。

(一)进行分配制度改革

在罗斯福新政中,资本家为缓和阶级矛盾提出了提高员工民主权利的改革方案,这使得工人阶级在与资本家平等谈判等方面掌握了更多自主权。有的企业为提高员工生产积极性,提出了员工持有公司股份的分配制度改革方案,这使得员工的话语权进一步得到提高,很大程度上缓和了阶级矛盾。这种分配制度在一定程度上体现了马克思主义"按劳分配"的思想。马克思在《哥达纲领批判》一书中把社会主义社会分为"共产主义社会第一阶段"与"共产主义社会高级阶段",并且他还阐述了不同阶段的分配原则。他提到在共产主义社会第一阶段生产者的劳动所得就体现为该生产者的工资。

(二)生产资料社会化程度提高

罗斯福政府通过对托拉斯集团的控制以及分配制度的改革,使得单一的

---

① 何顺果:《美国历史十五讲》,北京大学出版社,2007,第 226 页。
② 曾贵:《罗斯福新政就业工程及启示》,《湖南商学院学报》2009 年第 3 期。

私人占有制模式被打破,出现了各种资本占有社会化的经济形式,国有经济、合作经济、职工股份所有制经济相继发展。虽然资本的私人占有比例仍然很高,但相较于罗斯福新政之前还是有所突破。生产资料的公有制正是马克思、恩格斯在《共产党宣言》中提出的夺取资产阶级的资本归无产阶级专政的国家所有的社会主义所有制形式。

(三)国家成为社会保障的主体

罗斯福上任以前,资本主义国家是不会通过国家财政来救济弱势群体的,他上任后,美国联邦政府承担起了保障公民生活的责任。由国家承担社会保障的责任就体现了马克思主义的观点。按照马克思的社会保障思想,国家应该是社会保障的责任主体,而且这种责任是任何个人或团体都不能代替的。罗斯福新政之后,大多资本主义国家都采取了以国家为主导的社会保障体系,社会保障基金的筹集到分配都由国家统一管理。

(四)通过国民收入的再分配调节经济

马克思在《对德国工人党纲领的几点意见》中指出,社会中产品经过分配和再分配最终将会形成补偿基金、消费基金和积累基金,社会产品的分配应按照平等原则进行。[①] 而进行再分配最好的方式就是建立社会保障体系。罗斯福政府通过建立社会保障体系,兴建了大量社会福利设施,使人们对未来生活有了稳定的预期。人们不必担心就医、养老等问题,消费能力大大增强,极大提高了对国内产品的需求。虽然罗斯福政府建设社会保障体系是为了缓和阶级矛盾,调节经济,但依旧可以从中找到马克思主义的社会保障观念。

四、罗斯福新政的影响

罗斯福新政在一定程度上调整了资本主义生产关系,缓和了社会矛盾,使美国不但走出了经济危机,还在第二次世界大战后成为世界第一大经济体,并对其他国家也产生了示范效应。此后,国家干预和调控经济,成为20世纪资本主义国家普遍的政策取向。这些政策带来了巨大的影响,主要表现在以下方面。

---

① 张晨寒、荣现磊:《马克思的社会保障思想探寻》,《改革与战略》2012年第2期。

(一)扩大资本主义国家工人阶级的民主权利

在罗斯福新政中,工人阶级在工厂中的话语权通过法律得以保障,工人阶级可以与资产阶级开展平等的对话,资本家必须接受最高工时数和最低工资额。虽然这些措施都是罗斯福政府为缓和阶级矛盾而不得已采取的措施,但是却在一定程度上使得工人阶级所享有的民主权利有所扩大。同时,实行股份制企业模式,允许工人持有公司股份,使得工人有了为自己的利益而工作的积极性。这一分配制度的改革不仅缓和了劳资双方的矛盾,扩大了工人阶级的民主权利,还在一定程度上推动了资本主义公司的管理方式变革,也使得部分工人得以参与公司管理。其他资本主义国家在效仿美国克服经济危机的过程中,也都在不同程度上扩大了工人阶级的民主权利范围。

(二)打击垄断资本,维护金融秩序

罗斯福政府为限制各银行利用客户的存款开展证券投机活动,通过了《格拉斯-史蒂格尔银行条例》,将投资银行与商业银行分开。还修改了财税法,将公司所得税的税率由单一所得税改为累进所得税,并将财产税的最高限额提高到70%。另外,罗斯福当政期间还加强了对托拉斯集团的打击,典型案例是北方证券公司控诉合众国案。这起反垄断司法判决被中国学者列为影响美国宪政进程的25个司法案例之一,[①]亦被看作是20世纪美国反托拉斯垄断的第一案。

(三)建立"福利型"国家

在罗斯福新政中,罗斯福政府借鉴了凯恩斯的理论对国家实行了一系列经济干预政策,国家建设了大量的公共福利设施,并承担国民社会保障经费。此举措后被多个资本主义国家效仿,并最终成为一大批高福利型的资本主义国家。

(四)为资本主义国家克服经济危机提供有效例证

经济危机爆发前,资本主义国家基本上实行的都是自由主义的经济政策,即放任市场自由发展,导致出现了产能过剩,工业、农业生产者的积极性受挫,资本家大量裁员等一系列问题。罗斯福政府采取了政府干预的措施,在农业、

[①] 许国林:《从镀金时代到现代美国》,线装书局,2007,第208页。

工业、金融业以及社会保障方面进行了一系列改革。由政府直接干预农业生产,减少农业产出;制定劳资之间平等谈判机制,缓和阶级矛盾;采取扩张性的财政政策,增加政府的财政赤字,扩大政府公共支出,同时进行分配制度的改革,刺激人民的消费能力;兴建公共福利设施,使社会财富在更大范围内被人们所享有。以上这些措施的施行使得美国逐步从经济危机的阴影中走出,为其他资本主义国家克服经济危机提供了可以模仿的有效例证,也使得各资本主义国家开始选择将政府宏观调控作为以后调控经济的主要工具。

虽然罗斯福新政通过借鉴马克思主义的观点对资本主义进行了许多的改革,但其目的只是为了克服经济危机、缓和社会矛盾。罗斯福新政并没有改变资本主义社会的本质,不能克服资本主义的根本矛盾。从罗斯福新政到现在,危害一次比一次大的经济危机不断出现就可以证明这一点。但是,从罗斯福新政在改革中借鉴马克思主义理论观点的做法,在客观上对缓和资本主义社会阶级矛盾、推动资本主义国家福利发展起到了积极意义,这也从另一个侧面说明了马克思主义对人类社会进步所起的巨大作用。

第三章 马克思主义劳动就业思想本土化

19世纪资本主义在欧洲得到快速发展,60年代起各国国逐步完成产业革命,生产力和科学技术达到前所未有的水平。随着资本主义矛盾激化和工人运动发展,无产阶级开始成为独立的政治力量登上历史舞台。1848年2月21日《共产党宣言》在伦敦第一次以单行本方式发行,系统阐述了科学社会主义理论,指出共产主义运动是不可抗拒的历史潮流。工人阶级十分青睐马克思主义,马克思的各种著作被翻译成数十种文字,在生产力先进、经济快速发展的欧洲传播,对初期的共产主义运动做出了重要的理论指导,同时20世纪初马克思主义在国际上得到了巨大的发展。

马克思通过对资本生产、流动、分配过程进行系统的阐述,写就了举世闻名的《资本论》。通过分析研究商品的使用价值和价值,形成了劳动价值理论。在马克思劳动就业理论中,他把劳动力看成体力和脑力的总和,以活的生命体人格为载体,通过劳动力的活动产生一种新的使用价值。换句话说,劳动力只有在劳动生产过程中才能体现劳动价值并使价值增值。增值后的新价值是基于劳动力和生产资料或资本的有机结合。这三者要素各自占比的多少,能够折射资本家剥削压榨劳动力程度的轻重,著名的剩余价值理论也是基于对这个环节的观察考证提出来的。资本积累的源泉就是劳动者生产的剩余价值,马克思在《资本论》中将资本积累分为资本积聚和资本集中。其中,资本积聚是相对于剩余价值而言的,资本集中指单个资本总额的累计。又因为资本过于集中,导致相对劳动人口过剩,造成了失业。

1835年12月,青年马克思撰写了一篇篇幅不长的文章《青年在选择职业时的考虑》,对青年职业选择进行了指导,阐述了职业如何对一个人的人生产生影响,论证了什么样的事业才是最为崇高伟大的职业。马克思指出:"如果我们选择了最能为人类福利而劳动的职业,那么,重担就不能把我们压倒,因为这是为大家献身;那时我们所感到的就不是可怜的、有限的、自私的乐趣,我们的幸福将属于千百万人,我们的事业将默默地、但是永恒发挥作用地存在下去。面对我们的骨灰,高尚的人们将洒下热泪。"

马克思的劳动价值论自诞生以来就面临多方面的责难和挑战,学术界针对劳动价值论的"转形问题"、劳动价值论的适用性问题、生产劳动与非生产劳动的划分、价值的源泉问题、活劳动的界定问题等多次展开论辩。在论辩中,马克思劳动价值论汲取其他学说好的研究方法,不断得到完善和丰富,从而做到用发展的劳动价值理论来帮助解决社会主义国家的劳动就业问题。

当今时代,人类社会正处于现代工业文明时代向全球化时代的转型中,对于一个国家来说,与其他国家联系日益紧密,开放包容成为必然性趋势,合作共赢也将成为人类社会常态化的生存模式;同理,一种理论要想具备旺盛的生命力,必然要勇于迎接更加猛烈的碰撞与挑战,在一次一次质疑中寻求自身的立足点并提升自身理论价值。马克思主义劳动就业理论作为一种开放的思想体系,着眼于全人类发展,海纳百川永不自封。正是由于这种开放的品格,马克思主义才能用客观的思维来审视世界历史的进程,才能用博大的胸怀来容纳人类文明成果,也才能始终站在历史的前列,把握时代的脉搏,与时俱进,在不断超越自我的进程中,将相关新思想、新观点和新方法纳入其批判的视野,以开放品格成就批判品格,以批判品格推进实践品格,以实践品格塑造与时俱进的理论品格,从而最终实现自身时代化。

从马克思主义诞生起,马克思恩格斯自始至终坚持并告诫后人只有实事求是,与时俱进,国际共产主义运动才能最终在全世界取得胜利。我们作为马克思主义思想的信仰者,有理由、有责任以更加积极的主人翁姿态,为持久发展马克思主义理论做贡献。

纵观马克思的各种著作,其劳动就业思想显见于各种理论中。中国在解决就业矛盾与冲突的过程中,逐步形成了中国化的劳动就业思想。劳动就业是劳动者立足社会的生存手段,关乎人类生存之道。劳动权又称工作权或就业权。《中国人权百科全书》指出:"劳动权是公民享有的获得就业机会的权利,它是劳动者生存的权利,在劳动者享有的各项基本权利中居于首要位置。"① 它包括获得就业机会、获得公平报酬并且不受限制自由选择就业。亚当·斯密在《国富论》中写道：劳动是一切生活必需品的源泉。劳动是个体生存的手段，个体是国家最基本的组成单位，因此劳动就业就是最大的民生问题。作为个体的人，一生中大部分时间都在劳动，都是以劳动者的身份度过一世，虽然劳动形态各异，劳动岗位各有不同。

劳动就业关系一国经济发展，关系国家经济战略定位。当然，它不只是某个国家独有的问题，也是当前世界各国都面临的世界性难题之一。随着人类社会的发展，劳动就业形势变得日益复杂。劳动者工作岗位和类别的变化，体现着一国发展现状，凸显着该国在国际社会中的地位和影响力。劳动者能够拥有高质量的就业机会，能够获得丰厚的劳动报酬，反映着发展为人民、发展成果为人民所享有的真正的人权民权保障思想。未来社会当属人类命运共同体搭建的时代，劳动就业不再是局部的问题，而是人类共同面对的问题，应当站在人类发展的角度去激活人的潜力，去挖掘创新劳动就业岗位，从而更好地解决这一世界级难题。

第一节 马克思主义的劳动就业思想

一、马克思主义劳动就业思想的概念

马克思主义劳动就业思想，指马克思主义经典著作中关于就业问题的理论、观点、方法等思维活动的综合，包含了马克思、恩格斯、列宁、斯大林、毛泽东、邓小平、江泽民、胡锦涛和习近平总书记的劳动就业思想。这些杰出的马克思主义者从不同的角度和层面对劳动就业问题做出了深刻而丰富的论述，形成了一个不断完善发展的科学体系。他们从不同的历史阶段对社会分工、择业问题、工资待遇、失业问题、社会保障等领域做出了深刻的论述，形成了科学的马克思主义劳动就业思想。《资本论》《哲学的贫困》《青年选择职业时的考虑》

---

① 王家福、刘海年：《中国人权大百科全书》，中国大百科全书出版社，1998，第316页。

和《德意志意识形态》等经典文献，充分体现了马克思恩格斯的劳动就业思想。他们通过对资本、劳动分工、工资三者之间关系的描述，揭露了资产阶级抢占剩余价值而积累扩大自身财富的本质，一针见血地指出资本主义生产关系已经不适应生产力发展的需求，对人类生产发展起束缚作用，并导致周期性经济危机。其根源在于社会化大生产与私有制之间矛盾不断激化，产能相对过剩，由此经济危机发生的周期会极大缩短。同时指出资本主义制度灭亡的必然性，人类社会发展的最高阶段是共产主义社会。这些为马克思主义劳动就业思想的形成和发展奠定了理论基础。

100多年前，马克思提出了著名的"十大政纲"，第九条明确指出"实行普遍劳动义务制"，认为"在运动进程中，它们会越出本身，成为变革全部生产方式所不可避免的手段"。[①] 马克思认为："劳动首先是人和自然之间的过程，是人以自身的活动来引起、调整和控制人与自然之间的物质交换的过程。"[②] 他还认为，在任何时候、任何社会性质中，人们不以一定方式结合起来共同劳动并且交换劳动成果，人类生产活动就不能顺畅推进。换言之，劳动生产是自然属性和社会属性相结合的过程。劳动力，通常指体力和智力搭载于活的生命体中，在资本的作用下，与生产要素相结合，生产出满足于社会的使用价值，并同步实现价值增值。现代社会中，人们习惯性把具备劳动能力的人说成劳动力。劳动就业，指在社会分工细化的背景下，具备劳动能力的人，通过选择参与某种有报酬的社会劳动。

在资本主义社会，资本家占有所有的生产资料。此阶段的劳动就业者就是雇佣工人，为资本家打工，换取生存报酬，为资本家创造剩余价值。从这个角度来说，劳动者是资本家的奴隶，也是一种商品。显而易见，资本主义制度下劳动就业的性质，就是没有生产资料的雇佣工人与占有全部生产资料的资本家的"结合"，是一种淋漓尽致体现剥削关系的"结合"。在这种结合中，劳动者只能

---

① 中共中央马克思恩格斯列宁斯大林著作编译局编《马克思恩格斯全集》，第4卷，1979，第490页。

② 中共中央马克思恩格斯列宁斯大林著作编译局编《马克思恩格斯全集》，第23卷，1979，第201页。

成为资本家的资本组成要素,成为机器的奴隶。如马克思所说:"原来的货币所有者成为资本家,昂首前行;劳动力所有者成了他的工人,尾随在后。一个笑容满面,雄心勃勃;一个战战兢兢,畏缩不前,像在市场上出卖了自己的皮一样,只有一个前途——让人家来鞣"。①资本主义社会劳动就业表现出鲜明的特征:一是劳动就业的不平等性。劳动力商品价值有着特殊的交换形式,劳动力所有者必须始终只能出卖一定的劳动力时间,如果把劳动力一下子全部卖光,"他就出卖了自己,就从自由人变成奴隶,从商品所有者变成商品","他必须始终让购买者只是在一定期限内暂时支配他的劳动力,使用他的劳动力,换言之,就是让渡自己劳动力的使用权而不放弃对它的所有权"。二是劳动就业的强制性。劳动力价值的最低限度,指劳动力的承担者即人每天得不到就不能更新他生命过程的那个商品量的价值,也就是维持身体所必不可少的生活资料的价值。三是劳动就业的非强制性。

在社会主义社会,生产资料由劳动者共同占有,劳动生产是为整个社会而进行,社会劳动力是全体有劳动能力的成员。劳动者自身成为社会的主人,不再是一种被买卖的商品。因此,劳动就业的基本性质为为实现共同繁荣富强、为实现整个社会利益、能体现平等互助合作关系的过程。社会主义制度下的劳动就业体现出以下特征:一是劳动就业的平等性;二是劳动就业的自觉性;三是劳动就业的直接社会性。在社会主义制度下,劳动既是我们的一种权利,也是一种无法推卸的社会职责。这充分体现了马克思的"普遍就业理论"原则。马克思恩格斯普遍就业理论是由普遍就业的科学构想、普遍就业的基本特征、普遍就业的意义和普遍就业的条件构成的理论体系,揭示了社会主义社会就业的本质与规律,对现当代的劳动就业理论和就业实践具有指导性意义。

马克思恩格斯设想,在共产主义社会,资本主义人口相对过剩现象根本得以消除,有劳动能力的人都平等地享有劳动权利,自由地履行劳动义务。劳动者自己成为生产资料的主人,实现了生产资料和劳动力的充分结合,劳动力得

---

① 中共中央马克思恩格斯列宁斯大林著作编译局编《马克思恩格斯全集》,第23卷,1979,第200页。

到合理利用,积极性得到充分发挥,为自己劳动,此时劳动就业不再是一种负担和痛苦,而是一种幸福和快乐,是一种实现人生价值的美好需要。马克思恩格斯对共产主义社会的描述为,人类彻底解放、劳动者自由全面发展。当然,在劳动还没有成为人们生活第一需要、还是一种谋生手段时,个人要生存,就必须有工可做。最后,普遍就业是人自由全面发展的重要条件。在生产劳动过程中,每个人都有全面发展和表现自己能力的机会。

在大工业初期,马克思提出了劳动价值论。劳动价值论着重分析当时社会条件下物质生活领域里的劳动就业问题——这并不意味着它过时了。马克思劳动价值论从根源上揭示了劳动就业的一般规律并对商品经济发展进行了一系列分析,对我国当前社会主义市场经济建设仍有着重要的指导意义。

智能化时代,随着知识和人工智能等非物质生产劳动的兴起,智能机器技术不断迭代,开始在各类工种、岗位上解放人类的双手。因此,业界和社会领域不少人开始质疑劳动价值论已过时,从而掀起了相关逆劳动力价值论的言辞,大肆宣传否定物质领域劳动为第一生产力的理论。事实上,从人类发展历程来看,物质生产领域劳动生产的基础性地位不可动摇,非物质生产领域劳动的价值要通过物质生产领域所创造的价值进行转移,即通过国民收入二次分配而实现。同时非物质生产领域对生产领域存在着依赖关系,非物质生产领域的收入要依赖于物质生产领域的劳动价值创造。[1]马克思的社会主义劳动就业思想体现为:首先,劳动力资源有计划的调配是社会主义经济发展的基本规律。马克思认为有计划地合理分配劳动时间是未来社会主义的首要经济规律。其次,劳动者是未来社会起决定性作用的生产要素。劳动者只有在社会主义社会才能被摆在它应有的位置上,真正成为生产力发展的出发点和归宿点。马克思曾指出:"只有劳动者成为全部生产资料的主人,国家根据社会需求来决定生产方向的时候,劳动者才能改变受生产资料奴役的现状。"[2]再次,资本主义社会周期性的失业问题,要从根本上得到解决,唯有在社会主义计划经济条件下

---

[1] 庄三红:《劳动价值论的时代化研究》,中国社会科学出版社,2012,第77页。
[2] 吴军宏:《重庆市就业服务业发展研究》,硕士学位论文,重庆师范大学马克思主义学院,2015,第83页。

才能够完全避免。①按照马克思对社会主义劳动就业问题的设想,无产阶级取得政权建立社会主义制度后,无政府状态的竞争和周期性的经济危机就会消失。国家对劳动力的使用是有计划的。在社会主义制度下,失业会最终消失,国家可以有计划地分配劳动时间,调节社会需求与劳动职能之间的比例搭配。社会主义劳动力资源的计划特性,保障了全社会劳动力资源供求的均衡性,可以有效避免周期性的失业现象。最后,在共产主义高级阶段,人类才有机会为了自身全面发展而在物质生产之余利用自由时间来从事各种创造性劳动。马克思曾指出,真正自由的劳动,是指劳动者不再受生产资料驱使和奴役,必须在特定的社会制度下,即共产主义社会制度下,实现劳动者与自然、社会、历史和谐共处。劳动就业的性质由谋生转化为自由、自主劳动,劳动如同吃饭、睡觉一般成为人类生活不可或缺的一部分。

马克思理想中的未来社会,即共产主义社会,生产资料由全社会人共同占有,生产力水平高度发达,不存在商品货币关系和与商品经济相联系的价值规律和市场机制,劳动一开始就成为直接的社会劳动,社会能够自觉地有计划按比例调节劳动时间分配到各个部门和产业。劳动者能够自我决定在什么领域、从事什么劳动去实现自我价值。

二、马克思主义劳动就业思想的本土化发展

目前,人类社会正处于由现代工业时代向智能化时代的过渡阶段。全球化的发展,已然改变过去了那种时空隔断的状况,将世界各国连接、打造成一个联系紧密、荣辱与共的世界村。对人类发展来说,任何一个困难的战胜,都需要世界各国团结合作,换句话说,在困难和灾害面前,没有一个国家可以独善其身。同样,理论作为指导人类进步的思想利器,势必要在一次次困难和问题的解决中,更新已有的框架,吸收新鲜血液,如此才能与人类社会齐头并进,更上一层楼。

马克思主义在诞生之时,就定位为为全人类服务的学说,这足以彰显马克

---

① 中共中央马克思恩格斯列宁斯大林著作编译局编《马克思恩格斯选集》,第3卷,人民出版社,1972,第332页。

思本人思想的宏伟格局。作为一种开放的理论体系,它像大海一样纳百川而不自封。开放包容的特点,使得它能够以客观的视角审视自身在各个阶段的历史发展,才能用博大的胸怀来吸纳人类文明的一切优秀成果,也才能始终站在历史的前列,把握时代的脉搏,运筹帷幄,与时俱进,最终以更高视野去引导人类社会朝着共产主义方向发展。列宁指出,马克思主义并非是离开世界文明发展而产生的一种故步自封、僵化不变的学说,而是在现实中不断自我迭代更新的科学理论。

马克思主义本土化发展过程,是全体劳动者通过无数次的尝试、实践验证得来的。马克思劳动价值论从面世之日起,就遭遇多方责难与挑战。它并非由马克思最早提出,然而正是马克思劳动二重性学说的创立使其成为科学理论。马克思、恩格斯在早期的著作中就对劳动者的价值问题给予了极大的关注,通过对旧社会的深刻揭露和批判,形成和表达了全新的共产主义社会理想和价值观基础。在资本主义国家里,关于劳动价值论,新自由主义者持续进行了近一个世纪的论战;在社会主义国家内部,就生产劳动与非生产劳动的划分、价值的源泉问题、活劳动的界定等问题,也多次展开持续的论辩。面对内外思想的碰撞,马克思主义劳动就业思想在不断地裂变前行。劳动价值论号召大众要尊重劳动、保护劳动和不断提高劳动者素质。马克思指出劳动价值论的核心指商品的二重性和劳动二重性。在生产力发展的基础上,出现了精细的社会分工,加剧了私有制的发展,商品品类多样化促使人类商品交换的频率加快,从而促使货币更快地转化为资本,也是在这个过程中,实现了资本的原始积累,财富越发集中到资产者手中。同样,关于劳动价值论学说的地位,可从劳动二重性理论的提出来识别。劳动二重性理论是马克思在政治经济学史上的巨大理论成果。劳动价值是以劳动者的活劳动为立足点、从生产成本的角度定义的价值论。而西方学者提出的效用价值论,更看重市场环节各项因素,更多地服从资产阶级的欲望和需求。效用价值论的初衷是保护资产阶级垄断企业和少数富有阶层利益最大化,其对劳动价值论的否定使得中小企业和劳动者利益受损。这两种价值论反映了资产阶级与劳动者之间的经济利益博弈关系。从资产阶级社会周期性的经济危机、虚拟经济泡沫产生,以及对劳动价值论的全盘否定,不难看出资本主义自始至终都在追求最大化无偿占有劳动者的剩余价值,资本主义的剥削本质也就不言自明,资本主义制度灭亡的必然性显而易见。劳动价值论站在工人阶级的立场来分析问题,研究资本生产什么、资本究竟为谁生产,以及如何实现资本雪球越滚越大的问题。劳动价值论不仅是一种经济分析工具,着眼于生产技术的迭代更新,致力于劳动者工作负荷的减轻,以及自身素养的提升,同时旨在揭露资本家伪善的本质,呼吁重视和加强对广大劳动者权益的保护,着眼于对生产关系的解放和改进的研究,不断寻求生产力和生产关系之间矛盾的缓和,将其推向平衡点从而推动社会发展。只有全面完整地认识马克思劳动价值论的科学内涵,分析劳动与劳动价值论的现代形态,才能明辨当今关于劳动价值论理论纷争中的正误;反过来,僵化地、削足适履式地对待劳动价值论,只会造成一定程度的歪曲或否定,被新自由主义者误导,颠覆我们信仰的根基。

目前,国内不少学者提出了劳动整体价值论,指出劳动价值由活劳动和生产资料以及生产工具相结合产生,部分学者借着我国现阶段经济的价值转形问题,利用短期内市场价格的变动来否定劳动价值论,这无疑是不妥的。西方资本主义国家和部分学者则公然否定劳动价值论,指出这个理论已然过时,认为经济的增长、价值的创造更多依赖于活劳动以外其他要素的支撑。

马克思在古典政治经济学劳动价值论的基础上,创造性地划分了不变资本和可变资本,提出劳动二重性,分析揭露价值的内涵,揭露了资产阶级无偿占有劳动者剩余价值的本来面目。他深入浅出地讲解剩余价值如何转化为利润、利润又如何转化为平均利润等一系列价值转化的问题,解决了古典政治经济学未能解决的历史性难题,实现了价值论的科学变革,从而为人类迈向更高层级社会形态发展奠定了理论基石。

我们知道:生产价格形成之前,商品价格围绕价值上下波动;生产价格形成之后,商品价格就围绕生产价格上下波动。基于这个差别变化,部分学者创立了生产价格理论,从而否定劳动价值论。从局部的单个生产部门来看,价值与生产价格在量上确实存在差异,但是从整个社会来看,生产价格总额与价值总量相等。商品价格是商品的货币表现,由于受价值规律支配和其他因素影响,从某一次具体交换看,商品价格和它的价值往往是相脱离的;但从较长时间和整个社会的趋势上看,商品价格仍然符合其价值。由此来看,生产价格与价值的背离，并非是对劳动价值规律的否定，只是改变了实现价值规律的路径形式而已。

在全球化和社会主义市场经济的背景下，如何推动劳动价值论本土化？我们要在新时代背景下，在一次一次实际问题解决过程中，不断增强马克思主义劳动价值论的生命力。

纵观国内外各派学者的观点，基本都是围绕马克思著作文本展开。这给了后来的研究者一些启发和思路：只有正确解读马克思主义劳动价值论，才能确保社会主义建设旗帜常红。要准确解读马克思主义劳动价值论，就要解读马克思各个历史时期的原著，正本清源从马克思、恩格斯的视角来把握，不断章取义，不因他人对劳动价值论的解读而误入歧途。在解读相关论述时，虽然不能跳过某些必要的理论中介，但亦不能局部地、主观曲解地看待劳动价值论，要回归理论真相，挖掘理论精髓，在日常解决问题的过程中去丰富相关理论的内涵。同时，不能片面地理解劳动价值论的某个观点，单独地看待某些结论，必须结合当时的历史背景去解读、全面理解和诠释。在解决现今的劳动就业问题时，要结合实际提出对策、反馈迭代，进而丰富发展相关理论。

任何理论都有一定的历史局限性，随着经济社会的转型，理论的普适性会受到多方面的挑战和质疑。概括来讲，马克思主义劳动价值论在新时代条件下面临的主要挑战在于劳动概念范畴的变化。马克思从不同的角度对劳动进行了不同分类，如具体劳动和抽象劳动、物化劳动和活劳动、简单劳动和复杂劳动、生产性劳动和非生产性劳动等。关于生产性劳动和非生产性劳动的划分，马克思把能否生产物质产品作为区分二者的基本标志。随着知识经济时代的发展，以知识创新为特征的新经济正在形成和发展，越来越多的体力劳动者从繁重的体力劳动中解脱出来成为脑力劳动者，从事经营管理、科学研究、信息生产等活动，所以以信息技术和知识为核心的现代科学技术和经营管理成了极为重要的生产要素，这是马克思所处的时代所没有的。随着科学技术逐渐成为第一生产力，人工智能是否能够取代活劳动夺取劳动者的饭碗，造成大面积失业？这让部分学者开始质疑马克思主义劳动就业理论，认为它已经过时。

社会主义市场经济下，马克思主义劳动就业思想是否能保持生命力和正确性？社会主义国家在发展经济、追求效益的同时，如何正确对待科技劳动、管理劳动、服务劳动和生产要素参与分配等问题？同样,这是马克思主义劳动就业思想自身与时俱进需要面对的现实。我们不能故步自封,要反思并突破劳动价值论的局限,实现更高层次的发展。

劳动就业思想作为马克思主义政治经济学的重要组成部分,并没有被束之高阁,从此不问世事,而是在一代代共产党人的实践中,结晶成一次又一次的理论精华,促使理论本身自我完善,促使社会主义制度日趋健全,促使社会主义中国一步一步向共产主义最终目标奋进。中国在马克思主义指导下,日益繁荣昌盛,中国化的马克思主义劳动就业思想被视为国际社会的典范。作为与西方资本主义制度相抗衡的社会主义制度,我们要在经济、政治、思想理论各个领域做到无懈可击,不让奉行新自由主义的西方资本主义国家有机可乘。资本主义国家意识形态理论代表有新自由主义、创新价值论、约翰·奈斯比特的知识价值论、托夫勒的信息价值论等,总会见缝插针地对马克思主义劳动就业思想进行攻击和各种诋毁。

在某种程度上,随着社会主义市场经济的改革和发展,就业形势已经出现了新的情况,如知识科技在现代生产和分配领域愈发起着重要的作用,在一些特殊行业还会基于这些因素给予工人更加丰厚的薪酬;又如,人工智能的面世、无人驾驶等技术的普及应用,许多机械性、程序性工作岗位上的劳动者将被机器取代。这一系列现象与问题对马克思劳动价值论造成了强烈的冲击,也鞭策着马克思主义劳动就业思想自我迭代,直面现实,应对挑战,敢于质疑自我,坚持与时俱进破旧立新。只有在理论与理论、理论与实践的激烈碰撞中,勇于汲取其他理论新的研究方法、新的研究观点,坚持自我批判革新,不断得以丰富完善,才能确保劳动价值论越发生机勃勃。

坚持马克思主义中国化,发展中国特色社会主义劳动就业思想是一项长期而艰巨的历史任务。我们一定要毫不动摇地坚信马克思主义指导思想,使中国化的马克思主义劳动就业思想羽翼丰满。习近平总书记在纪念马克思诞辰200周年大会上指出:"马克思主义不仅深刻改变了世界,也深刻改变了中国。""十月革命一声炮响,为中国送来了马克思列宁主义,给苦苦探寻救亡图存出路的中国人民指明了前进方向、提供了全新选择。"在马克思主义指导下,1921年7月中共一大在上海召开,正式宣告中国共产党诞生。马克思主义深受中国先进知识分子的欢迎,在中国共产党人领导下深深扎根于中华大地,中华民族取得了革命的胜利,建立了新中国。1949年10月1日新中国成立,自此中国共产党人不断传承与发展马克思主义,使马克思主义在中华大地上扎根,推陈出新,不断结晶新时代的智慧成果。中国共产党人,带领人民群众先后经历新民主主义革命、抗日战争和国内革命战争的洗涤,建立中华人民共和国,用实践验证、用行动书写中国化马克思主义新篇章——毛泽东思想。1978年十一届三中全会后,中国共产党人开启了团结带领人民进行建设中国特色社会主义的新的伟大实践,在中华大地上大刀阔斧地改革,全国上下,聚力发展,不断提升新中国经济发展水平,实现了一次又一次马克思主义本土化的理论飞跃。党的十八大以来,中国共产党人顺应时代发展,从理论和实践结合上系统回答了新时代坚持和发展什么样的中国特色社会主义、怎样坚持和发展中国特色社会主义,实现马克思主义在中国大地上又一次理论飞跃,创立了习近平新时代中国特色社会主义思想。习近平新时代中国特色社会主义思想,第一次郑重地向全世界诠释中国共产党为什么能、马克思主义为什么行、中国特色社会主义为什么好。再一次坚定了中国人民对马克思主义的坚定信仰,坚定了共产主义的理想信念,展现了当代中国共产党人的政治品格、价值追求、精神风范。

第二节　马克思劳动就业思想在俄国的实践与发展

十月革命开启了人类社会发展的新纪元,在资本主义制度之外诞生了第一个社会主义国家。在列宁带领下,马克思劳动就业思想在俄国开出绚丽的花朵。列宁结合俄国当时的社会发展状况,从社会政治经济学的角度对就业问题进行了剖析和研究,促使苏维埃政权下的社会主义国家推进劳动就业问题的理论化、科学化,实现了俄国社会劳动者的充分就业。

社会主义制度建立后,在斯大林民族政策的影响下,苏联政府大力宣扬民族自治权利口号,极大鼓舞了东欧国家脱离帝国主义体系,加入社会主义阵营。积贫积弱的东欧国家,饱受战乱和贫穷后,极度需要苏联施以援手帮助自已脱离水深火热的泥沼。恰逢此时,苏维埃政府开始快速扩充社会主义阵营。东欧国家与苏联国土毗邻,正式是苏联向欧洲扩充的必经之地,退一步讲,对这些小国的帮助,也有利于当时唯一的社会主义苏联保持多一分的国土安全。在这种情况下,苏联和东欧逐渐站在了一起,才有了后续的东欧社会主义发展史。这些国家在苏联的帮助下逐渐摆脱西方列强的魔爪,纷纷建立独立的政权国家,建立起社会主义制度。

一、俄国社会主义发展历程

苏联(俄国)是世界上第一个社会主义国家。俄国的地缘文化、语言习惯和思维方式与欧洲相近,使得马克思主义的传播非常便捷。马克思后期专门针对俄国做了系统的研究,这为马克思劳动就业思想指导俄国发展奠定了良好的理论基础。恩格斯曾经指出:"革命在俄国爆发,会使得整个欧洲免于战争灾难,同时开启人类社会主义事业的新篇章。"[①]一直以来,俄国民粹派都在积极探索一条有别于西方的俄式发展道路,同样其深受马克思主义的影响。1877年,马克思《给〈祖国纪事〉编辑部的信》,对俄国独特的农村公社现象进行了深刻的剖析,第一次正面论辩了俄国社会发展问题。马克思后续在《关于俄国一八六一年改革和改革后的发展札记》以及恩格斯的《论俄国社会问题》等文献中,给俄国社会指明发展道路:"俄国要选择避开资本主义制度的'卡夫丁峡谷',维持并发展公社。公社的土地共有,有利于避开资本主义社会劳动的非人性,从而消除资本主义制度本身固有的劳动异化所造成的周期性灾难。"这为后期马克思主义在俄国扎根打下良好的基础。

早在1897年,列宁就首次提出:"没有革命的理论,就不会有革命的运动。"[②]马克思主义在俄国践行历程表现为以下几个阶段:第一,1917—1936年,从十月革命爆发逐步过渡到社会主义阶段;第二,1936—1953年,从确立

---

① 中共中央马克思恩格斯列宁斯大林著作编译局编《马克思恩格斯选集》,第3卷,人民出版社,1972,第6页。
② 中共中央马克思恩格斯列宁斯大林著作编译局编《列宁选集》,第1卷,人民出版社,2012,第153页。

社会主义制度到打造"苏联模式"成形;第三,1954—1985年,苏共二十大后苏联社会主义的挫折前行;第四,20世纪90年代开始,从戈尔巴乔夫推行"新思维"到苏联解体。任何理论的生根发展壮大,势必需要肥沃的土壤和适宜的环境。当然理论普及发展本身也具有曲折性,从俄国社会主义发展历程来看,马克思的正向发展正是与当时的实际相结合的本土化过程,这也需要在实践中不断丰富、发展和创新,而不是教条地、静止地看待理论。

(一)列宁时期的社会主义

十月革命的胜利,意味着马克思主义从理论向实践迈出了坚实的一步,是马克思主义理论结出的第一颗硕果。从此以后,马克思主义就成为俄国社会主义社会的主流意识形态和理论指导思想。列宁领导大家正确解读马克思主义,并结合俄国(苏联)当时的实际情况和民众的需求,取得了社会主义革命胜利,开始探索社会主义建设实践,使得马克思主义在实际探索中得到又一次升华并结晶了新的理论成果,即马列主义。社会主义制度的建立,把俄国彻底从封建主义、资本主义的魔爪中解救出来,从此开启了人类崭新的事业。

(二)斯大林时期的社会主义

20世纪二三十年代,斯大林当政伊始,苏联还是一个落后的农业国家,同时身处帝国主义的层层包围中。在此情况下,斯大林开始领导苏联人民进行社会主义建设与改造,制定国民经济发展的五年计划,高速度优先发展重工业。斯大林时期的经济模式可以概括为:优先发展重工业+农业集体化+计划经济+单一公有制。经过两个五年计划,1937年,苏联工业化取得了巨大成就,工业产值居欧洲第一、世界第二。同时,1928—1941年苏联先后进行了三个五年计划的建设,基本完成了社会主义工业化的任务,文化教育领域发展也突飞猛进,由落后的农业国变成了社会主义工业强国,逐渐跻身于工业化国家行列,这也为后来取得反法西斯战争的胜利奠定了物质基础。

同样,斯大林领导苏联人民付出了巨大代价打败了法西斯,恢复了世界和平。苏联也扩大了自己在世界政治舞台上的威望,国际地位空前提升,大大缓和了与西方国家特别是英美等欧美列强的关系,国家安全进一步提升,并获得了良好的历史发展机遇。世界共产主义运动日渐兴起,殖民地解放运动在战后迅速铺开。随着老牌帝国主义解体,众多殖民地国家从西方列强数百年的奴役下独立出来。社会主义制度的优越性开始显现并产生国际影响,社会主义发展空间进一步拓展。中华人民共和国的成立,更让世界呈现出全新的图景。

然而,在苏联建设发展过程中,以斯大林为代表的苏联政府内部领导人对于经济问题存在一定认知偏差,没有意识到自身经济发展模式存在的弊端。苏联社会严格按照计划、比例发展经济,否认价值规律的作用,否认市场对经济的调节。封闭式的计划经济体制,过分强调优先发展重工业,忽视农业和轻工业的发展,造成了国民经济各部分比例失调,市场供应紧张,日用消费品匮乏,人民生活质量不高,导致经济发展停滞僵化。同时,苏联不断在意识形态领域对东欧社会主义阵营进行强化,并强势要求社会主义阵营的国家严格按照苏联意志去发展。这些都为东欧剧变和苏联解体埋下了隐患。

(三)赫鲁晓夫时期的社会主义

1953年9月,赫鲁晓夫正式当选为苏共中央第一总书记。他从党中央内部开始进行政治体制改革,希望防止个人集权,加强党的集体领导。此后不久,在没有充足理论准备和思想准备的前提下,赫鲁晓夫冒失性地决定在党内批判斯大林的错误(苏共二十大),希望从根本上打破斯大林模式和个人迷信思想的束缚,为改革做铺垫。

赫鲁晓夫强调共产党领导的重要性,破除了一切以苏联、苏共、斯大林为准绳的教条主义,有利于社会主义国家独立探索实现共产主义的途径和方式。在国民经济发展方面,赫鲁晓夫认为,马克思主义的优越性在于,它致力于完善社会生产组织、致力于改善工人和农民的劳动条件并提高人们生活必需品的产量和质量,致力于人民物质生活不断改善,精神层面能够感受到幸福。他认为,在社会主义社会里,每个人都有权利和义务贡献自己的力量为社会利益服务,这是由社会主义国家的性质所决定的,每个劳动者都是这个集体的主人。赫鲁晓夫执政期间,调整了俄国国民经济结构,在一定程度上纠正了过分重视发展重工业、忽视农业产业结构的错误,改善了人民的生活。通过对农业计划制度的改革,扩大了农场、农庄的经营自主权,这是符合当时农业发展客观要求的,特别对解决苏联当时最为关心的粮食增产问题起了积极作用。1953年苏联粮食产量为8250万吨,1954年为8560万吨,1955年10370万吨,1956年为12500万吨,1957年为10260万吨,1958年为13470万吨。这期间,粮食产量除个别年份出现过下降的情况外,总的来说呈现增长趋势。

然而,在"左"的思想支配下,赫鲁晓夫超越社会发展阶段,急于向共产主义过渡。例如,在赫鲁晓夫的倡导下,人们开始扩大集体农庄规模,有的地方甚至把30多个、甚至更多的农村合并成一个大集体。1958年农业改革砍掉农村个人副业,认为它影响了公有农业经济发展。同样,在他大力推动下的大面积播种玉米改革,亦因苏联气温和光照并不适宜而宣告失败。由此,苏联经济状况呈现恶化的趋势,一些国民经济综合指标下降。根据苏联科学院经济研究所提供的材料,社会总产值在1956—1963年增长速度降低了一半,农业状况也十分糟糕。1964年10月14日下午,苏共中央全会举行,赫鲁晓夫苏共中央第一书记、苏共中央主席团委员的职务被解除。12月9日,苏联最高苏维埃举行会议,赫鲁晓夫部长会议主席职务亦被解除。

(四)勃列日涅夫时期的社会主义

勃列日涅夫时期,苏联政府自诩社会改革取得成功,已经进入"共产主义"阶段。勃列日涅夫政府片面理解马克思主义,曲解无产阶级专政理论,国内官僚集权主义盛行,对外推行霸权政治,严重背离了马克思主义的初衷和苏共纲领的要求。

这一时期,苏联开始奉行大国沙文主义,对外进一步加快扩张步伐,加强对东欧国家的控制,企图快速扩大苏联势力范围,树立起自己的绝对权威,不尊重他国历史文化传统和具体国情,强制性地要求其他国家复制和照搬苏联模式。经济上粗暴干涉他国正常的经济发展节奏,打破他国的产业结构平衡。动辄批评指责、甚至直接插手他国事物,扶植亲苏势力争夺最高政治权力,为此甚至不惜诉诸武力。

勃列日涅夫政府出于与美国争霸的需要,在全球推行扩张性外交政策,在世界各地广泛争夺和抢占势力范围,对地区性事务进行直接或间接的军事干预,以至于悍然出兵侵略阿富汗。这种外交政策及行径,背离了共产主义的宗旨和使命、社会主义国家的集体主义和国际主义精神,不仅引起东欧社会主义国家不满和抗拒,而且造成了与世界上最大的共产党——中国共产党之间的决裂与完全对立,还在世界范围内塑造了极为负面的强权政治和霸权主义的国家形象。

这一时期,对内大力发展重工业和军事工业,忽视了农业和人民基本生活的生产发展,使得苏联的经济形势更趋恶化。苏联外紧内松的政治态势,让西方寻得"一条悄无声息的攻击路径"——通过意识形态对苏联进行西化腐蚀,也正是这样的策略导致了后来震惊世界的苏联解体。意识是一种思想、一种观念。意识形态则是思想和观念的集合。在勃列日涅夫执政时期,苏联的意识形态问题日益复杂多元,与此同时,苏共的意识形态工作却长期疲软不振,远远跟不上形势发展需要。此时马克思主义在相当程度上丧失了群众基础,政治精英们对它阳奉阴违,代表国家未来的青年学生对它产生强烈抵触。

其后,在安德罗波夫和契尔年科短暂执政中,苏联社会主义理论建设与实践依旧严重脱节,错误定位了苏联当时的社会主义发展阶段,自诩已经建成"发达社会主义",而民生改善工作依旧整体滞后。政府的错误定位和对马克思主义的曲解,为20世纪90年代的苏联解体埋下了隐患。

二、马克思主义劳动就业思想在俄国的发展成果

马克思曾指出,人们劳动不仅仅是为了得到用以谋生的报酬,而且是因为要表明他们是同等的社会成员,还因为人们需要通过劳动来实现自身的社会价值。因此社会主义国家就业有三种功能:第一,促进经济增长,创造财富;第二,解决劳动者吃饭生存问题;第三,劳动具有社会功能,体现平等享有劳动的权利。马克思的这些劳动就业思想主要见于《资本论》《经济学手稿(1857—1858年)》《经济学手稿(1861—1863年)》《哥达纲领批判》等著作中。马克思强调,社会主义国家要为劳动者的自由和全面发展提供条件和可能性,社会主义建设依赖于劳动者、依赖于工人阶级和农民阶级,依赖于任何有利于社会主义发展的人民群众。

在马克思主义的正确指导下,俄国(苏联)在经济建设和反法西斯战争中取得了巨大成就。马克思主义劳动就业观认为,失业是生产过程中出现了相对过剩人口,是资本主义制度的特殊产物,是资本主义社会才存在的经济现象,是资本主义生产方式发展的结果,是资产阶级原始资本积累的手段,是劳动者剩余价值被无偿占有最有力的证据,揭露了资本主义的剥削性质和伪善面貌。资本家出于对利润和剩余价值的追求,削尖了脑袋去扩大生产规模,不断改进

生产力,把劳动力从生产中析出变成相对过剩人口,从而造成了失业。①列宁曾指出:失业是帝国主义战争造成的,失业是资本家对利润贪婪追求的外在表现。20世纪30年代,苏联领导人斯大林甚至在苏共十七大上宣布,苏联国内没有人找不到工作,不存在劳动者领不到工资的现象。1936年斯大林在宪法草案报告中指出,在苏联社会主义制度下,不会出现经济危机,不会出现破产,不会再有贫困和失业问题。这种对马克思劳动就业思想乃至对马克思主义教条式的理解,最终导致苏联在建国70年后在没有内战和外敌入侵的情况下自行解体。这着实令世人震惊,值得后人反思。苏联社会主义建立初期,执行普遍就业政策,职工的就业和工资皆有保障。劳动者的工资由政府规定,几乎没有差别,同时实现了全面就业。政府鼓励在计划经济体制下,工厂多多雇佣人手,人人都出门工作,然而工资报酬却普遍较低,劳动者工作积极性并不高。不过,鉴于政府规定和社会习俗,人民依然按部就班拿着低工资,日日劳作。

　　苏联这种有计划的经济发展消除了失业现象,并保证了就业人数不断增长。1960年,苏联各工厂、国营农场、交通运输部门、国家机关和科学研究机构就增加了550万人,与第二次世界大战前相比,苏联国民经济部门的职工人数增加了1倍。同时期的美国,由于第二次世界大战后第四次危机性导致的生产衰退,失业人数急剧增加,几乎一半大工业区被正式宣布为"长期萧条区",全国失业工人达到700多万。对比之下,社会主义制度巨大的优越性显现出来,不仅没有失业现象,就业人数还在不断增加。按照七年计划规定,1965年苏联职工人数将增加1200万,达到6650万,但是到1961年底,国民经济部门中工作人员人数即显示即将达到6520万。其间苏联生产计划总是大大提前并超额完成,每年就有几千个大型工业企业投入生产、许多用于文化和生活福利的建设项目交付使用。这种生产和建设的不断增长自然需要越来越多的职工。对此,西方国家反倒一度造谣攻击苏联因第二次世界大战损耗过大而极度缺乏劳动力。的确,第二次世界大战期间,苏联肩负第二次世界大战主要任务,伤亡2700万人,年龄区间在16—47岁之间,战争期间出生率又极其低下,这些似

---

　　① 于源华:《马克思主义就业理论及其当代意义分析》,硕士学位论文,东北大学马克思主义学院,2010,第23页。

乎都对劳动力资源供应造成了影响。但是,社会主义的生命力和计划制度的优越性,帮助苏联迅速消除这些劳动力资源的不利影响,加之战后苏联建立了社会主义国家稳健的社会保障体系,使战争遗留的孤儿寡母得到了很好的照顾,人民生活水平大大提高。据 1959 年 1 月 15 日全苏人口调查统计,全国人口为 2.0808 亿,比 1939 年增加 1800 万,增加了 9.5%。1960 年底,苏联人口达到 2.16 亿。其中达到劳动年龄的有 1.198 亿,比战前增加 1780 万人,增加了 17.5%。能够参加劳动的人数为 1.278 亿。同时调查显示,苏联国民经济部门的职工加上军人共 9900 万人以上,占全部有工作能力公民的 77%。加上参加农村家庭副业的家属,那么就业人数就占全部人口 85%。由此可以看出,苏联劳动力资源的利用水平达到了 90%,实现了充分就业。

社会主义时期,苏联基本上实现了充分就业。然而,在社会主义道路建设的过程中,苏联偏离了马克思主义原本的轨道,完全按照计划、比例发展经济,否认价值规律的作用,忽略了自身经济发展模式存在的弊端,最终导致经济发展停滞。这些没能使马克思主义政治经济学思想与苏联当时的具体实际有效结合,因此也没能结晶新的理论成果,最终黯然解体。这无疑是马克思主义发展史上的巨大挫折,也为后期马克思政治经济学的发展和社会主义建设打了一针"清醒剂"。

苏联解体之后,俄罗斯开始经济转轨和经济结构调整。此时,国家对生产和劳动力市场的垄断已经不复存在,但劳动者在收入和消费上对国家的依赖仍不同程度存在。马克思主义对俄罗斯政府和民众的影响是根深蒂固的,民众认同一个观点:劳动就业就跟吃饭睡觉一般,如果失去了这一环节,人生就是不完整的。因此,俄罗斯的劳动者即便工资低到无法保障生活,依然坚持到岗,几乎没有人愿意主动丢弃工作岗位,宁可接受削减工资和降低生活水平,也不会主动脱离原单位,更不会去打断工厂生产。俄罗斯经济转轨期间,之前强大的社会保障制度依然继续发挥着作用,为劳动者提供社会救济。

在此期间,政府继续着基于马克思劳动就业理论的措施,如实施积极的劳动市场措施,提供培训,促使失业者再就业,为自谋职业的劳动力提供创业补贴等。加强工会对劳动者权益的保护,社会保障体系竭尽所能为劳动者和失业者提供帮助。同时,加强经济结构调整,大力发展第三产业,不断为劳动者创造新的工作岗位,开拓新的就业领域。同时为解决失业补助经费不足的困难,探索改革鼓励企业主和居民自愿参加的失业保险制度。

三、转轨后俄国失业率高涨及促进就业措施

(一)失业浪潮席卷俄罗斯

20世纪90年代以来,随着经济的转轨,俄罗斯失业现象开始发生从无到有的变化,并成了一个始终存在的经济现象。经济出现严重萎缩,就业率下降,失业率先是攀升,随后在一定水平上波动。俄罗斯官方发布的失业率从1992年的0.6%,上升到1994年1.6%、1996年的2.6%、1998年的1.9%和2000年的1.5%。当时俄罗斯总人口为14530万,有劳动能力的为7200万,其中从事经济活动的从业人员为6500万。按照国际劳工组织(ILO)的统计标准,失业人口为510万,正式登记的失业人口为130万,分别占有劳动能力人口的7.1%和1.8%。俄罗斯联邦国家统计委员会的资料显示,2000年6月,俄罗斯国民中进行自主创业的人约占全国总人口的30%,大约有60%的劳动力在大中企业工作,全国失业人数为836万人,占经济自主人口的11.4%。20世纪末期,俄罗斯经济形势有所好转,失业率再一次下降。截至2001年底,失业人口减少到640万,失业率为9%。

为了改善失业现状,俄罗斯建立了统一的国家就业机构体系,方便动态评估并预测居民的就业状况,并根据预测情况有针对性地提供劳动力市场信息。1991年成立了联邦国家就业机构,一开始其作为一个独立的机构而存在,1996年后成为劳动和社会发展部的组成部分;与此同时,同步在全俄89个联邦主体管辖领域内设置居民就业局,为了保障就业局的工作质量,实施就业局工作人员与联邦公务员同等待遇;另外在2500个城镇配套设置居民就业中心,确保国家就业政策落实;除此之外,还设置了95个职业培训中心,其服务重心在于帮助长期失业者、青年、残疾人和带小孩的妇女。

(二)俄罗斯政府主导的就业对策

第一,制定法律。《俄罗斯联邦居民就业法》明确规定,国家调控生产力的合理配置,通过临时就业、自主创业以及灵活就业等多种途径,提高劳动力的流动性。政府采取多种措施稳定现有工作岗位,开发新的工作岗位。小微型企

业是俄罗斯扩大就业的重要渠道,为支持小微企业发展,政府制定了一系列优惠政策,为需要寻找工作的公民提供充分的社会帮助,如城镇就业中心负责安排临时就业,组织他们参加有报酬的公益性工作。

第二,鼓励自主就业。具体做法是,对失业人员进行测试和筛选,鼓励有能力的失业者创业。通过与这部分创业者签订合同,提供一定数量的启动资金,指导他们积极创办企业,在解决自身就业问题的同时增加经济收入。如果发展良好,还能提供更多的就业岗位,解决其他失业者的劳动就业问题。据统计,1994—1996年间,全俄境内有7000多名失业者开办了自己的小企业,为2万多人提供了就业岗位。此外,还有5.9万名失业者开始了独立经营活动。

第三,关注失业者心理疏导与建设。通过实施"失业者俱乐部"和"新起点"等计划,为长期找不到工作或对再就业失去信心的失业者提供咨询和培训,引导他们克服心理障碍,恢复对工作和生活的信心。这些措施取得了一定成效,1999年5万多人通过参加心理疏导与建设项目,积极接受再就业培训,调整了心态,接受了现状,获得了二次就业的机会。

第四,继续完善妇女就业相关政策。妇女劳动力的就业率一直是衡量充分就业度的一个重要指数。鼓励妇女就业这项措施很好地保障了俄罗斯的充分就业形势,确保了有劳动能力的妇女都在从事工作或学习。

第五,就业促进计划。1998年起,俄罗斯政府开始大力开发公益性岗位以缓解失业、稳定民心。通过实施就业促进计划,为失业者提供临时就业机会,这部分临时工作者在领取工资的同时仍然可以领取失业救济金。同时,为解决青年人的就业问题,俄罗斯推出了"青年实践"计划,适用于高等院校的毕业生,包括中等高校、各类职业高校、技术高校的毕业生和在校生。通过青年实践计划,这些学生可以在实践中掌握劳动技能,为以后寻找工作打下良好的基础。

第三节　东欧社会主义阵营

东欧是与西欧相对而言的。东欧社会主义阵营涵盖欧洲东部和东南部的社会主义国家,即民主德国(东德)、波兰、捷克斯洛伐克、匈牙利、罗马尼亚、保加利亚、南斯拉夫和阿尔巴尼亚。从地理上看,东欧国家缺少天然屏障,地形多为草原、丘陵,历史上即难以抵御游牧民族的侵略,因此时常遭受西方殖民者的骚扰。东欧一直是东西方争抢的目标,是历次争夺中的牺牲品。1939年德国入侵波兰,全面拉开了第二次世界大战的序幕。

东欧出现众多社会主义国家有其历史原因。首先,地理位置上与苏联毗邻,这种地理优势,成为东欧国家仰仗苏联的充分条件。其次,苏联国富力强。在斯大林执政的后期,苏联有实力与美国等资本主义国家抗衡。作为世界上唯一的社会主义大国苏联,有意对外扩大社会主义影响力,具有在东欧地区扩充社会主义阵营的必要性。最后,东欧国家历来积贫积弱,急需苏联老大哥助力打赢反法西斯战争并取得国家主权独立。在这种国际环境下,东欧社会主义阵营如雨后春笋一般出现。

不过,随着第二次世界大战的胜利和美苏争霸的升级,苏联政府逐渐了走上了对外强权的道路,不顾东欧各国发展现状,要求在东欧各国一致践行苏联模式。这与马克思主义的初衷是相背离的。在此情形之下,短短几十年时间,就发生了震惊世界的东欧剧变、苏联解体。这种现象也被西方国家蔑称为"共产主义的万花筒"。我们必须正视苏联和东欧社会主义运动与社会主义国家探索的血泪史,将马克思主义作为社会主义的理论指导思想,杜绝武断地拿来即用,要加强落地和验证,确保它的科学性。

本书后面的论述,将再现第二次世界大战后东欧社会主义国家马克思主义和马克思主义劳动就业思想的本土化发展状况。

在苏联的帮扶指点下,东欧国家翻身成为自己的主人,普遍提升了国际地位,民众有了更强的归属感,经济在一定程度得到了复苏和发展。20世纪五六十年代一直保持着较高的增长率,并且在70年代中期达到峰值。在社会主义制度优势下,东欧国家劳动力得到了充分的安排,劳动者以得到工资的形式从生产收益中取得小部分收益,由国家从企业抽取高份额的收益,而后再通过发放补贴产品、福利服务和转移支付等形式回馈给劳动者。这种完全就业和压制工资差别的制度帮助国民基本实现了收入和福利平等的目标。

20世纪50年代,新成立的东欧社会主义国家处于工业化时期。它们首先建立了基本的社会保障制度,产业工人和公职人员是就业保障、养老金和公共医疗及教育的最初受益者。在此期间,尽管经济增长缓慢或下降,但各个国家都在想办法维持充分就业。

60—70年代,由于劳动力数量下降,政府新出台了一些福利计划,如家庭补贴,增加了失业保险。各个国家在实行计划经济初期,曾雄心勃勃地计划将潜在的劳动力基本都动员起来,实现充分就业。随着时间的推移,劳动力的合理利用逐渐被提上议事日程,人们开始关注经济效率,学界开始研究就业政策目标的合理性。

80年代后,东欧各国不同程度的价格改革引发了严重的通货膨胀,其中波兰和南斯拉夫最为严重。1980年波兰通货膨胀率为9.1%,1988年为61.3%,1989年则达到了244.1%。1981年,南斯拉夫的通货膨胀率上升为125.6%。就连通货膨胀率较低的匈牙利,在1988年也突破了两位数,达到15.5%,1989年达到17%,[1]然而年经济增长率却从1973年的3.9%下滑到了1987年的1.9%,到1988年几乎停滞不前甚至出现负增长。1988年官方公布的GDP增长率显示,波兰为4.1%,匈牙利为-0.1%,捷克斯洛伐克为2.2%。相比于1987年,只有波兰是增长的。[2]经济增长急转直下,居高不下的通货膨胀率,使普通劳动者本就不富裕的生活状况进一步恶化,直接影响民众的生活水平。这种经济状况对劳动者所享有的各项福利收益造成了重创。

90年代中后期,东欧国家逐步开始实施经济转型。此时苏联高度集中的计划经济模式弊端一览无遗地呈现在东欧各个国家面前:首先,政治过于集中、缺乏民主。存在以党代政现象,权力集中在个别领导人手中,个人崇拜严重;领导干部终身制主导下形成的任人唯亲的错误用人方针,导致政局死气沉沉,缺乏生机活力。其次,对社会主义建设的错误认知,跳跃式、浮夸式的发展违背了社会主义发展的规律。东欧国家对马克思主义理论并没有自己的正确解读,生搬硬套将已然偏离正确轨道的苏联模式拿来套用。19世纪50—60年代,各国更是不切实际,盲目跟风,对外宣布已经建成完备的社会主义国家。在

---

[1] 孔寒冰:《东欧史》,上海人民出版社,2010,第436—437页。
[2] 雅诺什·科尔奈:《社会主义体制:共产主义政治经济学》,张安译,中央编译出版社,2007,第184—185页。

经济发展战略上,东欧国家普遍不顾自己以农业为主的经济落后的客观现实,将发展重点放在了重工业上,这种不切实际的畸形的发展策略,不仅没能实现经济的蓬勃发展,反而使得自身深陷经济泥沼,导致民生怨气举国弥漫,反共反社会主义的势力在暗中生长。

冷战结束后,特别是随着苏联解体、东欧剧变,世界范围内社会主义阵营势力遭遇前所未有的削弱。此时,资本主义国家开始通过市场转移、福利体系搭建、新自由主义推行等一系列手段来向全世界渗透。受此影响,东欧国家不得不实行新的体制来消化不断增加的社会风险,在经济上开始由中央集中改革转为推行私有制,越来越多的非公有制经济形式开始出现。这种经济转型导致了高失业率,90年代,东欧出现了生产大规模减少、失业率猛增的现象。90年代中期开始,东欧经济一度大幅增长,开始推行积极的就业政策,给有就业能力的人提供服务,因此在这一阶段失业率也开始回落,只有波兰和斯洛伐克的失业率还保持着相对较高的水平,分别占劳动人口13%和14%(同期,欧洲的平均失业率为8.2%)。此外,这两个国家年轻人和老年人群体长期失业率也最高。除了波兰和斯洛伐克,匈牙利也存在较低的就业状况,失业率水平较为适中,但这里面排除了年轻人失业和长期失业群体的影响。

这一时期,工会只作为生产、生活的辅助支持而存在,维护工人利益的职能没有得到有效发挥。面对此种状况,东欧国家采取了一系列改革措施:将工人广泛纳入养老金体制之中;提高退休年龄和调高工龄要求;建立养老金制度适应通胀变化,调整工资增长指数变动机制;增加失业保险,以保障劳动者在丢掉工作之后短期内拥有相应的经济保障。

在取消了原有的国家计划分配式的就业模式之后,失业问题一直是东欧国家转型中最棘手的问题。为应对这一问题,政府加快建立失业保险制度,减轻失业所带来的社会压力;利用各种措施拓宽就业渠道,使失业人员实现再就业,从而降低失业率。例如,匈牙利设置了劳动市场委员会来处理就业问题,实现劳动力区域平衡,另外还设有专项失业救济金,对失业人员进行再就业培训和提供物质帮助。

一、马克思主义在南斯拉夫的本土化发展

(一)南斯拉夫联邦共和国的建立

南斯拉夫有着独特的地理位置,从古至今始终处于东西方社会政治、经济与文化汇合处。特殊的环境使得南斯拉夫呈现出与众不同的发展态势,并长期处于分裂状态。它曾长期作为战争的附属品,被各个帝国主义国家殖民统治和瓜分,因而是东欧国家中较为贫穷落后的国家之一。第二次世界大战后,在苏联的帮助下,南斯拉夫共产党掌握了国家政治权力。鉴于苏联所取得的成就,积贫积弱的南斯拉夫共产党极度渴望摆脱此前的状况,"以苏为师",毫无保留地选择了苏联的社会主义发展模式。"它相信这不仅能最好地保障自己的民族利益,而且也能最好地保障世界上所有国家,特别是还未解放国家的社会主义民主、平等和自由的历史进程,这个决定是南斯拉夫共产党属于苏联共产党领导的世界共产主义运动的表现。"[①]

1945 年 4 月 11 日,苏联与南斯拉夫签署《苏南友好互助和战后合作条约》,南斯拉夫正式开启以苏联社会主义发展模式为范例的征途,并飞速建立高度集中的计划经济体制。短短数月后,南斯拉夫宣告成立南斯拉夫联邦人民共和国。从某种程度上讲,这是社会主义阵营的胜利,也是南斯拉夫联邦共和国与马克思主义理论深度碰撞的曲折历史。1946—1980 年,南斯拉夫开始了社会主义探索。1946 年,推行"耕者有其田"的土地改革运动,在农村建立集体所有制经济。在城市,大力推行私营企业国有化运动,并在城市地区建立了社会主义国有经济。1947 年,制定了《南斯拉夫联邦人民共和国 1947 年至 1951 年国民经济发展第一个五年计划》,该计划主要任务是启动现代化工业体系建设。至此,南斯拉夫高度集中的计划经济体制基本建立。1953 年为了加速国家经济发展,联邦中央政府专门设立专项基金,并强制实施富庶的共和国筹缴更多基金份额,类似于财富二次分配的政策。这项政策的出台引发了克罗地亚、斯洛文尼亚等较富有共和国人民的不满。随着时间推移,中央投资与地方需求

[①] 杜尚·比兰吉奇:《南斯拉夫社会主义联邦共和国史纲》,许万明 等译,阿升、赵乃斌 等校,天津人民出版社,1985,第 158—159 页。

开始错位,引发了产业结构性矛盾,国内矛盾冲突加剧,最终陷入经济危机沼泽。例如科索沃,为向富裕的加盟共和国出口原材料,中央将对它的投资重点集中在煤矿等产业中,但这些产业接收劳动力的能力极为有限,造成了较高的失业率。这一系列不考虑本国实际情况生搬硬套苏联发展模式的政策开始显现弊端,农业人口占比八成的农业经济亦陷入发展停滞状态。最终科索沃工农业都没有得到很好的发展,社会动荡不可避免。同样,由于长期片面地发展重工业而忽视其他产业,捷克斯洛伐克的经济也出现了严重的不平衡,几近崩溃。

(二)铁托对马克思主义劳动就业思想的探索

1960年起,南斯拉夫经济日渐萎靡,政府开始尝试一系列平稳的改革政策,用以稳定国内社会秩序,提高人民生活水平。领导人铁托指出,民族主义代表着国家资本主义下的官僚垄断残余,工人要自治且要与之进行斗争,并说:"在我国社会条件下,民族主义主要是官僚主义和各种霸权主义倾向的表现形式。"1964年12月南共八大报告又指出,民族主义增长反映着专家治国论、企业"经理独断"以及技术官僚排斥工人自治、对经济生产进行垄断的倾向,企图"把共盟变成这些技术官僚主义上层的工具"。①

铁托晚年,南斯拉夫社会已经千疮百孔,经济急速下滑。1980年铁托去世,国内总失业人口达到100万,失业率高达10%。GDP增长从1956—1964年的8.8%减少到1980—1984年的0.4%。到了1984年,除克罗地亚、斯洛文尼亚外,各加盟共和国的失业率都高达20%,而通货膨胀率则达到50%,并且继续上升。及至1985年,失业人口有六成是25岁以下的青年,25岁以下人口有四成失业。全国更有四分之一的人口在贫穷线之下。

外交方面,铁托与苏联在发展观念上不合,被苏联开出共产国际名单。内忧外患的情况下,南斯拉夫共产党不得不反思并重新解读认知马克思主义关于社会主义革命与建设的精神和原则,最终铁托政府把"社会主义自治"确立为南斯拉夫社会主义发展的新方向,即确立社会主义自治——"非官僚主义化""权力的分散化""人民民主与社会主义民主""生产者的自由联合""工人自

---

① 梁明德:《南斯拉夫崩溃之路》,《东方历史评论》,https://www.sohu.com/a/331222555_100191013。

治""社会自治"等。南斯拉夫共产党人在实践中摸索总结:真正的社会主义,权力属于劳动人民,应该让劳动者充分实现自我管理。只有广泛地调动劳动群众的积极性,才能有效防止国家权力被官僚阶级垄断。南斯拉夫十大报告中指出:"只要劳动群众拥有自己的基层自治机构地方苏维埃,就可以通过这些机构来有效表达自己的意志并对国家机构的决定起着影响。在此制度下,方能保证劳动群众享有更多的民主。"[1]南斯拉夫的社会主义探索某种程度更符合马克思主义本义,为马克思主义本土化发展积累了一定经验。前后持续40多年的关于马克思主义"自由人联合体"思想的理论与实践探索,原则基于自治个体与社会相统一的发展方式,个体与社会基于自治而聚合为一体,个人不至于如蝼蚁一般闲散脱离集体社会,集体社会也不至于如汪洋一般压制个体,个体与社会处于一种和谐有序的相处模式。这种自治探索的意义,在于重新确立了劳动对于资本和权力的主导地位,重新确立了无产阶级的社会历史主体地位。这种自治,包括工人自治、社会自治、联合劳动自治。或者说是劳动者管理型企业、员工持股与公司自治。政治经济学教授柏郎科·霍尔瓦特以马克思历史唯物主义为基础批判地指出,资本主义是一种异化的、剥削的、压迫的社会形态,呼吁南斯拉夫要以马克思主义为指导思想,努力实现人的自由全面发展,只有这样才符合人类发展,认为南斯拉夫在经济领域要尝试实现劳动者平等与消费者平等。

具体分析,无产阶级之所以被称之为无产阶级,代表着自身除了劳动力之外一无所有,只有被迫出卖自己的劳动力,忍受资产阶级的剥削和奴役维持生存。无产阶级创造了剩余价值,却要被资本家窃取,更是被无情地排斥在生产和再生产环节管理之外。劳动者要如何从这种尴尬的境遇解脱?马克思在《德意志意识形态》中指出,无产阶级要自我解放,必须占有现有的生产力总和,实现劳动者自主活动,从根本上去保障自己的生存。马克思在《国际工人协会共同章程》中指出,劳动者斗争首先是要争取平等的权利和义务,消灭阶级统治特权和压迫。他同时在《共产党宣言》中指出:"代替那存在着阶级和阶级对立的资产阶级旧社会的,将是这样一个联合体,即共产主义社会。在人类进入共

---

[1] 卡德尔:《卡德尔论文选》,李嘉恩 等译,外语教学与研究出版社,1986,第40页。

产主义社会之后,才能实现根据劳动者自身的意愿充分享受发展成果。"①在《经济学手稿(1857—1858年)》中,马克思把人类社会发展总结为三个阶段:首先是人与人相互依赖时期,其次是依赖于物(自然资源、工具)相对独立时期,最后是人力自由发展时期。劳动者应打破资本主义私有制对劳动力的奴役与剥削,代之以一种联合的、社会的个人所有制,实现自我解放。马克思和恩格斯把未来共产主义的社会形态设想为自由人的联合体,把社会的个人所有制、合作运动等联合劳动的管理形式视作为自由人联合体的现实性存在与展开。而南斯拉夫社会主义自治的精神与原则正是工人阶级劳动力的自我解放,最终的发展方向正是实现马克思主义意义上的自由人联合体,联合劳动力对自己的劳动、生活和发展条件自主决定。南斯拉夫有名的实践派指出,社会主义革命和建设是以人为中心的制度,即自治的、民主的、人道的社会主义。通过工人自治与社会自治,"人第一次在工作岗位上也开始实现他的个性的其他方面,他第一次不只是生产过程的客体,而且也成为其主体,这样也就使人之异化的各种形式开始消亡"。②南斯拉夫的社会主义自治有这样一个原则:"在现代世界中,工人阶级劳动者不仅是对资产阶级社会和历史的否定,也是对社会主义初始阶段官僚制度国家主义结构的否定。"③

不过,从严格意义上来说,马克思主义在南斯拉夫本土化发展过程中并没有结晶出有效的理论成果,一定程度上也脱离了本国发展实际,同时带有浓厚的幻想色彩。但不可否认这种自治发展对南斯拉夫国家建设、经济发展有很大的促进作用,同时对人类社会主义建设贡献了宝贵的经验。

二、马克思主义在捷克斯洛伐克的本土化发展

第二次世界大战前,捷克斯洛伐克在政治上实施议会多党制的民主制度,

---

① 中共中央马克思恩格斯列宁斯大林著作编译局编《马克思恩格斯选集》,第3卷,人民出版社,1984,第53页。
② 衣俊卿:《20世纪新马克思主义》(修订版),中央编译出版社,2012,第58页。
③ 马尔科维奇、彼得洛维奇编《实践南斯拉夫哲学和社会科学方法论文集》,郑一明、曲跃厚译,黑龙江大学出版社,2010,第217页。

在经济上实施以私有制为基础的自由市场经济制度。多党议会制在捷克斯洛伐克实施的 20 多年里,被斯洛伐克人民认同为一种成功和有效的制度。就经济发展水平来说,它是当时世界上工业最发达的 10 个国家之一,尤其机械工业在世界上处于领先地位。

俄国十月革命的胜利对捷克斯洛伐克产生了深远的影响,鼓励捷克斯洛伐克人民为国家独立、自由奋起战斗。第二次世界大战后初期,捷克斯洛伐克在一定程度上保留了战前制度,在政治上实施多党执政,在经济上实行混合经济制度。随着捷克斯洛伐克共产党在联合政府中占据主导地位,联合政府各项政策逐步倾向于模仿学习苏联社会主义。在苏化工作起始阶段,捷克斯洛伐克国内各党之间存在一定矛盾和摩擦,不过整体上各个党派都愿意接受全面苏化,因而最终确立了苏联模式:在政治上实施高度集权的执政方式,在经济上开始仓促实行国有化和农业集体化,并一刀切地中断了社会领域中与西方有关的联系。如此武断仓促的社会主义化与捷克斯洛伐克的传统和现实产生了尖锐的矛盾。20 世纪五六十年代起,捷克斯洛伐克开始实施新政治经济体制改革——民主化运动的《行动纲领》。捷克斯洛伐克经济学家奥塔·锡克专门设计了政治经济改革体系,准备从计划经济、国家所有制、社会主义市场经济、收入分配等领域进行经济改革,但是这些措施未能完全实施。捷克斯洛伐克深受西欧传统文化的影响,人道主义是其传统文化重要的有机组成部分,同时它有相对发达的工业水平。捷克斯洛伐克的工人阶级具有一定的文化素质,且占据了大多数人口。受苏联军备主义思想的影响,国内优先发展重工业,在工业化过程中建造了大批原材料加工型制造业和生产武器类型军备企业。随着苏联模式弊端的显现,捷克斯洛伐克民众不满情绪日渐高涨,陆续爆发工人运动,这是一场自上而下的改革运动,其最终目的是建立人道主义的社会主义社会。

20 世纪 90 年代以来,捷克斯洛伐克在政治、经济、外交和社会等层面再次转型,引发了严重的失业问题。政治制度上,从苏联模式的集权体制向多党议会民主制转型。在经济制度上,从中央计划经济体制向市场经济转型。在外交方面,从受苏联控制和影响转向积极融入欧洲一体化进程。在社会层面,从社会纽带松弛、个人与公共世界疏离以及社会规范失灵的社会,向积极的公民社会转型。转型之前,捷克斯洛伐克是苏联重工业和矿产资源的重要输出国之一,经济结构畸形,重工业比重大,轻工业和农业薄弱。在转型中,各个政府通常以经济改革造成的高失业率为由,反对联邦政府采取的私有化方针,支持国家干预。贸然的经济转轨,反而扩大了失业人数规模,导致结构性矛盾突出。1992年12月31日至1993年1月1日的午夜,捷克斯洛伐克宣告解体。当然,这种文明的解体方式以及联邦解体后捷克人与斯洛伐克人长期保持特殊伙伴关系,为世界上其他多民族国家和平解决民族矛盾提供了范例。同样,历史证明,社会主义改革的成功,不能够简单拿来就用,需要党内统一思想、组织上做好充分准备,结合本国实际方能成功。

三、马克思主义在匈牙利的本土化发展

(一)马克思主义劳动就业思想在匈牙利的践行

1945年4月,苏联红军在匈牙利人民配合下解放了匈牙利全境。1948年6月,匈牙利共产党、社会民主党合并为匈牙利劳动人民党,有党员100多万。1949年8月20日,匈牙利国民议会通过宪法,宣布匈牙利是工人、劳动人民的国家,一切权力归劳动人民,从而正式建立了匈牙利人民共和国,在政策上开始亲苏。第二次世界大战前,匈牙利农业基础较好,推行农业集体化后,由于强制农民入社和实现过高的征收计划,农民的生活水平连年下降,生产积极性受到重创。1952年农民的实际收入比1949年下降66%,生产合作社社员的收入只有个体农户收入的67.5%。同时片面发展重工业的战略使得轻工业和农业难以获得必要的投资,人民大众日益增长的需要得不到满足,1951年起开始凭票供应主要食品和日用消费品,并通过提价来缓解供不应求的局面,结果导致了人们生活质量的普遍降低。崩溃的经济状况激化了社会矛盾和政治矛盾。①

1953年3月,斯大林逝世后,在苏联新领导人的推动下,苏联对东欧国家的内政外交政策做出了一系列调整。1956年10月,匈牙利开始出现抗议活动,逐渐演变成当局无法控制的动乱,直到苏联出兵布达佩斯,动乱才得以平息。苏联政府将其定义为匈牙利左翼分子挑动反对社会主义的动乱。匈牙利事件后,社会主义政策在匈牙利水土不服,外加苏联政府的集权控制,国民经济比

---

① 高歌:《东欧国家的政治转轨》,世界知识出版社,2003,第143页。

例失调、经济发展缓慢,人民不满情绪高涨,国内掀起一股改革浪潮,这也为东欧国家集体脱离社会主义阵营埋下了伏笔。

60年代,匈牙利出现了宏观上劳动力短缺而局部劳动力闲置(过剩)并存的局面。又因其是一个以农业为基础的国家,失业率较高,达到9%。为了改善这一现象,1967年政府开始实施"特别产假补贴政策",妇女成为一种潜在的"失业后备大军",近30年里匈牙利妇女劳动力的增长达到90.9%。鉴于南斯拉夫实行分权模式的经验与教训,匈牙利"新经济机制"的中央计划决策者实行了特别产假补贴以及提倡青年到民主德国做工的方案,成为一种解决公开失业的安全保障措施。经过20多年的发展,匈牙利产业职工的实际工资增长率为工业生产增长率的69%。1970年,匈牙利农业工人与非农业工人的工资收入几乎相等,然而到1980年,由于政府采取了有意识的决策,工资收入开始出现轻微差异。匈牙利成为东欧社会主义国家中唯一一个在计划经济体制下就开始出现失业问题的国家。1989年政治经济转型之后,国内生产总值直线下降,通货膨胀率上升,随之出现了严重的失业问题,失业人数有几千人。匈牙利劳动工资委员会制定了一项关于给失业者补助的法律。90年代末期,政府建立国家就业基金,把以前分散的、来自中央的劳动就业、再培训和提高技能的经费集中起来,同时把这笔基金的一部分用于建立新的工作场所,给失业人员优惠贷款,让失业人员搞合作经营或个体劳动活动。同时积极鼓励发展民间就业机构,如社会合伙人。

(二)转轨后匈牙利劳动就业情况

1989年10月,匈牙利将人民共和国改为共和国,实行多党制,推行市场经济,实行私有化,造成原1800家国有公司或倒闭,或清理重建,仅剩800家。西方资本进入后,外资企业大规模裁员,1995年通货膨胀率为28%,这些因素给匈牙利带来了空前的就业困难,全国就业人口由1990年的540万降到不足400万;1993年登记失业者达到70.5万人,失业率为14%,失业时间超过6个月的在失业者中超过50%。下滑的经济形势、严峻的失业问题,引发了更多的社会矛盾和冲突。

面对日渐扩大的失业群体,为改变目前的就业现状,匈牙利政府制定了《促进就业与失业救济法》,同时鼓励民间资本兴办职业介绍中心。职业介绍中心是最具代表的社会合伙人，90年代末，匈牙利职业介绍中介机构越来越多，并以民办为主。匈牙利政府认为解决失业的有效途径是培训再就业，并使失业人员显性化——实名登记，并追踪失业人员培训和再就业动态。因为建立新的工作场所、提供新的工作岗位非常困难，相反加强对失业劳动力培训和二次推荐就业容易实施，因此政府在各地广设培训机构，并对这些培训机构予以资金支持。培训中心根据失业登记信息和自己的企业市场调研，综合分析未来劳动力市场需求，从而确定培训专业设置。失业者可根据自己的意愿接受安排不同专业的学习，提升核心竞争力。政府专门规定，失业劳动力不参加培训班就无法得到补助金。并且每培训一段时间，就要组织测试劳动力技能提升水平，对于能力实在欠佳者，就将其安排到没有技术含量、工资待遇较差的岗位，这样在某种程度上降低了失业率。鼓励发展中小企业和个体、私营企业发展，并对于吸收失业劳动力再就业的企业给予贷款补贴；为了防止出现大量失业，匈牙利政府限制企业随意解雇劳动力，并做出具体规定：30人以上的企业如在6个月内裁减25%（50人）以上的雇员，必须提前3个月向企业所在地劳务中心通报，并说明原因；如裁员决定涉及10名以上工人，必须提前30天向劳务中心和劳动者本人通报，同时按照法律规定向被裁减工人提供经济补偿；50人以上的企业如要申请清算破产，必须报备企业所在地劳务中心。

总体上分析，在东欧剧变后，匈牙利开始向市场经济转轨，实行私有化。政府重新拟订就业战略，规定国家与经济组织在劳动安置和劳动保障方面各自的责任，由政府、工会和企业共同制定就业政策，三者各负其责。

政府的职责有：对失业人员发放补助金、负责培训新技能，然后进行二次就业安置；建立从事职业培训的就业中介机构；在工业落后地区兴建工业设施（提供住房和交通）保证条件，促进劳动力流动。劳动局致力于研究和分析职业结构，提前确定工种需求的前景变化，以更有效地指导培训职工提高技能和学习新技能。

企业的职责有：一方面追求经济效益，提高劳动生产率；另一方面要保持就业水平，及时向政府通报空缺职位，并组织职工参加技能培训。

工会的职责有：注视劳动力变化情况，为劳动者争取更多的劳动利益，给予失业者以物质帮助，更重要的任务是防止失业，协助政府建立有效的失业保险系统,参与就业政策的制定,筹措就业基金,监督企业完成相关就业任务。

四、马克思主义在波兰的本土化发展

(一)马克思主义劳动就业思想在波兰的实践

1949—1955年,波兰在苏联的帮助下,就业结构发生变化,工业化速度加快,经济得到发展,全国各经济部门的就业人数都有显著增加。除了农业,社会主义企业的就业人口增加了60%。工矿企业职工总就业人数由44%增加到46%,建筑业职工由9%增加到11%,交通运输业则由12%下降到10%,行政部门人员由15%下降到9%。同时将近100万农民和农村青年到城市就业,另外又安排了职业学校和高等院校的毕业生就业,并给予了家庭妇女工作的机会。1955—1956年因受冷战影响,波兰政府减少了在工业建设和交通事业发展领域的投资,导致相关领域发展缓慢甚至中断,经济结构出现严重失衡。1956年6月波兰西部的波兹南城发生流血事件,引发波兰苏联两党分歧,后发展为"十月事件"。在波兰政府再三努力下,矛盾得以和平解决。

1957—1958年间,由于生产力分布不均,投资比重缩减,再加上10万大裁军,导致地方失业问题开始产生,而小城镇失业问题更加严重。1957年2月底,波兰失业登记人数达到46584人,其中40545名为妇女。为解决失业问题,波兰政府采取如下措施:第一,在工厂中发展副业生产,供职业学校毕业生和多余的行政人员就业;第二,重新开设那些过去几年因为缺少原料而关闭的生产企业;第三,在地方上开设新工厂以解决当地失业问题;第四,发展手工业和服务型行业,鼓励工匠重新开启手工作坊;第五,确定投资季节性行业,供失业工人就业。同时,大规模整编臃肿的国家机关,对国家政治经济部门中10万名工作人员进行了裁员。为保护这些人员的利益,政府和工会达成一致,赋予下岗人员如下选择:第一,免费培训下岗人员适合的各种职业技能;第二,辅助他们重新走上工作岗位;第三,下岗人员中,有意愿自主创业的,由国家提供投资信贷帮助;第四,对于不想工作的下岗人员,国家可以提供四个月的失业过度基金,以缓解生活压力。[1]

---

[1] 祖立:《波兰:工会问题的新风波》,《世界知识》1982年第22期。

1970年12月，波兰政府突然调高物价，引发了"十二月事件"，这一举动直接断送了统一工人党领袖哥穆尔的政治生涯，对世界社会主义运动造成无法估量的消极影响。在这次事件中，波兰工会起到了推波助澜的作用。在波兰，工会本是共同参加制定和实现国家社会经济发展任务的全国性组织，代表着劳动者的利益和权利，宗旨在于促使公民积极参加社会主义建设。由于它独立于国家和经济机构，在与别国工会组织交往的过程中，逐步开始与外国机构和组织合作，因此受到了西方意识形态的影响。波兰社会主义的失败，在于意识形态工作的松懈，资本主义国家以此为契机，将西方新自由主义意识形态深深渗透到波兰工会组织内部，导致工会被洗脑，成为资本主义国家的喉舌而在波兰国内持续存在，对社会主义在波兰瓦解起到了推波助澜的作用。

(二)转轨后波兰劳动就业情况

波兰实行转轨后，由于物价全面放开，通货膨胀率不断高涨，经济发展一度波动较大，总体失业率过高。波兰跟其他东欧国家一样，存在"隐蔽失业"，即让妇女成为一种潜在的"失业后备大军"。同时妇女权益得不到保障，不给予妇女产假补贴，直到1981年产假补贴才真正落地。1970年后，波兰妇女劳动力就业率有所下降，为42.2%。在这20多年间，波兰产业职工的实际工资增长率为工业生产增长率的67%。1976年以来波兰经济发展停滞。1980年，由于食品价格上涨，波兰各地工人举行罢工，团结工会应运而生。起初这个工会组织仅仅是波兰工人阶级对国内经济形势和政治状况长期不满的产物。团结工会成立之日起，美国便不遗余力地给予其大量经济和政治援助。1983年10月5日，西方势力还把诺贝尔和平奖授予其工会主席瓦文萨。[1]其逐渐成为社会主义在波兰瓦解的重要帮手。

1990年后，波兰失业率高达20%，1992年失业人口达1513.5万人。经过多方努力，2003年下降到1371.8万人，2004年又回升到1405.8万人，2005年失业率回落再次，但仍然高达17.3%。波兰国内就业人口结构性问题突出，青年就业率远远低于平均水平。针对这种情况，波兰政府不断调整经济结构、产业结构，公共部门就业人数大幅减少，私人企业就业人数和规模迅速扩大。公

---

[1] 汪亭友：《波兰剧变的主要原因与历史教训》，《科学社会主义》2009年第5期。

共部门就业人数比重从 1992 年的 49.8% 下降到 2004 年 29.7%，同期私人部门就业人数占比从 50.2% 上升到 70.3%。从产业结构来看，第三产业就业人员所占比重从 1997 年的 48% 上升到 2004 年 53%，同期第二产业人数占比从 32.1% 降至 28.8%，第一产业就业人数占比由 19.9% 降至 18.2%。同时，波兰长期失业问题严重，失业 12 个月以上人口占总失业人口的 52.2%。农村失业者占总失业人口的比例在 1997 年高达 46.2%，2004 年还维持在 42.1% 的高位。[①]

因此在 90 年代，波兰政府开始采取积极的措施，逐步缓和就业不足和失业率过高的问题：

一是颁布就业法。1991 年 10 月，波兰通过本国《就业法》，在执行中结合实际问题，先后修订了 12 次。《就业法》堪称欧洲此类法律的样板，对失业的概念、失业者的权利与义务、就业服务机构的职责、实施再就业的措施，以及执法监督和违法惩治问题做了明确规定。2004 年 4 月，又通过了《就业促进法》，明确了政府保证充分就业的职责。

二是建立完善就业服务体系。开始搭建国家、省、地三级就业服务网络。权责分明，相互配合，各司其职。实践表明，这种三级就业服务机构在解决就业和安排就业方面发挥了重要作用，同时不断加强政府促进就业的职能，提高服务水平。除了政府服务机构外，波兰非常重视非政府就业服务机构建设。民间从事职业介绍、技能培训的志愿劳动团体，以及科研单位和高等院校等就业服务机构迅速发展。政府通过设立资金补贴，让这些机构为失业人员提供职业培训和就业咨询或者提供新劳动岗位。受训者在培训期间可以享受职业培训补助、病假补助、交通补助和工资补助，负责培训的单位也依法享受国家的财政补贴，地方劳动局无偿为失业者提供岗位情况。为了保证失业者信息的完备、真实及对雇主负责，地方劳动局会对失业者做必要的身体检查，费用由地方劳动局支付。

三是实施积极劳动力市场政策，促进就业，控制失业。政府在 2005—2008 年提供了总金额达 3.8 亿波兰币的专项资金，用于支持劳动力市场服务机构建设。同时发放就业贷款，因企业原因导致失业的人员，可由劳动部门统一向

[①] 胡德巧：《波兰促进就业的做法及启示》，《宏观经济管理》2006 年第 4 期。

国家财政或银行申请自谋职业的低息贷款,同行实现增加就业的企业可以获得国家的优惠贷款。

四是加大青年的培训和教育力度,促进青年就业。波兰非常重视25岁以下青年的就业问题。政府在2004—2006年投入大量资金用于人力资源投资、扩大求学机会、提高教育水平、加强培训和职业教育。同时国家出资成立失业者俱乐部,为失业者提供就业信息指导和技术培训。同时加强对失业者的观念转变教育和宣传工作,通过为青年提供正式工作前的实习和劳动训练等各种途径提高其就业能力。

五是加强社会保障体系,构筑就业安全保障。目前,波兰的社会保险体制覆盖了所有职业和社会群体,实现了全国统筹。强行摊派就业。在失业率高的地区,地方劳动局可以依法强制一些雇主安排失业人员就业,期限不超过一年。失业者的工资报酬、奖金和社会保险一部分由雇主负担,一部分由劳动局补贴。安排公益劳动。地方劳动局与其他部门合作,安排失业者参加公益劳动。参加公益劳动应得的报酬,由地方财政与国家预算合理分担。

通过前几节的论述,笔者从整体上对苏联及东欧各国具体实行马克思劳动就业理论的实践做了一些总结与综述。马克思对未来社会主义社会劳动就业理想的实现基于许多假设条件:第一,劳动者能够自由科学决定如何劳动,不受计划领导人的个人权力影响;第二,假定劳动力市场的供给和需求完全一致;第三,假定劳动者没有自己的意志,全凭国家的需要被分派工作岗位;第四,假定劳动者和职位岗位信息都能在第一时间准确无误匹配。

第二次世界大战后,就苏联和东欧社会主义阵营关于马克思主义劳动就业思想实践的历史,以及转轨之后俄罗斯和东欧国家实施的就业方针政策来看,苏联与东欧社会主义国家都在一定程度上存在歪曲马克思主义、背离马克思主义意识形态,改革方向发生错误的问题,导致执政党在改革中失去领导地位。社会主义阵营国家取得革命胜利后,这些社会主义国家忽略了上述马克思所论述的前提条件,没有与本国的实际情况结合,急不可耐地按照马克思的理想就业模式去构建本国的就业模式。这种做法较为草率。正所谓万丈高楼平地起,连地基都不曾勘测平整就一股脑儿堆砌的社会主义大厦必定不安稳。这就不难理解苏联为何解体,东欧社会主义国家为何集体转向。

苏联在马克思主义指导下由列宁带领苏联共产党建立了第一社会主义国家，社会主义一度取得辉煌的成就。第二次世界大战后，在苏联的帮助下，东欧地区成为社会主义阵营的重要组成部分，国家独立，经济缓和，就业稳定。然而，在发展过程中，由于苏联当局对马克思主义的错误解读，外加西方资本主义国家意识形态的侵袭，90年代苏联解体，东欧剧变，酿成了社会主义运动的历史悲剧。这段惨痛的历史，不得不使其他社会主义国家警钟长鸣，提高警惕。我们要坚持正确解读马克思主义，坚持在中国共产党的领导下用马克思主义解决当今社会不断涌现的问题和摩擦，同时在一次次解决问题的实践中去丰富马克思主义。同样，要大力促进国家经济发展，实现个人又好又快全面发展，更要加强社会主义意识形态保护——使社会主义核心价值观根植于人民内心深处。

第四节　新中国的社会主义发展历程

马克思主义中国化的实践主体是广大的中华人民共和国人民群众，马克思主义中国化成果的汇集对象也是全体人民。人民群众亲身参与实践，在实践的过程中不断检验着马克思主义中国化理论的成败。在中国革命、社会主义建设和改革开放历程中，人民群众目睹并感受着中国经济社会的巨大变化。马克思主义劳动就业思想是马克思主义不可分割的重要组成部分。马克思主义劳动就业思想中国化，是指在不同历史时期，面对不同的劳动就业问题，中国共产党人坚持运用马克思主义指导思想，在批判继承的基础上，加强马克思主义基本原理与中国的具体实际相结合，并注意在一个一个问题的解决过程中，不断抽象复盘，从而得出的劳动就业思想，使得马克思主义彰显生机活力。就业是民生之本，是国家之根基，是个体生存之本。因此，就业问题不仅是经济问题，也是政治问题，更是社会问题。能够妥善解决好就业问题，关乎人民安居乐业，关乎社会稳定，关乎经济发展。中国共产党立足时代特征，着眼新时期新阶段的就业问题，形成一系列富有时代特征的当代马克思主义劳动就业思想。到目前为止，马克思劳动就业思想中国化并未形成统一的理论著作，但我们通过历代中央领导人关于就业的论述,通过党和国家制定的一系列就业政策措施,可以梳理出当代中国的马克思主义劳动就业思想,为新时期市场经济条件下的就业问题指明方向和道路。

马克思主义中国化是指集中反映中国革命和建设理论形态所表现出来的实质内容,是马克思主义在中国这片土壤上成长起来的特殊形态。[①]学界普遍认为,马克思主义中国化理论体现在以下几个方面:首先是科学性和价值性的统一;其次是革命性与创新性的统一;最后更是中国共产党全党集体智慧和群众实践经验的结晶。

中国作为东方文明古国,数千年来一直以"天国上朝"自居。晚清时期,清政府闭关锁国,少于开眼看世界,导致国力衰败。鸦片战争爆发后,泱泱中华大地饱受西方帝国主义列强宰割欺辱,造成了华夏大地四分五裂。1840年6月,英国向中国发动第一次鸦片战争,一些传教士将马克思主义思潮介绍到中国,国人中最早提及马克思的是资产阶级改良派的梁启超,但马克思真正引起中国知识分子关注是在辛亥革命时期。马克思主义理论的真理性、科学性和实践性契合了中华民族寻求独立和发展的价值追求,与中国传统文化有共同的价值交汇点。毛泽东曾说:"十月革命一声炮响,给我们送来了马克思主义。"十月革命帮助了全世界的知识分子,更加帮助了中国的先进知识分子,学着用无产阶级思维方式观察国家命运,考虑家国命运。同样,1917年的十月革命为中华大地送来了马克思主义,催生了中国共产党的诞生。在中国共产党的带领下,中国人民怀揣马克思主义指导思想,中国民主革命从资产阶级民主革命转变为新民主主义革命,中国革命的面貌从此焕然一新。在马克思主义中国化的过程中,中国共产党曾经亦选择了与俄国相似的革命道路,不同之处在于,认识到国情不同之后,采取了"农村包围城市,武装夺取政权"的道路,最终建立了新中国,这是马克思主义中国化的成果。当然,从历史的经验教训中,我们可以知道,马克思主义并非为中国量身定制,它需要不断与我国当下实际相结合,在这个前进探索过程中,我们既有成功的经验,也有值得吸取的教训。

1942年7月1日,朱德在《纪念党的二十一周年》一文中,提出并使用了

[①] 郑永延、杨菲蓉:《中国化马克思主义理论》,广东高等教育出版社,2005,第44页。

"中国化的马克思主义理论"。2001年7月1日,在庆祝中国共产党成立80周年的讲话中,江泽民同志阐述了马克思主义中国化的基本内涵,即"以毛泽东同志为核心的第一代中央领导集体和以邓小平为核心的第二代中央领导集体,带领我们党坚持把马克思主义基本原理同中国具体实际紧密结合,形成了毛泽东思想、邓小平理论。这两大理论成果,是中国化了的马克思主义,既体现了马克思主义基本原理,又包含了中华民族的优秀思想和中国共产党人的实践经验"。在党的十七大报告中,胡锦涛同志创造性地提出"中国特色社会主义理论",并明确提出这是一个"不断发展的开放的理论体系"。在现当代,"坚持中国特色社会主义理论体系,就是真正坚持马克思主义"。[1]

本书坚持以马克思主义、毛泽东思想、邓小平理论、"三个代表"重要思想、科学发展观和习近平新时代中国特色社会主义思想为指导思想,立足当下,探索性地概括党的几代领导集体关于就业和就业工作的论述以及各个时期就业方针政策,试图使这些零星分散的就业思想系统化、理论化、科学化,以便更好地着眼探讨解决新时期的就业问题。纵然马克思主义基本原理"放之四海而皆准",我们也不得不警醒,吸取历史上东欧社会主义国家因教条式理解运用马克思主义引发悲惨结果的经验教训。我们认为,可以从时间轴上分两个历史阶段来解读马克思主义劳动就业思想中国化的成果。

第一个阶段理论成果为:新中国的成立,毛泽东思想成果。1949年10月1日,中华人民共和国成立。中国共产党始终坚持以马克思主义作为党的指导思想,坚持实事求是,尊重经济发展的客观规律,将马克思主义紧密地与中国革命建设实际结合起来。马克思主义中国化,就是要坚持以马克思主义作为指导思想,坚持社会主义,坚持共产党的领导,这样才能使国家强大,使社会和谐,使人民幸福。

第二个阶段理论成果为:中国特色社会主义理论体系,包括邓小平理论、"三个代表"重要思想、科学发展观和习近平新时代中国特色社会主义理论。1978年十一届三中全会以来,中国开启了改革开放新篇章。中国共产党带领

---

[1] 胡锦涛:《高举中国特色社会主义伟大旗帜 为夺取全面建设小康社会新胜利而奋斗》,《人民日报》2007年10月15日。

中国人民致力于恢复和发展经济,日益加强中国特色社会主义道路建设。当然任何先进的事物在前进道路上都会面临诸多困难与障碍。这些挑战、困难和障碍,既有自身发展过程中不可避免的,也有来自西方资本主义国家人为制造出来的阻挠。社会主义国家的建设,属于人类的崭新事业模式。虽然马克思主义的伟大理论一经传入中国,就帮助中国人民争取民族独立、人民解放和实现国家富强、人民幸福,创造了彪炳史册的中国奇迹,但在这个探索过程中也有一些挫折。因此,马克思主义中国化的理论成果既要一脉相承又要与时俱进。在就业领域,要做到对马克思主义劳动就业思想的丰富和完善。在圆梦中华的历史进程中,我们要不断思量,提升做好就业工作的新理念、拓展制定就业政策的新视野、开辟解决就业问题的新渠道,缓解严峻的就业形势,改进就业工作,促进人的全面发展,提高人民群众生活水平,保持国家的长治久安和实现"中国梦",以确保中国特色社会主义旗帜鲜艳亮丽。

中国在不同的经济和社会发展阶段有相应的就业制度,侧重点有所不同,但究其根本应始终坚持以马克思主义为指导思想。新中国成立之初到改革开放前,统包统配的就业制度,是为了适应计划经济的发展而采取的。20世纪90年代以来,是改革开放持续深入与国民经济的转型升级阶段。90年代以来至21世纪初,是探索市场化就业制度的阶段,推动着市场化经济的发展和完善。21世纪初至今,是新的就业制度探索时期。

一、毛泽东劳动就业思想

(一)新中国成立初期的劳动就业现状

中国是世界反法西斯战争亚洲战场主力,抗日战争是近代百余年里中国人民取得的第一次武装革命民族独立的胜利,创造了以弱胜强的军事奇迹。在推翻"三座大山"的斗争历程中,出现了马克思主义与中国革命相结合的第一次具体实践,形成了马克思主义中国化的第一次理论成果——毛泽东思想。1943年11月10日,邓小平在党校整风动员大会上指出:遵义会议后,"党的事业完全放在中国化的马列主义,即毛泽东思想的指导之下"。随后,1945年党的七大正式确立毛泽东思想为党的指导思想。

1949年10月1日新中国成立,人民迫切需要和平安定的国内环境,休养生息，重建家园，恢复经济。党和政府致力于恢复和发展经济，但因为缺少社会主义建设实践经验，开始以社会主义老大哥苏联为师，照搬苏联经济社会发展模式，奉行"全部就业"的计划经济就业指导思想，即实行劳动者人人有工作的就业政策。人们纷纷端着铁饭碗，吃着大锅饭，在精神上得到了充分的满足。劳动者实现了充分的就业，然而生产力发展效率却极低，国家经济发展缓慢，出现了温饱问题，因此矛盾越发尖锐。据曾经的新华社社长吴冷西回忆，1956年，以毛泽东同志为核心的党中央多次召开中央政治局会议和中共中央书记处会议，反复研讨苏共二十大关于对斯大林所犯错误的批判问题，不断总结无产阶级专政的历史经验，潜心研读马克思主义基本原理。毛泽东同志指出，最重要的是独立思考，要少用苏联的拐杖，要把马克思主义基本原理同中国革命和建设的具体实际相结合，创造性地运用马克思主义，恢复和发展经济，要求摒弃对马克思劳动就业理论教条化、片面化的理解，要努力探索适合中国社会主义市场经济的就业理论和劳动就业制度，逐步向社会主义过渡。[1]

传统体制下，当时我国城镇就业压力和农村隐形失业问题都相当严重：

(1)由于苏联社会主义不承认失业问题，一开始，我国也认同社会主义国家不存在失业问题的观点。这导致失业登记人数与实际不符，也就是存在所谓的大规模隐形失业。

(2)我国人口基数大、自然增长率高，社会劳动力总量大，就业压力巨大。1952年，全国总人口57482万人，社会劳动者总数达20729万人。到1978年，全国总人口达到96259万人，社会劳动者总数达40152人，分别是1952年的1.67倍、1.94倍。[2]

(3)单一的公有制结构，造成就业渠道狭窄，就业安排不畅。例如，直到1997年全国全民所有制单位职工依旧有7196万人，占职工总数的79%，城镇集体所有制单位职工占20%，全国仅有城镇个体劳动者15万人。[3]单一公有

---

[1] 姚永明：《中俄(苏)马克思主义本土化研究》，博士学位论文，扬州大学马克思主义学院，2015，第134页。

[2] 国家统计局编《中国统计年鉴1992》，中国统计出版社，1992，第97页。

[3] 国家统计局编《中国统计年鉴1987》，中国统计出版社，1987，第115页。

制经济结构,让民众很难接受别的职业,一门心思端着"铁饭碗",哪怕工资很少,或者没有都可以,始终认为自己就得待在"体制内",只有体制内才是"安全区"。

(4)从产业结构情况来看,我国第一产业体量大,第二、三产业发展缓慢和滞后。相应地,第一产业就业人数庞大,第二、三产业就业增长缓慢。根据《中国统计年鉴1996》的资料显示,1952—1970年,我国劳动力在第一产业就业的占比在80%以上;第二产业的就业占比1970年首次超过10%,之前都在8%左右;第三产业就业的占比在9.5%左右。[①]劳动力产业间的分布不合理状况在此阶段一直是我国就业方面的一个突出问题。

(二)毛泽东同志统包统分的就业思想

毛泽东同志是马克思主义中国化的开拓者和奠基人。1938年10月,在中共六届六中全会上,他首次明确提出"马克思主义中国化"的概念,即把马克思主义基本原理进一步地和中国实践、中国历史、中国文化相结合。马克思主义与中国实际相结合第一次历史性飞跃的理论成果就是毛泽东思想。毛泽东思想是马克思主义在中国的运用和发展,是被中国革命和建设实践证明了的正确的理论原则和经验总结,是中国共产党集体智慧的结晶。毛泽东思想是一个完整的科学理论体系,它在坚持马克思主义基本原则的基础上,创造性地发展了许多独创性理论。毛泽东就业思想是毛泽东思想不可分割的一部分,分布在各项经济政治政策中,体现在一篇篇发文中。1945年新中国成立前,毛泽东同志在《论联合政府》一文中指出:"将来还要有几千万农民工进入城市,进入工厂。如果中国需要建设强大的民族工业,建设很多的近代的大城市,就要有一个变农村人口为城市人口的长过程。"[②]新中国成立后,在社会主义改造的过程中,以毛泽东为主要代表的中国共产党人坚持从实际出发,正确分析了新中国成立初期的基本国情,高度关注就业问题,提出要坚持"统筹兼顾"的方法和"不饿死人"的原则。[③]毛泽东同志高度重视就业问题,多次在很多场合对如何

---

① 国家统计局编《中国统计年鉴1996》,中国统计出版社,1996,第104页。
② 毛泽东:《毛泽东文集》,第3卷,人民出版社,1996,第107页。
③ 同上书,第340页。

做好就业工作做了大量的论述。他指出,就业关系人民群众的基本利益和新中国的发展稳定,社会主义国家有责任保障人民就业,这需要统筹兼顾各个方面因素,首先是要恢复生产发展经济,让人民有工作机会。其次,控制人口,抓好教育,提升人民群众技能素质,让人民有能力去做工作。再次,做好社会保障体系,解决好工作之外的后顾忧虑。

1. 重视就业政策,将就业问题作为国家经济发展和人民生活的保障予以考虑

新中国成立初期,恢复和发展经济是举国上下的首要任务,必须要在经济发展的基础上,促进劳动者积极就业,解决失业人员再就业问题,维护社会稳定的秩序。早在1943年,毛泽东同志就指出:"土地革命时期,我们应该深刻地注意群众生活的问题,从土地、劳动就业问题,到柴米油盐问题。"[①] 1949年10月24日,毛泽东在中南海菊香书屋接见绥远军区负责人时说:"中国已归人民,一草一木都是人民的,任何事情我们都要负责并且管理好,不能像踢皮球那样送给别人去……国民党的一千万党、政、军人员我们也要包起来,使所有的人都有出路。""湖南有十万失业军政人员和广大的孤寡没有人管,如果只管共产党的孤寡就会出乱子,那就不是大禹治水,而是伯鲧治水了。"[②] 1952年,中央政府召开劳动就业问题专项会议,通过《政务院关于劳动就业问题的决定》,在中央、省和大城市设立劳动就业委员会,建立办事机构,安排专人有步骤地安排有劳动能力的人就业。1954年毛泽东主持制定了新中国第一部宪法,以国家根本大法的形式保障了一切有劳动能力的公民获得工作的权利。毛泽东同志认为,社会主义国家性质决定着党和政府要从根本上保证公民的劳动就业权利,人人有活干是人民安居乐业的必要前提,经济发展才有指望。三者环环相扣、协调发展,才能促使社会主义经济步入发展正轨。

2. 优先解决农民就业问题

新中国成立初期,我国农村人口基数大,在全国人口中占比也最高,能否解决好农民问题直接关系国家大局是否稳定。毛泽东同志认识到提高农村生

---

① 毛泽东:《毛泽东文集》,第3卷,人民出版社,1996,第1080页。
② 同上书,第204页。

活水平对解决就业问题起到关键的作用。1959年12月,他在读苏联《政治经济学教科书》的谈话中指出,要警惕工业化过程中农村剩余劳动力一窝蜂涌到城市,引起社会治安问题,要预先培养提高农村劳动力劳动技能,促使其快速适应工厂生产生活节奏。"就要使农村的生活水平和城市的生活水平大致一样,或者还好一些。"[①] 1957年1月,毛泽东同志在省市自治区党委书记会议上指出:"全国6亿人口,我们统统管着。"对城市青年,"或者进学校,或者到农村去,或者到工厂去,或者到边疆去,总要有个安排。对那些全家没有人就业的,还要救济,总以不饿死人为原则"。[②] 鼓励知识分子上山下乡。

3. 保障劳动者的就业权利

发展并普及教育,提升劳动者技能素养,提高劳动者就业能力,提高人民的生活水平。1951年,颁布实施了《中华人民共和国劳动保险条例》,形成了比较完善的劳动保障制度。在宪法中明确规定:公民有劳动的权利。国家通过国民经济有计划的发展,逐步扩大劳动就业,改善劳动条件和工资待遇,以保证公民权利。

4. 建立劳动人事机构

国家建立起一系列人事管理体制,实施"统包统配"的人才资源计划、固定的用工制度,以及国家统一的工资管理体制。同时,努力提高妇女劳动者的地位和积极性。1956年,毛泽东同志在《中国农村的社会主义高潮》中说:"中国的妇女是一种伟大的人力资源,必须发掘这种资源,为建设一个社会主义中国而奋斗。"

二、中国特色社会主义劳动就业思想

以毛泽东为代表的中国共产党人,把马克思主义应用于中国建设实际,逐步建立了人民代表大会制度、共产党领导的多党合作和政治协商制度、民族区域自治制度,形成了具有中国特色的社会主义政治制度。1978年以来,以邓小平为核心的第二代中央领导集体恢复了党的实事求是的思想路线,确定了以

---

① 毛泽东:《毛泽东文集》,第6卷,人民出版社,1952,第128页。
② 毛泽东:《毛泽东文集》,第3卷,人民出版社,1996,第187页。

经济建设为中心的政治路线,提出"四项基本原则",初步形成党的基本路线"一个中心,两个基本点"。党的工作重心从"以阶级斗争为纲"到以"发展生产力"为中心,从"墨守成规"转向"改革开放",逐步形成"中国特色的社会主义的全新的事业"。①党的十四大初步确立了邓小平建设有中国特色的社会主义理论在全党的指导地位。党的十五大首次使用"邓小平理论"这一概念,进一步阐述了中国特色社会主义理论的历史地位:"邓小平理论是指导中国人民在改革开放中顺利实现社会主义现代化的正确理论。在当代中国,只有把马克思主义同当代中国实践和时代特征结合起来的邓小平理论,而没有别的理论能够解决社会主义的前途和命运问题。邓小平理论是当代中国的马克思主义,是马克思主义在中国发展的新阶段。"②在中国社会主义建设的历史长河中,中国共产党领导中国人民,坚持以马克思主义为指导思想,在不同的历史阶段,结晶了新的不同的理论成果,使马克思主义理论焕发勃勃生机。党的十七大指出,中国特色社会主义理论体系是凝结几代中国共产党人带领人民不懈探索实践的智慧和心血的科学命题,结出了丰硕的理论成果,包括邓小平理论、"三个代表"重要思想、科学发展观和习近平新时代中国特色社会主义。

(一)邓小平理论之劳动就业思想

中共十五大党章总纲指出,邓小平理论是马克思主义基本原理同当代中国实践和时代特征相结合的产物,是对毛泽东思想的继承和发展,是马克思主义在中国发展的新阶段,是当代中国的马克思主义,是中国共产党和人民群众集体智慧的结晶,引领我国社会主义现代化事业不断前进。党的十一届三中全会召开的时候,国际社会正处在时代主题转换和国际上社会主义势力衰变转型期,作为世界上体量最大的社会主义国家中国,必然要为马克思主义所追求的共产主义理想继续奋斗。鉴于和平与发展逐渐成为时代的主题,邓小平同志带领中国人民进行改革开放,着力发展社会主义市场经济,改善人民的生活条件。由于人口规模增长,带来的就业压力越来越大,国家统包统分的劳动就业政策难以为继,迫使政府必须想方设法开拓就业领域,缓解就业压力。中国共

---

① 邓小平:《邓小平文选》,第3卷,人民出版社,1993,第269页。
② 中共中央文献研究室:《十五大以来重要文献选编:上》,人民出版社,2000,第10页。

产党人在实践中逐渐掌握了社会主义发展的客观规律，认清了中国处于并将长期处于社会主义初级阶段的客观实际——人口基数大、家底薄、经济欠发达的实际情况。以邓小平为核心的党的第二代中央领导集体坚持务必根植民生，通过就业解决人民温饱问题。要解决这些问题，最有效的路径就是发展经济，而改革开放又是发展经济的必然前提。

改革开放40多年来，中国经济社会经历了几个不同的阶段，马克思主义顺应中国社会历史发展潮流，在解决就业矛盾、稳定就业局势的过程中，形成了中国特色的马克思主义劳动就业思想。通过一次次把马克思就业理论与当时的实践思想碰撞，我们取得了很大的成就，实现了就业规模的扩大和就业结构的优化，使我国就业局势大体趋于稳定；就业政策从新中国成立初期的统包统分到以市场为导向的社会主义市场就业机制形成；社会主义劳动力市场开始萌芽，十一届三中全会后，中国人事管理制度亦逐渐过渡到以经济建设为中心，开始从"人事管理"向"人力资源管理"调整。改革开放前面临的主要问题是就业形势严峻，劳动者素质较低。20世纪70年代末，中国的劳动人事部门开始创立并组织服务公司，解决待业人员就业问题，并逐步演进为就业服务机构。1979年，第一家人力资源服务公司成立，标志着市场化的人力资源服务开始。同时不断加强基础教育的普及，打造成人教育的终身化雏形，提升劳动者技能素养，提高就业竞争力，确保劳动者就业权益的实现。建立并完善社会保障体制，使劳动者无后顾之忧。逐步打造高质量更加充分的就业推进工作方案。在中国特色社会主义就业思想的指导下，坚定不移地坚持解放思想，确立科学合理的就业观念；坚定不移地推动改革开放，不断在各个领域开拓新的就业岗位；坚定不移地促进科学发展、社会和谐，保障劳动者就业权益。

党的十七届四中全会，首次提出推进马克思主义时代化这一重大理论，将"时代化"与"中国化"相提并论。马克思主义时代化既是时代主题转换的内在要求，也是中国特色社会主义建设的现实需要，更是马克思主义理论内在品格的逻辑必然。以邓小平为核心的党中央对劳动就业体制进行了一系列改革，提出了很多新的思想。邓小平同志指出，人民的生存、发展是我国制定就业方针政策的出发点。具体说来，有以下几个方面。

1.优化产业结构

立足国情,深化改革,助力经济发展升级。鼓励发展第三产业,创造更多的就业岗位,充分吸纳劳动力就业。邓小平同志谈及劳动就业问题时指出:"就业问题的解决要落实到经济层面上面,劳动者的就业问题要从发展经济的角度来解决。发展经济,人民群众的工作岗位多了起来,工资有保障,老百姓荷包才能鼓起来,生活水平自然就好起来了。只有当人民看到现行政策带来的实际好处,才能使社会真正稳定下来。"1979年3月,邓小平在党的理论工作务虚会上强调,中国式的现代化必须从中国的特点出发,充分认识到我国底子薄、人口多的国情。在现代化建设中妥善解决就业问题,需要统筹兼顾。如果不统筹兼顾,我们将长期面对就业不充分的社会问题。[①]邓小平同志同时指出,今后工作重心要放在经济工作上,发展经济才是解决一切问题的根源和关键。经济发展了,才能为解决好知识分子上山下乡等就业问题提供物质保障。1980年1月,邓小平同志在中共中央干部会议上讲道:三中全会后,开辟了相当规模的种类多样的就业门路,去年一年就安排了700万社会待业人员,今年还要继续安排。[②]同样,邓小平同志在全国劳动就业工作会议上强调,在解决今后几年的劳动就业问题时,要大力发展自负盈亏的集体所有制经济,鼓励发展不剥削他人的个体经济,鼓励发展服务业、建筑业和劳动密集型产业。他指出要通过集体经济和个体劳动等多种形式,去尽可能多地安排失业人员、待业人员落实就业岗位。这一系列的政策措施取得一定的成效:我国就业人数从1978年的40152万人增加到1999年的70586万人,平均每年增加1449.2万人;城镇就业人数由9514万人增至21014万人,平均每年增加547.6万人。这一阶段是新中国成立后50年中就业人数增长最快的时期。[③]

2.提升国民就业竞争力

控制人口数量,加强教育普及,切实提高劳动力就业竞争力。1978年4

[①] 邓小平:《邓小平文选》,第2卷,人民出版社,1994,第165页。
[②] 同上书,第246页。
[③] 刘庆唐:《邓小平就业理论的基本观点与解决就业问题的对策》,《重庆工学院学报》2002年第6期。

月,邓小平在全国教育工作会议上指出:"现代化建设中,为缩短我国与世界先进水平国家的差距,必须要学习和引进国际上的先进技术装备,需要大量高素质技能型劳动者。"中国实施改革开放以来,始终坚持"以人为本"的理念,"尊重劳动、尊重知识、尊重人才、尊重创造",制订了一系列旨在更好地解决就业问题和发展教育、科技、文化、卫生、社会保障事业的措施,为实现人的全面发展创造条件、提供条件。同时注重升级产业结构,提升产业品质,为保证应有的技术水平、管理水平,千方百计创造条件吸引高素质的管理人员和操作技术人员。党和政府非常重视对劳动力的培训和投资,实施"储备型"就业政策。认识到经济发展在不断增加新的就业岗位的同时,也对劳动者的技能提出了新的要求;认识到劳动力技能水平与工作岗位不能有效匹配,会严重阻碍生产力的发展,因而加强对劳动者职业技能培训迫在眉睫。邓小平同志曾指出,"我们要制定的教育规划政策应该与国家的劳动计划结合,切实考虑岗位对劳动技能的需求。"[1] 在加强教育、提升劳动者素养的同时,鉴于我国当时人口多底子薄的国情,从长远发展的角度出发,1980年党中央发表了《关于控制我国人口增长问题致全体共产党员共青团员的公开信》,提倡一对夫妇生育一个孩子,将人口发展纳入现代化建设总体布局。1982年9月,党的十二大把实行计划生育确定为基本国策,同年11月写入新修改的宪法。国家将控制人口数量作为一项基本国策,层层落实,从源头控制上把控,一定程度上有效缓解了就业矛盾。人口控制只是手段,目的还是要通过普及教育提升劳动者竞争力,真正有效解决就业问题。1985年5月19日,邓小平同志在全国教育工作会议上的讲话指出,我们国家,国力的强弱,经济发展后劲的大小,越来越取决于劳动者的素质,取决于知识分子的数量和质量。[2] "大家常说要增加智力投资,利用这次机会,有计划地对大批干部、工人进行正规教育,提高他们的政治水平、文化水平、技术水平和经营管理水平,就是一种能够收到很好效果的智力投资。要使全体干部工人充分理解这种培训的重大意义,逐步把这种培训变为适用于全体干部和工人的经常制度。"实践证明,提高劳动者职业素质有效解

---

[1] 邓小平:《邓小平文选》,第2卷,人民出版社,1994,第108页。
[2] 邓小平:《邓小平文选》,第3卷,人民出版社,1994,第120页。

决了下岗职工再就业和结构失业的矛盾问题，对推动经济发展起到了积极促进作用。

3.创造岗位，吸纳富余劳动力

我国农村耕地少，农村劳动力资源丰富，不充分就业问题更加严重。邓小平同志指出，要充分调动农民的积极性，进行多种形式经营，发展新型乡镇企业。在以邓小平为核心的党中央热情支持和积极引导下，全国开始推动城镇化建设，有序吸收农村剩余劳动力，农村乡镇企业得到迅猛发展。乡镇企业采取"离土不离乡、进厂不进城"的方式，在二元城乡结构下，有效吸纳大量剩余劳动力，缓解了城市就业压力，一定程度上使得农村和城市劳动力得到了协调发展。加大吸引外资力度，鼓励多种经济形式发展；同时鼓励国人走出去，对境外进行劳务输出；多方位引进技术，发展经济，开辟新的领域，创造新的工作岗位。出台相应的就业法律法规，保护劳动者的合法权益。建立健全社会保障体系，解决劳动者后顾之忧。

4.建立劳动力市场，促进人才流动

变劳动者被动为主动，迫使其不断提升就业竞争力。1993年11月，党的十四届三中全会通过了《中共中央关于建立社会主义市场经济体制若干问题的决定》，首次明确提出了劳动力市场的概念。[①] 自此，开始建立用人单位和大学生之间的双向选择制度。1993年2月13日，中共中央、国务院颁布的《中国教育改革和发展纲要》指出："毕业生就业体制改革的目标是在国家政策指导下多数学生在一定范围内自主择业。"[②] 这意味着包分配的时代过去了，改变了过去"统包统分"和"包当干部"的计划体制下的就业模式。双向选择模式促使各方力量开始探讨如何建立新的竞争系统，满足人才的各类合理需求，并使各类人才发挥最大效用，催生了平衡记分卡、KPI（关键绩效指标）绩效考核、胜任能力模型等提升就业能力的理论。

---

① 李云鹏：《人力资源市场建设辉煌四十年》，《中国劳动保障报》2018年12月28日，https://www.clssn.com/html1/report/21/635-1.htm。

② 程艳旗：《近十年工科大学生就业流向探析》，《高等工程教育研究》2002年第6期。

(二)"三个代表"之劳动就业思想

党的十六大正式将"三个代表"重要思想确立为党的指导思想,它是以江泽民同志为核心的第三代中央领导集体的智慧结晶,其结合改革开放和中国特色社会主义建设的具体实际,向全国人民承诺,中国共产党将始终代表先进生产力的发展要求,代表先进文化的前进方向,代表最广大人民的根本利益。90年代中期,国有企业冗员压力增大,经营日趋困难。到1997年6月末,城镇下岗职工达1000万人,其中下岗无业人员578万,下岗职工和困难职工数高居不下,成为制约经济和社会发展的突出问题。[①]2002年,江泽民同志在全国再就业工作会议上指出,扩大就业,促进再就业,关系改革发展稳定的大局,关系人民生活水平的提高,关系国家的长治久安,不仅是重大的经济问题,也是重大的政治问题。解决好群众的就业问题,就是为人民办实事,就是贯彻"三个代表"重要思想的重大实践。[②]随着改革开放的纵深发展,经济的转型发展,产业结构的调整,必然带来劳动力结构的调整,产业工人必然面临下岗失业和二次再就业问题。以江泽民为核心的第三代中央领导集体,针对劳动就业领域出现的新矛盾和新问题,在总结历史经验和中国特色社会主义建设的实践中,确立以市场为导向的就业机制,不断创新就业决策的理论,将就业问题对国家稳定的重要性提到了一个新的高度。

1.建立独立于企业事业单位之外的社会保障体系

第九届全国人大常委会第一次会议决定,组建劳动和社会保障部。中共中央、国务院发出一系列文件,如《关于切实做好国有企业下岗职工基本生活保障和再就业工作的通知》《关于做好提高三条社会保障线水平等有关工作意见的通知》《关于加强国有企业下岗职工基本生活保障城镇居民最低生活保障资金和企业离退休人员基本养老金使用管理问题的通知》,致力于解决国有企业下岗职工基本生活、创造条件、健全社会保障体系兜底下岗职工再就业的问题。针对国企改革推行的减员增效问题,建立独立于企业事业之外的社会保障

---

① 乔健:《从市场化、法制化到灵活化:改革开放以来中国劳动关系的转型发展及启示》,《中国人力资源开发》2019年第10期。

② 江泽民:《江泽民文选》,第3卷,人民出版社,2006,第506—508页。

体系。在养老保险社会化管理和服务方面,逐步做到退休人员与企业事业单位相脱离,实现养老金社会化发放,积极开展退休人员社区管理服务试点工作。推动国有企业下岗职工基本生活保障向失业保险并轨,建立规范、独立于事业单位之外的社会保障系统。对于下岗三年后还没就业的下岗职工,要与原企业解除劳动关系,转到社会保险机构领取失业保险金;享受失业保险两年后仍未就业的,转到民政部门领取城镇居民生活最低生活费。贯彻《城市居民最低生活保障条例》,切实做到将符合条件的城镇贫困人口纳入最低生活保障范围,应保尽保。要求社会保障管理和服务做到社会化、信息化。退休人员、失业人员要与企业真正脱钩,由街道、社区管理,社会保障基金实行社会化发放。同时,党中央认识到,通过下发文件的方式解决此类问题,是一种重要的、必不可少的工作方法,但要从根本上解决问题,必须加快社会保障立法,才能最大效能地发挥社会保障制度的优势。[1]

2.依托国有企业再就业服务中心,解决下岗职工再就业问题

国企转型调整面临着严峻的职工安置压力。国企下岗职工年龄较大,在体制内按部就班工作了几十年,本身学历较低,缺少技术,其中一些人自身懈怠于新知识、技能的学习,面对激烈的市场竞争,再就业往往变得更加困难。国有企业职工在我国计划经济时代做出了巨大贡献,国家和社会有义务营造有利于他们二次就业的环境,让下岗职工有所保障。针对此现状,采取的办法是根据市场需求组织下岗职工参加职业技能培训,开展职业指导,引导下岗职工思想观念转变。国家鼓励企业进行主辅分离,转岗分流。创造更多的就业岗位,积极支持和发展劳动密集型产业。在增强国有经济竞争力的同时,大力发展多种所有制经济,充分发挥中小企业和非公有制经济在吸纳劳动力就业方面的重要作用。国务院向部分国有重点企业派出稽查特派员,协助推进下岗职工进入再就业服务中心,确保他们领到基本生活费。对于有条件的企业,鼓励其创办独立核算、自负盈亏的经济实体,安置富余人员。除了提高补偿金和失业保险金以外,加强对下岗职工的就业援助,如介绍新兴职业、进行免费就业创业培

---

[1] 朱镕基:《在九届全国人大二次会议上的政府工作报告(摘录)》,载《劳动保障通讯》1999年第4期。

训等。通过大力发展现代服务业、大力发展小微企业,进一步提高下岗职工的再就业率。重视思想工作,实现了1998年全年600余万下岗职工的再就业。朱镕基总理在九届二次会议上的《政府工作报告》中指出,要积极稳步发展小城镇,以城镇化吸纳农村剩余劳动力的转移,实现城乡劳动力资源的合理配置。调整分配格局,坚持实行按劳分配和按生产要素分配相结合的制度,贯彻效率优先、兼顾公平的原则。

3.强化国企改革,推动劳动关系市场化

街道、社区、居委会在社会稳定、经济发展中起着十分重要的作用,必须做到注重发挥其力量,落实下岗职工再就业问题。如兴办职业介绍所,激活劳动力市场,引导职工转变择业观念。开拓就业门路,搞好下岗职工职业培训,帮助其尽早实现再就业。各级部门通力合作,确保再就业政策落实到位。千方百计拓宽就业门路,发展多种所有制经济。发展服务业,实行灵活多样的就业方式,完善劳动力市场和就业服务体系。改变传统择业观,确保下岗人员尽快落实就业岗位。在东部沿海地区和具备条件的城市进行试点,后稳步推开。逐步使下岗职工由企业再就业服务中心保障基本生活,转向享受失业保险,走向劳动力市场就业。1993年,党的十四届三中全会通过了《中共中央关于建立社会主义市场经济体制若干问题的决定》,至此"失业保险"开始在我国法律法规和政府文件中普遍使用,使失业问题的缓解有了明确的法律保障。

(三)科学发展观之劳动就业思想

马克思主义最鲜明的政治立场就是一切理论和奋斗目标都致力于实现人民群众的根本利益。2003年10月,党的十六届三中全会初步明确提出全面、协调可持续发展观点。2005年12月,胡锦涛同志在青海考察工作时强调要坚持发展为了人民、发展依靠人民、发展成果由人民共享,切实解决人民群众最关心、最直接、最现实的利益问题即工作收入问题。2007年10月,中共十七大对科学发展观的内涵做了全面系统的概括并将其写入党章。2012年11月,中共十八大把科学发展观确定为党必须长期坚持的指导思想。在中共中央政治局实施更加积极的就业政策第32次集体学习中,胡锦涛同志分析指出,我国劳动者充分就业需求和劳动力总量过大、素质不相适应的矛盾存在于当前乃至整个"十二五"时期,在就业总量压力持续加大的同时,就业结构性矛盾更加突出,就业形势十分严峻。要实现现阶段的目标,必须按照以人为本的科学发展观要求,坚持就业优先原则。牢固树立以人为本、执政为民理念,增强实施更加积极就业政策的自觉性和主动性,把促进充分就业作为全面建设小康社会的重大战略任务,继续贯彻劳动者自主择业、市场调节就业、政府促进就业的方针,坚持不懈做好就业工作,努力实现就业规模持续扩大、就业结构进一步优化、劳动者素质明显提高、失业风险有效控制的目标,积极构建和谐劳动关系,制定出台一系列政策措施,促进就业和改善民生。[①]

科学发展观形成了"四位一体"的总体格局,增加以改善民生为主要内容的社会建设,即增加对社会的关注和对人民的关心。改革开放经过多年的发展,人民生活水平得到了很大的提高,老百姓得到了实实在在的实惠。在全球金融危机寒潮和非典疫情严重影响下,我国就业形势比较严峻,就业和再就业工作相当艰巨。好在我国经济保持较快增长,产业结构调整持续推进,各项就业政策效应逐步释放。2003年7月底,全国新增就业370万人,下岗失业人员实现再就业210万。[②] 党的十七大以来,国家把促进就业作为经济增长基本取向,把扩大就业作为政府工作的优先目标,在经济增长的同时,提升了就业率。具体说来,科学发展观指导下的劳动就业突出表现出以下特点。

1.加强就业政策长效机制制度建设,创造就业岗位

就业是生计,更是尊严。党中央多次召开全国就业工作座谈会,重拳出击保就业,要求各级政府采取积极的就业政策,千方百计促就业,坚决落实中央关于促进就业的一系列方针政策,发动社会各界共同努力,开拓就业岗位。2003年,非典疫情突如其来,经济发展不确定性因素增多,党中央、国务院提出一手抓防治非典疫情,一手抓再就业工作。国务院办公厅发出《关于加快推进再就业工作的通知》,建立三个新机制,形成独特的就业政策实施和工作推动机制:一是加强组织协调,二是落实目标任务,三是强化监督检查。2004年4月中国政府与国际劳工组织共同举办中国就业论坛,形成了"北京共识",将我

[①] 胡锦涛:《实施更加积极的就业政策努力实现社会就业更加充分》,新华网,2020年2月21日,http://www.chinadaily.com.cn/dfpd/shizheng/2012-02/21/content_14661020.htm。

[②] 胡锦涛:《在全国再就业工作座谈会上讲话》,载《劳动保障通讯》2003年9月15日。

国提出的就业是民生之本与国际劳工组织倡导的"体面劳动"进行有机对接。2007年8月,国际劳工组织在北京举办以"增长、就业与体面劳动"为主题的亚洲就业论坛。① 通过与国际接轨,学习和借鉴国际社会促进就业的先进理念与成功经验,更好地解决我国的就业问题。2011年12月国务院常务会议通过《促进就业规划(2011—2015年)》,明确"十二五"时期就业工作目标:城镇新增就业4500万人,农业富余劳动力转移就业4000万人,城镇登记失业率控制在5%以内,社会保障覆盖所有劳动者,提高就业稳定性。②

中央在就业工作座谈会上明确要求,各级党委政府要以增加就业岗位为目标,以落实再就业政策为主线,以强化再就业服务为手段,以加大资金投入为保障,以帮助困难人员就业为重点,落实就业工作。就业工作是一项紧迫且长期的任务,在政府层面实行积极的就业政策,制定就业发展战略,引导全社会转变就业观念,努力改善就业创业环境。坚持就业作为经济社会发展的优先目标。胡锦涛同志指出,要根据经济社会发展规律,从实际出发制定科学的就业战略和对策,不断完善就业机制。③

高度重视农民工就业,不断改善农民进城就业的环境。一是利用新生代农民工倒逼产业升级。温家宝总理在《政府工作报告》中讲:"有计划有步骤地解决农民工在城镇的就业和生活问题,逐步实现农民工在劳动报酬、子女就学、公共卫生、住房租购以及社会保障方面与城镇居民享有同等待遇。"国务院办公厅印发《关于切实做好当前农民工工作的通知》,采取多种措施促进农民工就业,加强农民工技能培训和职业教育,对农民工工作进行全面部署。各地政府建立民工技能培训基地,使一些劳动密集型产业的民工能够朝有一定技术含量的制造业和服务业实现工种转型,从源头上化解农民工失业难题。④ 对于下岗失业人员,要实施就业援助,提供就业政策信息和对口就业岗位,帮助他

---

① 张小建:《中国就业的改革发展》,《中国就业》2010年第4期。
② 资料出自《促进就业规划(2011—2015年)》,载《人事天地》2012年1月。
③ 刘启生:《马克思主义就业理论与社会主义就业实践》,硕士学位论文,天津师范大学马克思主义学院,2008,第44页。
④ 资料出自《2009年就业工作三大着力点》,载《领导决策信息》2008年第12期。

们实现再就业;对于青年学生的就业问题,有针对性出台就业指导措施,以帮助他们实现就业和创业。另外合理引导外商向优质劳动密集型农产品加工企业投资,不断努力开拓国际劳务市场,尽可能多地增加就业岗位。多措并举下,实现每年平均城镇新增就业1000万人,让2500万下岗失业人员实现了再就业,城镇登记失业率稳中有降。①

二是高度重视高校毕业生就业,鼓励毕业生到基层、到一线就业。金融危机下,大学毕业生就业备受关注,成为2009年两会上的热点话题。国务院办公厅发出三号文《关于加强普通高校毕业生就业工作的通知》,教育部发文《关于加快高等职业教育改革促进高等职业院校毕业生就业的通知》,国务院常务会议采取七项措施促进大学生就业工作。鼓励和支持各类企业和科研单位招用、聘用高校毕业生,引导和鼓励毕业生到西部、到基层,并出台政策扶持毕业生自主创业。同时注重发展就业容量大的劳动密集型产业和第三产业,注重发展吸纳劳动力多的中小企业和个体私营等非公有制经济,注重灵活多样的就业形势,鼓励劳动力积极创业。协调推进经济结构调整与就业结构改善,有效创造新的就业领域和新的就业岗位,以扩充就业容量。调整产业结构,鼓励中小企业及多种所有制经济发展,利用第三产业旺盛的劳动力需求,为青年劳动力提供多种就业渠道,扩大劳动就业。

2.完善劳动保障平台,加强职业培训

我国是一个人口资源大国,胡锦涛同志在中央人口资源环境工作座谈会上提出要进一步加强人口发展战略研究,制定人口中长期发展规划,增加就业资金投入,增强对下岗失业人员再就业援助。调整各地财政支出结构,形成再就业资金的制度性安排。大力推广创业培训与就业指导、小额贷款、税费减免、后续扶持相结合,为就业和再就业者提供一站式服务。做好就业再就业服务工作,要求人力资源市场要细致入微地做服务,探索完善就业服务机构运行新模式,实现就业服务体系化、制度化、专业化和社会化。

不断加强职业培训,提高劳动力技能水平和就业、创业能力,以服务就业

---

① 资料出自《实施扩大就业的发展战略实现社会就业更加充分研究报告》,载《中国就业》2008年第3期。

和经济发展为宗旨,坚持城乡统筹、就业导向、技能为本、终身培训的原则,建立劳动者全覆盖的职业培训制度,全面提高劳动者职业技能水平。[①]有序推进人力资源建设。随着智能社会的发展,经济全球化的进一步推进,世界各国将人才竞争作为重中之重。各国对人才的投资势在必行,相应增强劳动者就业能力和提升劳动者底层创新创业能力尤为重要。因此充分挖掘人力资源潜力,激发人力资本潜能,将成为各国未来一项战略任务来部署并落实。人才的竞争,还得仰仗教育,我国高等教育肩负着提升国民人力资源素养的核心阵地,那么高等教育要有效助力社会主义市场经济发展,就必须结合实际,做人才培养方案革新探索,这不仅对推进改革开放和现代化建设具有重大作用,更是对促进人的自身发展、就业和创业具有重大作用。无论是作为提升国人基本素质的基础教育,还是高等学府,或是职业培训学校,都要根据时代的变迁和老百姓诉求的变化,去更新提供有效的教育教学资源,利用我国人口基数大的特点,将其变为人力资源优势,为社会主义现代化建设提供人才支持。

3.完善法律法规体系,建立保障机制

以法律的形式保障劳动者就业权益。2007年8月30日,第十届全国人民代表大会常务委员会第二十九次会议通过了《中华人民共和国就业促进法》,2008年1月1日起正式实施。旨在通过国家立法来治理失业和扩大就业。2007年正式公布了《残疾人就业条例》。为了促进残疾人就业,用法律的形式将其就业问题放到经济社会发展的突出位置。同时,坚持劳动者自主择业、市场调节就业、政府促进就业、多渠道扩大就业。

(四)习近平新时代中国特色社会主义劳动就业思想

习近平总书记高瞻远瞩,把加强生态文明建设纳入中国特色社会主义事业的"五位一体"总体格局,指出:"走向生态文明新时代,建设美丽中国,是实现中华民族伟大复兴的中国梦的重要内容。"中国梦归根到底是人民的梦,就是人民更加幸福,把提升人民幸福值确定为全面建成小康社会的目标之一。作为个体的劳动者,提升幸福指数的有效手段就是保障充分的劳动就业权利。十九大做出中国特色社会主义进入新时代的重大判断,标志着我国从中等收入

[①] 新民:《国务院研究部署加强职业培训促就业工作》,《劳动保障世界》2010年第11期。

国家向高收入国家迈出坚实步伐。按照国际标准,我国在1999年由低收入国家进入中等收入国家。2016,年人均国民总收入超过8000美元,属于中等偏上收入国家,与高收入国家门槛——人均12475美元,还有约34%的差距。同时,一是坚持经济平稳健康发展。供给侧结构性改革深入推进,供求关系得到改善,供给质量持续提高,经济结构不断优化,农业现代化稳步推进,战略性新兴产业蓬勃发展,服务业增值在国内生产总值中占比超过50%,消费成为拉动经济增长的主要动力。二是落实创新驱动发展战略,新旧动能有序转换。就业状况持续改善,城镇新增就业年均1300万人以上。城乡居民收入增速超过经济增速,中等收入人群持续扩大,社会保障网已经覆盖城乡居民。

具体而言,这一时期劳动就业思想主要体现在以下几个方面。

1.以人民为中心,让人民有获得感

劳动是人类创造历史的手段,劳动亦是人赖以生存的必要条件。劳动者有血有肉、有理想有担当,是自由从事劳动创造的群体。在劳动实践中,劳动者发挥着主观能动性和创造力,致力于搭建人类命运共同体建设。人类社会数千年的历史实践证明,在温饱都存在问题的时代背景下,劳动者的创造力无法被激活,其劳动的主动性也大打折扣。

第一,要解决劳动者工作有岗位的问题。习近平总书记在讲话中提出:"党和国家要实施积极的就业政策,创造更多就业岗位,改善就业环境,提高就业质量,不断增加劳动者特别是一线劳动者劳动报酬。"将扩大就业作为政府工作的优先目标。统筹经济发展,补短板,着力解决发展不平衡不充分问题,促进劳动就业。[1]坚持解放思想,转变就业观念,注重人的全面发展,全方位、多领域开辟岗位,实现充分就业。当前时代背景下,如何破解就业难题? 没有现成答案,不能仅仅依靠感性经验累积,我们要按照党的十九大精神的要求,把握客观规律,解放思想,开阔人们思维,拓宽视野,扎实推进新时代面临的就业问题。

新时代,国家倡导劳动者树立正确的择业观念,提高就业能力和创业能力。需要劳动者不断调整就业观,构建与中国特色社会主义建设事业相适应的

---

[1] 习近平:《习近平谈治国理政》,第2卷,外文出版社,2017,第364页。

新思想新道德,摆脱过去的城乡就业完全分割、城乡就业统包统分、乡村就业自然经济状态的局面,不再以考公务员、进企业寻求所谓铁饭碗为自己择业的首选。劳动者要在能够准确认识自我、了解自我爱好和兴趣的情况下,改变过去就业技能单一、再就业难度大的局面,去积极主动对接就业岗位,有的放矢提高劳动素养和升级劳动技能,从心出发,静心竭力去精深自己的专业技能,去深耕一个领域。相对高级的就业水平是,劳动者能按照自己的需要或者爱好,去自由选择、从事自己爱好的行业和岗位。面对新兴的产业、行业和技术性职业,一方面,劳动者需主动积极参加培训,通过学习提升自我竞争力;另一方面,国家要制定新的就业培育政策,充分发挥教育和培训的重大作用,提高劳动者素质,促进就业体制、机制向市场化和现代化转型,从而破解现行就业市场的"瓶颈"。

第二,要平衡劳动报酬问题。改革开放之初,提出"允许一部分人通过诚实劳动和合法经营先富起来",党的十四届三中全会提出"效率优先,兼顾公平",党的十七大提出"初次分配和再分配都要处理好效率和公平的关系",党的十八届三中全会提出"让发展成果更多公平惠及全体人民",党的十九大提出"促进收入分配更合理、更有序""到2035年中等收入群体比例明显提高""到2050年全体人民共同富裕基本实现"。通过不断创新和完善收入分配理论和政策体系,建立健全了生产要素按贡献参与分配的体制机制,推动了知识的创新、技术的进步和资本的积累,促进了收入分配效率的稳步提高。[①] 同时,注重建设和谐劳动关系问题。习近平总书记提出:"推动中国特色和谐劳动关系的建设和发展,最大限度增加劳动关系和谐因素,最大限度减少不和谐因素,促进经济持续健康发展和社会和谐稳定。"[②]

改革劳动者管理和激励政策。劳动力就业政策,在改革之初恢复为奖金制度,到后来实施岗位技能工资制、谈判工资制;从早期为打破"大锅饭"而实施"破三铁"、优化劳动组合,到后来下岗分流、减员增效,到最近几年的股份制改

[①] 哈增友:《深化收入分配制度改革推动全面建成小康社会》,《中国改革报》2019年7月5日。

[②] 资料出自中共中央、国务院出台的《关于构建和谐劳动关系的意见》。

造以及随之发生的企业内部各项劳动人事体制变革,再到最新的灵活就业和合伙人制度。很多企业在劳动力管理方面进行了有效的探索和创新。2008年元旦开始,《中华人民共和国劳动合同法》开始施行,进一步完善了劳动合同制度,明确用人单位和劳动者的权利和义务,对劳动合同的订立、履行、变更、解除或者终止做出明确的规定,同时针对劳动用工形式多样化的发展趋势,对劳务派遣和非全日制用工等行为进行了规范。中国的就业政策拓展到从关注失业保险向关注就业能力的保障方面,从提供工作岗位到鼓励创业、创造工作岗位。同时,认真贯彻落实《中华人民共和国劳动法》《中华人民共和国劳动合同法》《中华人民共和国工会法》等相关法律法规。推动企业建立工资与劳动者集体协商的制度、工资增长制度,着力提高低收入者的收入水平。不断加强劳动保障监察、仲裁等部门对劳动用工企业职工工资增长情况的监督力度,增强企业用工吸引力。优化政策组合,加强人力资本的投资,建立完善劳动力市场。中国人口基数大,劳动力资源丰富。党和政府从战略上对就业工作加强引领,把保障民生和改善民生作为经济发展的出发点和落脚点。在日常工作宣传执行上帮助民众明确主要任务、细化政策重点,大力实施就业优先战略和更加积极的就业政策。

第三,要实现均衡、充分的就业。我国经济进入新常态,人口结构、就业结构、城乡结构、区域结构已经发生深刻变化,应注重区域协调发展。推动经济发展质量变革、效率变革、动力变革,提高全要素生产率,加快建设实体经济、科技创新、现代金融、人力资源协同发展的产业体系,促进我国产业迈向全球价值链中高端,坚持去产能、去库存、去杠杆、降成本、补短板,切实采取有效措施,使发展更高质量、更有效率、更加公平、更可持续。在民生福祉指标上,顺应人民日益增长的美好生活需要,努力缩小收入分配差距,创造更多就业机会,营造更好创业环境,加快健全再分配调节机制,明显增加低收入者收入,扩大中等收入群体并稳步提高收入水平。

2.加强教育工作,赋予"劳动""创造"新内涵

十八大以来,面对复杂多变的国内外经济环境和就业领域多重矛盾挑战,我国上下联动,积极主动适应经济发展新常态。党的十八届三中全会提出了推进国家治理体系和治理能力现代化的新理念,推动经济新常态下就业治理实践能力提升。今天,因为互联网技术带来的变化,我们有机会站在全新的起点上,就劳动者而言,必须持续追寻价值创造,坚持在实践中创新求变,把握时代机遇。李克强总理曾多次强调,坚持实施就业优先发展战略,大力推动大众创业万众创新,推进就业转型,提升就业质量,实现就业形势总体稳定、稳中向好。劳动者的创新精神值得称赞和鼓励,应该在全社会范围内大力弘扬。信息技术和科技革命可以激活人类大脑无限的创新创造能力,促使人类社会不断缔造更美好的命运共同体。习近平总书记在讲话中针对创新问题,多次向劳动者提出高要求和新期望,勉励劳动者不辞辛劳,勇于争先,投身为国家和人民更好发展的创新事业中。

优先发展教育,提高劳动者就业竞争力,建设21世纪人力资源强国。改革开放以来,党和政府把青年教育放到培养社会主义事业合格建设者和可靠接班人的高度来加以重视。关于青年的教育问题,制订了一系列措施:首先使青年在德育、智育和体育等几方面得到全面发展,使青年成为有觉悟、有文化,能明辨是非的劳动者。要求青年有独立思考的悟力,能运用想象,把现实、数据、信息合组成新,练好自身"驾浪"基本功。新时期的劳动力群体要不断开阔视野,抓住互联网、大数据、物联网高新科技发展的历史机遇,引领新兴产业发展。其次普及基础教育,加强爱国主义教育,提升全民素质文化,对青年大学生的身心教育倾注极大关心,引导青年大学生树立正确的世界观和人生观、价值观。针对青年大学生思想的可塑性、波动性和即时性等特点,党和政府不失时机地对青年实施思想政治教育,制定符合中国特色社会主义事业的教育目标,培育"四有"新人。

同时,党的十八大明确提出:党员发展过程中,要着眼于提高发展党员的质量,重视从青年工人、农民、知识分子中发展党员。新时期,经济发展进入新常态,我国就业结构性矛盾凸显。我国就业结构性矛盾实质在于劳动力素质与经济社会发展需求能力不相匹配。在中国现代化进程中,教育为社会主义的科学文化发展服务,培养合格人才,提高中华民族整体素养。这突显了教育的基础性、先导性和战略性的作用。现代文明社会直接依赖于教育的支撑,而落后的教育直接制约着市场经济和社会的发展。因此经济越发展,对教育发展的要求也就越迫切;教育越发达,社会也就越趋向文明。①当代对青年的教育是一项极端重要且十分艰巨的任务,更是一项长期的复杂的系统工程。只有把青年教育上升到国家战略高度,为青年提供有保障的教育,中国特色社会主义事业才会后继有人,社会主义中国才能长治久安。我国当下处于完善社会主义市场经济体系、建设社会主义现代化文明的关键期,这决定了教育在社会主义现代化建设中地位和作用。

中国共产党90余年的发展历程,始终坚持教育为人民服务的方针。国家致力于教育为社会主义现代化建设服务。教育为人民服务,就是要解决人民群众"有学上""上好学"。社会主义现代化建设的根本目的在于增强国力、提高人民生活水平及促进社会和谐发展与个人全面发展,这是人民的根本利益所在。应优先发展教育,进一步完善现代化国民教育体系,最大限度地保障人民群众平等接受良好教育的权利和机会。应促进人的个性全面发展,树立科学的教育质量观,即关注学生学习的质量,更重视教育中和教育后的生活质量。要基本实现教育现代化、基本形成学习型社会,进入人力资源强国行列。

3.经济建设助推产业结构转型升级,实现充分高质量就业

(1)加快经济发展,促进产业结构转型升级。李克强总理在中国工会第十六次全国代表大会上的经济形势报告中指出,GDP每增长1个百分点,就能拉动130万、甚至150万人就业。经济发展是其他一切发展的基础。要促进就业,就必须优化解决就业结构性矛盾。要优化经济结构和产业结构,转变经济发展方式,促使经济又好又快发展。解决就业问题,归根到底在于经济发展。美国经济学家奥肯关于经济与就业关系的研究发现:经济增长带动就业增长,经济增速下降2个百分点,则失业率上升1个百分点。

加强国企改革,指导国有企业进一步解放思想,顺应时代趋势,发展新兴产业,搞活企业体制机制,激发活力,增强其对劳动力的吸纳能力。创造条件,致力于第三产业的发展,拉动经济增长,充分吸收劳动力就业。中国第三产业就业情况和收入如下:截至2018年底,全国就业人员77586万人,其中城镇就

---

① 杨天平:《对党的十八大报告中教育"二为"方针的学理解读》,《江苏大学学报》2013年第1期。

业人员43419万人。全国就业人员中,第一产业就业人员占26.1%,第二产业就业人员占27.6%,第三产业就业人员占46.3%。全年城镇新增就业1361万人,比2017年增加10万人。年末全国城镇调查失业率为4.9%,比2017末下降0.1个百分点;城镇登记失业率为3.8%,同比下降0.1个百分点。因此要进一步明确以经济发展为基础,深度调整经济结构,统筹经济发展,努力实现更高质量和更充分就业的政策目标。

(2)坚持就业优先,促进民生建设。一是调动企业、劳动者和社会各界的力量促进就业再就业。当今社会,就业是生存之基石,劳动者只有就业才能获得基本的收入,才能拥有基本的生活保障;只有通过劳动就业获得相应的社会地位,赢得他人的尊重,才能实现安居乐业。以人为本,使广大人民群众过上幸福生活,就必须把就业放在优先发展的地位。我国把扩大内需促进经济发展与扩大就业相结合,做好困难企业帮扶,稳定就业岗位,保障企业职工稳定就业。抓好高校毕业生就业工作,对失业人员、农民工流动就业以及退转军人就业问题做好协调安排。实现经济增长与充分就业相结合。二是正确处理经济发展、结构调整、深化改革、协调统筹城乡发展、完善社会保障体系之间的关系。平衡增加人民收入水平、提高劳动生产率和增加就业岗位之间的关系。扩大就业是必须长期面对的民生问题。习近平总书记指出:"加强保障和改善民生工作。坚持守住底线、突出重点、完善制度、引导舆论的基本思路,多些雪中送炭,更加注重保障基本民生,更加关注低收入群众生活,更加重视社会大局稳定。做好就业工作,要精准发力,确保完成就业目标。"民生建设的底线就是要把握好就业底线并始终保持较高的就业率。21世纪中叶全面实现小康社会的最基本的要求就是保障劳动者就业,使人民安居乐业。习近平总书记指出:"'天地之大,黎元为先。'要按照人人参与、人人尽力、人人享有的要求,坚守底线、突出重点、完善制度、引导预期,注重机会公平,着力保障基本民生。"要着力增强人民群众的获得感,民生乃立国之道,圆梦中华,唯有富民。要不断增进民生福祉,千方百计增加居民收入,让人民的荷包鼓起来。《国务院关于做好当前经济形势下就业工作的通知》强调:扩大内需促进经济增长,切实把就业工作放在突出的位置,千方百计扩大就业。

(3)政策配套,法制保障。完善就业系统治理,为劳动就业权益保驾护航。

2017年1月26日,国务院印发《"十三五"促进就业规划》,明确指出:要将促就业、稳就业作为中国宏观经济政策的优先目标,实施支持就业创业的税收优惠政策,要求全国城镇登记失业率"十三五"期间控制在5%以内。建立与社会主义市场经济相匹配的劳动力市场,促进劳动力流动,实现劳动力资源有效配置。坚持以市场为主导来配置人力资源,确立劳动者和企业在劳动关系中的平等主体地位,合理监管并协调劳动者在市场经济体制中的权益。重视政府对劳动力市场的监管,确保市场机制作用的有效发挥,弥补市场变迁过程中存在管理缺位与越位并存的问题。目前对灵活就业等非正规就业形式的管理尚处空白,需要多方调研,出台相应的规章制度,更好地保障劳动者权益和维护劳动力市场规则。要真正激活就业市场活力,就要打破劳动力市场间的壁垒,建立统一新型的劳动力市场。党和政府高度重视并保障社会重点、困难群体的就业工作。党的十八大以来,出台各项促进就业、创业的政策,解决了6500万人的就业问题。

(4)凭借科技力量之势,发掘人才资源红利。国家在劳动力资源的开发利用方面不断改善,尊重劳动者的自主择业权,提高劳动者素质,努力培育和发展劳动力资源服务业市场。劳动力资源市场的发展和完善将会收获多赢:对于就业能力的开发,企业和员工个人要发挥自身的主观能动性;对于企业而言,通过岗位实践,理清自身生涯发展路径,提升员工就业竞争力。对于员工而言,要充实自身的知识储备,结合企业发展提升工作能力。社会主义市场经济条件下要实现更加充分高质量就业,就需要发挥市场在资源配置中的决定性作用,利用好政策组合红利,更好地发挥政府公共就业服务职能。消除地域、户籍分割造成的阻碍劳动力自由流动的障碍,推动建立统一开放的劳动力市场,实现公平就业。人力资本是劳动力后天获得的各项知识、技能和创新能力的统称。人力资本价格由劳动力本身价值和劳动力市场工资波动机制决定,劳动者可通过劳动过程和在职培训不断增加自身的人力资本存量。随着时代发展,劳动者成为智能化企业的核心资源,企业智能化程度越高,对人力资本依赖越强,企业和国家的实力在很大程度上取决于劳动者人力资本化的水平。现代的人力资本就是智能化、升级化、高级化的劳动力。新技术应用和新行业发展一方面会创造新的就业渠道和就业机会,另一方面也会造成部分劳动者失业,因此需要劳动者提升就业能力以适应经济结构转型升级,充分把握新经济、新业态带来的新就业机会。十九大报告提出,要提高就业质量和人民收入水平。要坚持就业优先的战略和积极的就业政策,以实现更高质量和更充分的就业。

放眼未来,2030年前后,中国劳动力将逐渐由低技能劳动力相对充裕的经济体,演变为高技能劳动力相对充裕的经济体。随着科技革命的不断深入,生产方式发生了巨大的变化,国家和教育部门越来越重视就业指导的作用,并将这项工作进一步趋向专业化、数据化、精细化。AI(人工智能)及大数据分析能力将在今后的工作中起到越来越重要的作用。机器的使用日益普遍,甚至出现了全自动化、无人化的工厂。科技的发展,从某种层面上讲,在体力上解放了人类,减少了恶劣环境对体力的摧残,同时不可避免的是,大规模的使用智能机器会导致某种程度的下岗失业,这也正好倒逼劳动力不断迭代自我的知识构架,养成终身学习习惯,致力于为更具有挑战力的工种和新兴业态而奋斗。

习近平总书记强调,就业是最大的民生。党的十九大明确提出要实现更高质量和更充分就业的新目标,提出坚持就业优先战略和积极就业政策等一系列新举措,这是做好当前和今后一个时期就业工作的重要指引。我们必须以习近平新时代中国特色社会主义思想为指导,坚持以人民为中心的发展思想,提高站位,奋发有为,努力开创新时代就业工作新局面。毋庸置疑,当前形势下,要做好就业工作,不能一蹴而就。要保持经济快速增长,不断扩大就业总量;加大经济结构调整力度,统筹深化改革和扩充就业,拓宽就业渠道;出台促进就业政策措施,做好就业培训和服务,扶持弱势困难就业群体;不断完善社会保障体系,为深化改革和扩大就业提供保障;要坚持中国共产党的领导,坚持将马克思主义劳动就业思想作为我们的指导思想,创新转变管理方式,扩大就业数量,提高就业质量;要借着科技发展的东风,加强人力资源开发,依靠劳动者自身不断提升竞争力,实现自身价值。

我国尚处于社会主义初级阶段,现阶段暂不具备实现真正意义"自由劳动"的条件。因此,我们必须立足具体实际,选择既适合现阶段,又对通向共产主义"自由劳动"有所助益的实践模式——"必要劳动"形式,即社会主义市场经济;在人与社会的关系上,选择最接近"自由劳动"的所有制形式——社会主义混合所有制经济体制;同时,加大力度探索由"必要劳动"通向"自由劳动"的现实途径。

第四章　新自由主义全球风行与国际劳动就业失衡

第一节　新自由主义

一、新自由主义的基本观点

新自由主义,即当代西方资本主义社会中占主流地位的意识形态。何谓意识形态?意识形态是与一定社会的经济的和政治的直接相联系的观念、观点、概念的总和,包括政治法律思想、道德、文学艺术、宗教(神秘特殊的意识形态)、哲学和其他社会科学等意识形态。意识形态的内容是社会经济基础与政治制度、人与人经济关系和政治关系的反映。政治上的意识形态,指统治阶级的意识,即占统治地位的思想,是统治阶级对外的喉舌,公开维护着统治阶级的利益。它可以是一种经济思想,更可以是一种有着浓厚政治色彩的政治思想。

马克思给出了这样的定义:"意识形态是与政治上层建筑相并列的观念的上层建筑,它能够自觉地、系统地、直接地反映社会经济形态和政治制度的思想体系。"[1] 换言之,马克思认为意识形态是作为一种反映社会存在的社会意识,它具有辩护、指导、批判、整合功能,能够凝聚社会力量、能够整合社会思想,统治阶级通过意识形态的建设去引领和聚合民众。意识形态属于观念上层建筑,它对生产力和生产关系具有一定的反作用。当意识形态的理论足够先进并贴合实际,它对经济的发展就有促进作用,反之会严重阻碍经济发展,甚至使人类社会倒退。意识形态外延较广,不仅包括经济思想观念等体系,还具有一整套旨在制定、表达和传播为人们所理解和接受这些经济思想的物质设施,

---

[1] 中共中央马克思恩格斯列宁斯大林著作编译局编《马克思恩格斯选集》,第2卷,人民出版社,1984,第32页。

因此它具有经济思想所无法比拟的在广泛范围内所持久地发生作用的意义。①新自由主义早期仅在经济领域有所体现,后期逐渐发展到政治领域,并愈发表现出侵略态势,影响着世界其他各国,尤其偏好窥探并同时多次试图控制社会主义国家。当代世界与新自由主义对立、抗衡的另一种理论是马克思主义。新自由主义是资本主义意识形态的产物,公开宣扬资本主义,维护资产阶级的利益。马克思主义则是社会主义国家的指导思想,代表着工人、农民等最广大人民的利益,公开宣扬并维护人民当家做主的权利。实践证明全球化、自由主义等前沿观点,不仅是经济理论和实践发展到一定阶段的产物,更是资本主义国家之间利益和利润诉求的意识形态表露。随着科技的发展和人类文明的进步,世界各国的竞争已不仅是物质武器之争,更是一种思想博弈。对此,只有从马克思政治经济学说理论视角对西方新自由主义进行深刻的分析和批判,才能认清资本主义的本质,揭示新自由主义者的卑劣用心。

20世纪30年代,新自由主义萌芽于西方经济学领域。现代意义上的新自由主义,以哈耶克为代表人物。它继承了古典经济自由主义,并将它发扬光大,创造性地提出了许多经济思想,对全世界都产生了极大的影响。哈耶克新自由主义典型的主张表现为:公开保护资产阶级利益,主张最大化市场经济完全自由竞争,绝对保障私人财产和个人自由,大大限制政府职能,反对国家干预。20世纪70年代,西方资本主义国家面临经济滞胀危机,随着凯恩斯经济政策失灵,新自由主义又历经了自我革新探索,正好由资本主义世界拿来拯救现实的经济危机,自此发展为主导资本主义社会经济、政治和意识形态发展的核心理论,一度成为西方发达国家对发展中国家推行新殖民主义的理论武器。总之,新自由主义公开维护私有财产,有着鲜明的资产阶级属性,始终扮演资本主义喉舌的功能。

20世纪80年代,绝大多数拉美国家陷入经济危机之中,急需进行国内经济改革。美国国际经济研究所邀请国际货币基金组织、世界银行、美洲开发银行和美国财政部的研究人员及拉美国家代表在华盛顿召开了一个研讨会,以

---

① 孙伯揆、侯惠勤:《马克思主义哲学的历史与现状(上卷)》,南京大学出版社,2004,第153—154页。

研究对策。1989年,约翰·威廉姆森根据学者们的意见,提出了10条"华盛顿共识",即财政纪律、调整公共支出的优先顺序、税制改革、利率自由化、更具竞争力的汇率、贸易自由化、FDI自由化、国企私有化、放松政府管制和产权保护等。其表现为以下几个特征:第一,经济政策,主张对私有化、市场化和自由化的绝对推崇;第二,政治政策,主张敌视社会主义制度和计划经济、反对国家干预,推行"新帝国主义"战略;第三,社会方面,主张坚持个人主义、反对平等主义。"华盛顿共识"的出台,标志着新自由主义正式、正面、公开地开始向世界宣扬,是新自由主义从理论晋升为国际垄断资本主义的经济范式和政治性纲领的一个里程碑。

西方国家借全球化趋势东风,把自己的政治制度、价值观念乃至文化理念推向全球,牟取经济、政治、军事、文化霸权,并按自己的战略需要重新构建国际经济政治新秩序。在这场全球化进程中,美国处于中心地位,发挥主导作用。[①]发展中国家处于边缘地位,被动卷入全球化浪潮。新自由主义的宣扬,影响了国际社会很多国家政治、经济和社会意识形态的方方面面。新自由主义把人性自私、私有制永恒和市场万能作为自己的理论基石,把反社会主义、反公有制、反国家干预作为自己的政治取向,把自由化、私有化和市场化作为自己的政策主张。几十年的历史实践证明,新自由主义全球化并不是自然、历史的过程,而是一场有预谋、有组织的"政治行为",是一场旷日持久的强势文化对弱势文化的思想灌输和信仰攻势。

一定时期内,新自由主义推行的经济政策缓解了资本主义国家的滞胀情况,使资本主义国家暂时走出了经济低迷期。然而,纵观实施新自由主义政策主张的国家,经济的发展以失业率为代价,出现了严重的贫富分化,导致了社会动乱,引起了复杂的社会问题。例如,20世纪90年代初,随着新自由主义的推行,包括拉美、东欧、非洲以及东南亚地区出现了大范围的经济停滞、失业增加、两极分化、福利削减、过度剥削、环境破坏、民主法制遭到破坏、国家公共权力衰退等问题。

具体说来,新自由主义派系林立,对其进行定义比较复杂,其中有代表性

---

① 张才国:《新自由主义的意识形态》,中央编译出版社,2007,第144页。

的观点如下。

(一)国外学术界对新自由主义的看法

约翰·洛克在《社会契约论》提出,经济自由就是保证个体对财产的绝对占有。据相关研究证明,他是世界上最早对经济自由下定义的学者。孟德斯鸠在《论法的精神》中主张限制政府的权力。这两个学者赋予了新自由主义初具雏形的定义。亚当·斯密主张市场自由竞争,政府仅充当守夜人。萨伊说,正常生产和交换,可能导致短时间的生产剩余,不可能存在长时间的生产过剩,因此他主张取消政府对经济活动的干预。美国学者诺姆·乔姆斯基认为,新自由主义基于亚当·斯密古典自由主义思想,强调以市场为导向,极力推崇全球化、贸易自由化、价格完全市场化、私有化观点。罗伯特·W.迈克杰尼斯曾指出:"新自由主义是指在决策过程中,相当一批私有者能够控制尽可能多的社会层面,从而获得最大的个人利益。"[1]美国学者大卫·科茨更是一针见血地指出,新自由主义不仅是经济理论,更是政治立场。如前所述,1989年由美国国际经济研究所牵头,国际货币基金组织、世界银行和美国财政部及拉美国家、其他地区部分学术机构代表参加研讨出炉的"华盛顿共识",标志着新自由主义已经成为美国的国家主流意识形态。[2]

(二)国内学术界对新自由主义的看法

中国人民大学方福前教授在《论新自由主义经济学的两面性》一文中指出:"自20世纪70年代后期以来,新自由主义经济学基本上统治了西方经济学的话语权,成为主要发达国家明确的政治和经济范式,它对经济理论和经济实践的影响几乎覆盖了东西发展中国家和发达国家。新自由主义经济学具有两面性,表现在:它在经济上是自由主义,在政治上是保守主义。这种两面性在美国新自由主义经济学中变得尤为明显。"[3]国内一些学者认为,新自由主义是

---

[1] 诺姆·乔姆斯基:《新自由主义和全球质询》,徐海铭、季海宏译,江苏人民出版社,2000,第1页。

[2] 攀登:《全球化视域下新自由主义、普遍主义与历史主义的再考察》,《国外社会科学前沿》2011年3期。

[3] 张才国:《新自由主义的意识形态分析》,博士学位论文,中国社会科学研究院,2007,第131页。

在继承古典自由主义经济理论的基础上，以反对和抵制凯恩斯主义为主要特征，注重资本主义私有制全球垄断，扩充资本在全球的地位的理论思潮、思想体系和政策主张。同济大学顾钰民教授指出新自由主义的理论本质和核心观点是主张私有制、反对公有制。关于私有制和公有制，应基于生产资料归属来划分，是一种经济制度的体现，可以同属于一种社会制度，也可以分属于不同的社会制度，亦认为在全球化发展的时代背景下，不能绝对划分公有制和私有制，需相互搭配，以合作共赢促经济发展为目的。学者李其庆指出，新自由主义在资本主义在经济全球化的背景下，已成为当代资本主义的主流意识形态。新自由主义经历不同时期和不同地区的发展后，其外延除政治和经济，还扩充到了社会秩序和道德范式，有着强烈的资本主义色彩，在全球范围肆意延伸。新自由主义竭力掩盖自己意识形态的阶级性质。例如，"多边投资协议"宣称其目标是"促进经济增长，改善就业环境，使国际投资在平等的条件下展开竞争，从而增进人类福利"。[①]在实践中，新自由主义只为发达资本主义富国服务，并不断对外侵袭扩展，试图把发展中国家的资源变为发达国家的资源。

关于资本主义经济一体化思想在全球范围的延伸，我们需要客观看待。它在缓和资本主义社会矛盾时起到了一定作用，但我们必须提防它对我国社会发展的侵入式负面影响。新自由主义以市场为导向，推崇市场机制、反对国家干预，主张贸易自由化、价格市场化、私有化观点，是垄断资本主义阶段的必然产物，公开宣扬并维护资产阶级利益，是与马克思主义提倡的科学社会主义根本对立的西方资本主义价值观。当前以及未来很长一段时间内，资本主义与社会主义对峙的局面不会改变，因此，我们必须要对新自由主义形成清醒的认识和理性的批判，坚定维护马克思主义时代价值观。

运用关键字检索分析国内外关于新自由主义思潮的研究状况，可发现其本质特征包含以下几个方面：首先，提倡经济自由化、市场化和私有化；其次，否定社会主义、否定公有制、否定国家干预；最后，在战略上推崇全球一体化发展。

20世纪以来，新自由主义对西方国家影响巨大，成为西方资本主义国家的

[①] 李其庆：《新自由主义本质辨析》，《经济学家》2004年第6期。

主流意识形态。基于资本的贪婪性,新自由主义从未停止过对社会主义国家进行各个方面的侵袭和削弱。我们必须正确解读马克思主义思想理论,深刻揭露新自由主义的本质,破解新自由主义的"神话"。同时坚决防范和抵制意识形态化的新自由主义,时刻警惕,做好与其在意识形态领域长期博弈的准备。

二、新自由主义的基本内容

自由主义经济思想萌芽于 17 世纪英国工业革命时期,历经三个发展阶段:古典自由主义、现代自由主义和新自由主义发展阶段。不同阶段和不同历史时期,自由主义主张的侧重点有所不同,但其性质是一致的。自由主义思想是资产阶级喉舌,处处表达并维护资产阶级的意志,主张市场化、自由化和私有化。面对资本扩充的野心,新自由主义者提出通过分工来提高生产力的理论:个人基于利益的引导,选择有利于社会的途径,排斥政府干预,以达到增加社会财富的目的。

20 世纪 30 年代,资本主义世界爆了发前所未有的经济危机。面对经济疲软的状况,为了复兴经济,走出危机,西方资本主义国家不同程度地采用了凯恩斯的经济思想。20 世纪 60 年代,新自由主义开始登堂入室,由理论逐步演变为现实。70 年代开始,资本主义国家因"石油危机",经济陷入"滞胀"状态,凯恩斯经济思想逐渐失灵。鉴于西方资本主义国家人民所谓的对自由的追求和对经济发展的渴求,新自由主义通过与凯恩斯主义宣战,投其所好地将个人自由摆在核心地位,认为自由是人的本性要求,强调个人权利。同时主张政府不要过多干预经济,让经济自由发展,才能实现政治自由。80 年代初,西方各国经济滞胀状态没有缓解,表现为失业率高涨、通货膨胀率居高不下、凯恩斯主义失灵。新自由主义借着经济全球化的迅速发展,利用西方资本主义国家现实的经济危机以及东欧社会主义阵营国家的集体转型,从此正式进入人们视野。面对经济滞胀,美国总统里根和英国首相撒切尔夫人登台执政后,在美英国内进行了一些改革,大力提倡新自由主义,减少了国家干预,鼓励和保护资本积累发展。20 世纪 90 年代初,随着"华盛顿共识"的出台,新自由主义一举成为西方社会的主流意识形态,开始影响全世界。

(一)经济主张

新自由主义极力掩盖资产阶级力推经济全球化的最终目的是为了最大限度获取剩余价值,以"工资"等概念迷惑劳动者心甘情愿出卖劳动力,且认为通过出卖劳动力去为资产阶级"干活"获得"资产阶级定价的劳动报酬",是公平的等价交换。通过经济全球化,单个国家实体经济转变为跨国公司的全球商品链中一个"点",并以此构建以劳动力为中心的劳动价值商品链。西方新自由主义者正是通过全球商品链,利用发达国家与发展中国家间巨大的劳动力成本差异,榨取发展中国家地区的超额利润,并将所产生的附加值归功于中心国家自身的经济活动。同时通过全球商品链,在商品生产的基础上,参与世界性生产活动。灵活的全球化生产意味着全球商品链中劳动最密集的环节被置于发展中国家——那里有更大规模的劳动后备军、更低的单位劳动成本,因此剥削率也相应较高。跨国公司通过征收利润获得更高利润率,而产生的附加值往往被归功于其中心自身的生产,整个过程导致财富日益积累在跨国公司本身。随着这种现象日益普遍,这种资本主义的剥削与征收变得更为隐蔽与无形。新自由主义鼓吹其宗旨在于谋求个人最大的利益和幸福,推崇私有制,反对公有制。基于斯密等人的理论,故意把地租和利息等具体形式混在一起讨论,用"剩余价值与利润私有制的歪理"使劳动者确信"自己能够以个人的身份从事劳动生产,是实现个人价值的一种途径,同时还能获得报酬更是称心如意的公平交易"。新自由主义者的目的就是要混淆视听,掩盖资产阶级剥削劳动者劳动成果、无偿占有剩余价值的卑劣行径。[1]新自由主义否定公有制,推崇绝对市场化,认为离开了市场就谈不上经济,无法有效配置资源,提倡让市场成为主导力量调节市场供需;提倡让国家行政只能成为维护自由、保障公民权利的工具。如哈贝马斯等学者把个人权益与自由当作个人的价值追求,强调法律和国家对个人利益的保障。新自由主义者推崇经济自由,反对计划经济。他们认为计划经济只会导致社会经济效率低下,使得社会动荡,从而变得糟糕。[2]新自

---

[1] 弗里德里希·奥古斯特·哈耶克:《通往奴役之路》,王明毅、冯兴元 等译,中国社会科学出版社,1997,第101页。

[2] 詹姆斯·布坎南:《财产与自由》,韩旭译,中国社会科学出版社,2002,第50页。

由主义经济思想的核心是私有制、自由化和完全市场化,指出个人只有在这样的社会制度下才会享有真正的民主,才能保证经济社会发展有源源不断的动力,才能实现资本财富无障碍增长。新自由主义重视个人自由,认为自由是效率的前提,"若要让社会裹足不前,最有效的办法莫过于给所有人都强加一个标准"。①哈耶克认为:"新自由主义推崇的竞争,不再有政府强制性的社会控制,而是赋予个体自由抉择从事或者不从事某种经济活动。"②

(二)政治主张

新自由主义敌视社会主义,认为计划经济是一条"通往奴役之路",把资本主义生产方式看作是人类自然的、唯一可能的生产方式。③新自由主义者认为,社会主义等于高度集权,就是统治者将少数人的特权利益进行分配,以达到对全体社会成员进行全面控制的目的,是对自由的限制,会破坏经济自由,扼杀人的积极性。如新自由主义者认为,社会主义是一种集权主义,它干扰个人自由,不能保证个人自由意义上的平等,不能保障个人公开表达主张。新自由主义者因对社会主义的曲解而否定社会主义存在的合理性。他们主张商品、资本和货币、服务应跨越国界无障碍自由流动,反对政府监督和干预,要求最大限度开放市场,让市场充分自由发展,以实现资源有效配置。实施政府职能"最小化",反对国家干预。新自由主义者认为政府机构的臃肿庞大会导致其原本的功能失灵,相应的政府干预只会造成经济效率低下,导致官僚主义和滋生腐败,使资源配置扭曲,最终导致社会财富和资源的不公平分配。因此他们主张政府退出市场干预,实现市场完全自由。

(三)意识形态侵略

新自由主义实行意识形态侵略。"华盛顿共识"的出台,标志着新自由主义不再是简单的经济思想,它已经渗透到资产阶级意识形态领域,并一度成为资产阶级的形象代言人,对内公开维护资产阶级的利益,对外则从学术领域内的

---

① 弗里德里希·奥古斯特·哈耶克:《自由宪章》,杨玉生 等译,中国社会科学出版社,1998,第75—76页。

② 哈耶克:《通向奴役的道路》,商务印书馆,王明毅、冯兴元译,1962,第44页。

③ 吴易风:《马克思主义经济学和新自由主义经济学》,中国经济出版社,2006,第74页。

一种思想嬗变为经济全球化条件下国际垄断资本主义统治征服世界的主导意识形态,不停地对他国进行意识形态领域的侵袭。新自由主义经济意识形态以一种新的形式向全球扩张,是西方发达国家对发展中国家推行新殖民主义的理论武器,是现代资产阶级右翼的意识形态。例如,美国是个意识形态倾向极强的国家,其官方大力倡导的"软实力",正是被用于征服世界和实现美国霸权的意识形态。这种"软实力"扼杀和取代了世界各族人民丰富多彩的文化创造,剥夺了其他民族的历史主动性和创造精神,这就是全球美国化的具体做法。[①]以美国为主导的"华盛顿共识"自出笼之日起,就受到国际学术界的多方批评。诺贝尔经济学奖得主、世界银行原副行长兼首席经济学家斯蒂格利茨认为,"华盛顿共识"是一种"市场原教旨主义"。发展中国家实施的后果,是贫富差距加大,贫困化现象严重,经济主权弱化。"华盛顿共识"认为只要实行私有化和自由化,市场就会自动解决经济发展的一切问题,这完全是一种误导。[②]新自由主义的目的是为垄断资产阶级获取经济利益,为垄断资本谋求增值,攫取剩余价值达到利益最大化,旨在在经济全球化和市场自由化的掩盖下,全球范围内特别是发展中国家确立起西方的主流意识形态。

第二节 新自由主义全球风行及对各国劳动就业的影响

20世纪70年代起,新自由主义成为当代资本主义社会的主流意识形态,并在全球扩张。以美国为首的资本主义国家不惜动用武力对发展中国家以及经济转型国家推行新自由主义。新自由主义与经济全球化互为动力,一定程度上成为当代不可阻挡的"潮流"。从某种程度上来讲,美国主导的全球化,其实质就是全球资本主义化。"华盛顿共识"是新自由主义思想的集中体现,它并非为拉美、俄罗斯谋求真正意义上的发展,而是让其变为资本主义市场,是发达

[①] 张才国:《意识形态终结论与新自由主义的意识形态本质探索》,《探索》2006年第10期。

[②] 吴国平:《21世纪拉丁美洲经济发展大趋势》,世界知识出版社,2002,第58页。

资本主义国家向全球推行新霸权主义战略、国际垄断资本全球扩张的产物,它的推行和实施给发展中国家带来了严重的社会问题和致命的经济危害。20 世纪 80 年代,新自由主义一度为这些地区和国家的经济改革提供了缓解阵痛的"良方"。然而 20 世纪 90 年代,经济危机不断席卷全球各国,新自由主义的伪善开始暴露,世界贫富差距拉大,失业率上升,社会矛盾日渐尖锐,这些国家出现了连续的经济衰退、社会动荡和金融危机。这使得国际社会开始反思,新自由主义是否真如其标榜的那样是推动经济高速发展、实现人的全面自由和社会民主唯一法宝。国际社会对其反对和揭露的呼声愈演愈烈。

一、英美国家

(一)新自由主义风靡英美

20 世纪 70 年代末 80 年代初,美国"里根革命"、英国"撒切尔主义"开始实施货币主义政策以应对通货膨胀。压缩福利开支,实施国企私有化,减少国家对经济的干预,强调市场机制,打击工会和劳工运动,这些措施取得了一定的效果,助推了新自由主义兴盛,使其逐步取代凯恩斯主义成为西方经济思想领域的主导思想。

然而,诺贝尔奖获得者斯蒂格利茨认为,正是新自由主义导致了美国的"泡沫经济",这些"泡沫"最终将会破灭。新自由主义者为追求剩余价值最大化,不断提倡扩大自由市场,排除政府宏观管控,产生了泡沫经济,最终会导致资本主义市场走向畸形和膨胀。[1]霍华德·J.谢尔曼认为资本主义国家有规律的经济周期和定期大规模的失业是有效需求不足引起的,高失业和高通胀并发不是自然灾难,而是资本主义垄断所导致的。

马克思主义政治经济学原理告诉我们,经济基础决定上层建筑,而政治属于上层建筑的核心,上层建筑理所当然会反作用于经济基础。新自由主义之所以能在美英资本主义国家兴起,除了为了帮助解决自身的经济危机,助力经济发展,同时当时有一个大的国际背景——美苏冷战,苏联解体,东欧社会主义

---

[1] 何金生:《西方自由主义经济思想对我国意识形态安全的影响研究》,硕士学位论文,广西师范大学马克思主义学院,2019,第 24 页。

阵营集体转型,这为新自由主义的发展提供了一定的国际环境。随着1973年智利政变,新自由主义开始进入全球政治实践中,标志性的事件是对俄罗斯倡导的"休克疗法"。

随着资本主义的深入发展,资本集中化程度越来越高,财富聚集到少数资本主义财团掌控下,大多数劳动者只能依靠仅仅能维持生存的劳动报酬生活。在通货膨胀的时代,劳动者的工资增速和增幅远远低于物价的增长程度和增长幅度。劳动者为了生存,不得不提前预支劳动收入"超前消费",随着由此而来的债务问题越来越严重,自身日渐沦为资本的"奴隶"也是自然而然的事情。当劳动者不堪生存压力到达极限之际,就会爆发民众运动,反抗资本家无休止的剥削和压迫。显而易见,这与新自由主义所追求大多数人的"自由财富"是南辕北辙。英国学者约翰·格雷指出:"在美国,自由市场已经对社会崩溃起到了促进作用,其程度在其他发达国家闻所未闻。""它创造了长期的经济繁荣,但是大多数美国人却很难从中受益。美国国内不平等的程度与拉丁美洲国家相似,而且超过了任何一个欧洲国家。"[①]

(二)英美资本主义国家劳动就业现状

第二次世界大战后,面对剩余资本和剩余劳动力供给的问题,对外美国政府通过帝国主义、冷战和军国主义扩张来应对,对内则通过城市化来解决经济和政治问题,并取得了一定成效。例如,政府对基础设施(城市基础建设、高等教育)进行了大量的投资,把洛杉矶从1945年的一个普通城市打造成1970年的一个特大现代城市。城市建设创造了大量的就业岗位,有效缓冲了就业压力,吸收了劳动就业人口。同样,通过城市化来解决经济和政治问题,一次一次在不同国家施行并取得成效。同时,英美发达国家制定了一系列劳动市场制度,以履行充分就业的"政府责任":制定就业保护法,保护劳动者的权益,限制了雇主对雇员的自由解雇;实施集体谈判协议,使各种不同层次技术工人的工资变得扁平化,为劳动报酬设定底线;实施失业救济,稳定失业人员,鼓励其参与培训并积极推进二次就业;提高了在职雇员的保留工资水平。这些劳动市场

[①] 约翰·格雷:《伪黎明——全球资本主义的幻想》,刘继业译,中信出版社,2011,第47页。

的制度设计都是对其自身运行机制的一种约束,对第二次世界大战后10来年的充分就业起到很好的保障作用。不过,随着后期经济危机的出现和国际形势的变化,美国出现失业率和通胀率高涨并存的情况。美国政府开始转换思路,完全抛弃了充分就业的责任,接纳并实施新自由主义政策。

具体说来,20世纪60年代,凯恩斯主义依旧风靡美国。杜鲁门和艾森豪威尔政府注重以解决就业问题来促进生产和消费,试图保持财政平衡。肯尼迪和约翰逊政府通过大规模财政赤字作为手段,来降低失业率、促进经济增长和减少贫困。索伦蒂在国际劳动就业比较研究中指出:第二次世界大战后的婴儿潮使得美国拥有相对较快的劳动力增长,使得青年劳动力的比例大大提高,这是青年劳动力失业率高于其他年龄段劳动力的主要原因。美国与欧洲和日本不同,农业就业比例相对较小,同时对劳动者农业技能素养要求较高,一些人没办法在这个领域就业;与此相反,其他国家有着较大的农业部门,有着较大比例的、规模较小的家庭式商业企业,使得这部分劳动者可以免受失业威胁。欧洲国家灵活的境外劳动者输出性劳工政策,可以有效地缓冲萧条时期失业率的上涨;同时这些国家广泛使用的短期工作补贴制度,使雇主不用随意裁减劳动者,可以通过减少工时的途径来缓解经济下行的压力,从而有效缓解失业率高增的风险。相对于欧洲和日本,美国拥有较高的工作流转率与较高的工人流动性,导致会出现较高的摩擦性失业。

70年代初期开始,美国经济陷入滞胀困境,凯恩斯主义失灵。政府交替使用紧缩财政政策和赤字财政政策,皆无济于事。美国政府开始放弃充分就业责任,实施微观供给管理政策,放任市场自发调节劳动就业。美国经济学家弗里德曼提倡反对国家以金融政策干预经济,主张放松对金融市场的管制以便利于资本在全世界自由流动。这一理论在实践中推动了金融资本和跨国公司投资的全球化进程,被里根政府和撒切尔政府定为制定经济政策的理论依据。新自由主义在一定程度上扩充了就业领域,增加了就业岗位——利用劳动力市场的灵活变化降低失业率、提高就业率。

20世纪80年代,美国失业率接近10%。里根上台后实施了供给学派和货币学派的理论主张,通过大规模削减政府开支和紧缩货币来抑制通货膨胀。一些学者认为,此时美国的高失业率原因与欧洲一样,是劳动力市场僵化造成的。世界经合组织在其1994年的《工作战略报告》中指出,劳动力市场僵化假说可以解释欧洲国家失业率高居不下的原因,要降低失业率,就必须实行工资灵活化、工作时间灵活化的策略,放松就业保护,降低劳动力市场僵化的状态,恢复劳动力市场的灵活性。因此,西方国家面对高失业率的挑战,不约而同选择了多样的、灵活的劳动就业政策。美国经济此时开始回升并持续增长,通货膨胀和失业得到了一定程度的缓解。

20世纪90年代,由于深受新自由主义影响,英美国家经济表现出以下特点:资本收益急剧上升,劳动收益下降,经济投机盛行。这些因素合力产生了泡沫经济,并最终导致了长时间的经济危机。在就业领域,经济全球化背景下,生产方式、工作组织方式以及劳动就业模式发生了根本性变革,这侵蚀了传统劳动就业政策的基础。英美西方资本主义国家劳动就业政策的变化,亦根源于经济全球化的进一步发展。经济全球化对传统劳动就业政策的冲击主要集中在三个方面:第一,迫使各国进一步开放市场、发展市场经济,不断弱化政府的权力,极大地限制了各国劳动就业宏观管理的自主权。同时,各国财政、货币以及汇率政策受到国际因素的制约,增加了政府宏观管理政策的实施难度。第二,"高工资、高福利和高税收"的劳动就业政策难以维持。经济全球化背景下,自由贸易迅速发展、生产要素自由流动性加强,使得"三高"劳动就业政策逐渐失去经济基础,成为过去式。第三,生产方式、工作组织方式以及劳动就业模式发生了根本性变革,撼动了与工业化时代的福特式生产方式相适应的,以大规模、正规就业的传统劳动就业政策的根基。以"弹性生产"替代"刚性生产",并推动了企业工作组织形式扁平化变革。企业内部的工作组织方式表现为分散决策、等级减少,有的仅仅以项目为基础的方式存在。企业外部,不断扩大外包加工等形式,呈现大规模的灵活就业用工形式。

由此,西方国家企业内部劳动就业呈现"板块化"的"好莱坞模式"——只有少数一部分是基本的核心雇员,其他大部分则属于边缘的临时雇员。现代西方资本主义国家人力资源市场呈现这样的组织架构:大部分企业呈小规模微型发展,只保留自己创始的核心团队,当企业有大的工作标的物时,企业核心团队会快速有效招募大量临时雇员组建生产团队;在没有大标的物时,则仅仅保持核心团队而解雇临时雇员。因此外包就业、承包就业、独立就业以及自营就业等灵活就业方式得到了迅速发展。这些生产方式以及劳动就业方式的变革,都促使其劳动就业政策向着更加灵活化的方向发展。

随着新自由主义劳动就业政策实施,政府逐步退出了对劳动力市场的干预,同时开始通过削弱工会力量、分散集体谈判等措施,破坏劳工权益保护三方合作机制。资本的权力得到了进一步扩张,劳动力相对于资本而言处于更加弱势的地位。资本主义重新回到资本占绝对支配地位的时代。

从新自由主义在英美国家的实践效果来看,依据有效需求理论,仅依靠市场力量,并不能迅速有效地使经济恢复均衡,只有必要的政府管理才能解决有效需求不足问题,从而使就业与经济发展均衡。西方各国所面临的主要是因科技进步、产业结构变化以及劳动力市场僵化所引起的结构性失业。世界经合组织(1999)将结构失业定义为"非加速通货膨胀率失业"——不存在通货膨胀率上升或下降趋势情况下的失业。对于结构性失业,新自由主义并不是救世良方。

二、拉美国家

(一)"华盛顿共识"应运而生

20世纪80年代,拉美国家面对着不容乐观的政治经济形势——进口替代工业化发展模式的衰落、民主运动的高涨、1982年的债务危机,加之东欧剧变、苏联解体,世界两级冷战格局结束,这让新自由主义得到了在本地区推广普及的机会。新自由主义以"救世主"的身份登堂入室,美其名曰帮助拉美地区"调整经济结构",实则在拉美地区大行其道:实行私有化,放松对市场的管制,进一步开放国际市场。

当然,新自由主义在拉美地区的改革有一个逐步推进的过程。70年代,智利、乌拉圭和阿根廷率先启动改革,但乌拉圭和阿根廷的改革很快陷入停顿;智利新自由主义改革力度大、涉及面广,在执行中往往顾此失彼,经济发展起伏波动较大。1982年,智利发生恶性通货膨胀,失业率达到30%,导致大量国有资产向外流失。80年代,墨西哥、哥斯达黎加、玻利维亚等国开始改革。墨西哥从1982—2000年,采取了一系列新自由主义改革措施,但收效甚微,1988年还出现了非常严重的经济危机,产生了许多社会问题。

80年代末90年代初,拉美地区继续全面推行新自由主义。[1] 90年代初,拉美国家外商投资领域进一步开放。阿根廷除大众媒体行业,外资基本可以进入其国内的所有部门。智利除了电视台和与国家安全有关的领域以外,外资可进入所有的部门。墨西哥1989年的外资法允许1亿美元以下的投资无须申请就能在相应部门拥有100%的股权。秘鲁国家外资政策最为宽松,外资可自由进入国内所有部门。这些国家均允许外资利润无限制地汇出。私有化方面,1990—1995年的5年内,阿根廷、秘鲁、智利、墨西哥和委内瑞拉国家的私有化收入占拉美地区同期私有化收入的81%。

新自由主义在拉美国家的推行没有取得其所宣扬的效果,虽然不可否认,其指导的改革为拉美国家带来了10年的经济复苏,对其经济体制与结构的变化给予了一定的助力。如产业结构,特别是工业结构发生了变化,使拉美地区的国家开始积极发展本国具有比较优势的资源型出口产业,恶性通货膨胀率由90年代初的三位数降至10%左右;地区财政赤字降到GDP的2%左右。因此,新自由主义在90年代开始被推行到更为广大的发展中国家。

新自由主义经济改革10余年后,拉美地区开始出现前所未有的经济危机。首先,紧缩的财政政策和金融政策导致了资金外流和严重的外债负担。一方面,拉美国家企图利用外汇储备维持经济稳定,然而"偷鸡不成蚀把米",反而欠下了沉重的外债负担。另一方面,政府期望通过削减财政支出和福利支出缓和通胀,不料却最终导致公共支出丧失了缓和社会矛盾的功能,激发了社会矛盾。其次,一刀切地推行经济、市场自由化——该地区的国家对市场机制都不曾深入了解,都来不及掌握市场规律,而武断地进行市场自行调节资源配置,这极大地增加了社会经济中的不稳定因素和风险,导致本地区经济不仅没有好转反而开始停滞。最后,在国企私有化过程中推行彻底私有化,改组国有经济,导致大量资本外流和财富进一步集中,加剧了贫富差距,造成两级分化形势异常严峻,社会局势动荡混乱。[2]

---

[1] 苏振兴:《对拉美国家经济改革的回顾与评估》,《拉丁美洲研究》2008年第8期。
[2] 何金生:《西方自由主义经济思想对我国意识形态安全的影响研究》,硕士学位论文,广西师范大学马克思主义学院,2019,第31页。

以新自由主义"最成功"的阿根廷为例,19世纪末阿根廷经济发展速度震惊世界。相关统计显示,1900年阿根廷人均国内生产总值分别占美国、英国和澳大利亚的一半,稍微高于芬兰和挪威,稍微低于意大利和瑞典,是日本人均国内生产总值的1倍。1913年,阿根廷国民人均收入高于当时的法国和德国。[1]但是在推行新自由主义一个世纪后,阿根廷国内各种矛盾日渐激化,现已经沦为发展中国家,究其经济衰退的根本原因,就在于彻底实施了英美主导的新自由主义的各项政策。具体而言,自从20世纪30年代爆发世界性经济危机之后,阿根廷全盘接受新自由主义政策,实施国企私有化,国内经济取得了"回光返照"式的发展之后,即陷入严重的政治经济危机——政局和思想混乱、通货膨胀、腐败官僚趁机暴富、国内资金外流、人民生活水平直线下滑、两极分化严重,引发国内一片恐慌。

西班牙《起义报》2019年9月10日发表了古巴国际政治专家埃德尔韦托·洛佩斯·布兰奇的题为《新自由主义在拉美的失败》的文章。文章称,美国和国际金融机构将新自由主义强加给拉美地区,导致该地区人民在谋求生存时面临各种经济和社会障碍——新自由主义正在拖垮拉美。新自由主义政策将阿根廷拖入债务深渊,同时导致其货币币值大幅下跌。超过40%的阿根廷民众不但在经济方面陷入困境,很多人的基本权利都得不到保障,甚至无法享受到最基本的公共服务——阿根廷陷入了"贫困"。

新自由主义改革给拉美地区带来了严重的社会危机和政治危机,对社会秩序造成了严重冲击。受其影响,拉美国家在进行经济改革时,忽视了对社会弱势群体的保护,忽略了必要的社会利益,出现了收入分配两极化趋势加大、贫困化人口急剧增加、失业队伍不断扩大等一系列问题。自由化的推行更是导致了一系列金融危机,如1994年墨西哥金融危机、1999年巴西货币危机以及2001年的阿根廷债务危机。整个拉美地区的外债从1991年底的4610亿美元上升到2000年底的7405亿美元。同时,这些国家贫困率高居不下,拉美经委会在题为《拉美社会全景》的报告中指出,1980年,拉美有40.5%的人口(1.36亿人)生活在贫困线下,1990年增加到48.3%(2亿人)。2002年虽下降为

---

[1] 江时学:《拉美二百年发展进程中的五大难题》,《世界历史》2011年第1期。

43.4%,但贫困人口总量却上升为2.2亿。据世界银行统计,拉美贫困人口中"赤贫"人口1987年为6370万,1998年增加到7820万,净增1450万,占比由15.3%上升到15.6%。[①]

(二)拉美国家劳动就业现状

新自由主义施行贸易自由化、国内高利率和资本项目自由化,这些政策环环相扣,一定程度上为拉美地区的经济发展做出了一些贡献,但是也带来了致命的经济问题,如债务危机。债务危机爆发是因美国向世界范围的借款者制定的惩罚性高利率造成的,属于美国自身向新自由主义转型的一部分。除智利外,拉美大部分国家遭遇了储蓄率极低的困扰,国家财政极其困难。存在的超前透支消费和高负债率,使其经济严重依赖国外资金,经济地位由此变得更加低下。拉美工业部门吸收劳动力就业的能力一直有限,在经济改革中还打破了进口替代工业化(ISI)形成的产业链,对制造业带来了巨大伤害,吸收劳动力的能力进一步下降。同时普遍实施私有化,导致资本集中不断加强,失业问题由此更为严重。具体说来,表现为以下几个方面:

劳动力就业市场的变化。劳动力在拉美国家经济重组时期遭受的损失远远大于资本持有者。原因在于,自由化这种外向型经济政策的实施往往伴随着核心产业部门失业人员的大幅增加,同时国企私有化也会导致劳动力锐减,出口部门的发展亦难以在短期内提供足够多的就业机会。雇主通常采用短期合同和外包合同的方式来减少劳动力的相关费用,从而增加了各种非正式契约在生产活动中的重要性。如阿根廷通过"失业"的方式来调节市场供求,墨西哥通过大幅降低工资的方式来维持低水平的失业率。[②]拉美各国政府设法削弱工会的权利,使得劳动力方在与雇主谈判中的地位日益下降。劳动力的地位变得更加低下。劳动者必须随时更新自己的劳动技能和知识,否则等待他们的命运就是低工资或者就业不足或者长期失业。例如,洪都拉斯前总统塞拉亚遭遇政变下台后,其任内签署的一系列有利于民生的法令法规均遭到废除。最低工资制被废除、30万个工作岗位流失、与玻利瓦尔签署的协议被撕毁……举国上

[①] 江时学:《阿根廷危机反思》,社会科学文献出版社,2004,第94页。
[②] 郑秉文:《拉丁美洲城市化:经验与教训》,当代世界出版社,2011,第144页。

下陷入一片混乱。官方资料显示，目前洪都拉斯有71%的人生活在贫困线以下，然而15个大家族却掌握着全国80%的财富。

劳动力市场的变化导致了社会领域的负面效应——失业率上升，实际最低工资下降，实际工资下降或微小增长，财富分配不平衡，城市非正式部门增加。随着新自由主义改革的推行，拉美地区的贫困现象大量增加。20世纪70年代，拉美地区的城市公开失业率低于4%，80年代上升到6%左右，90年代持续攀升，到90年代后半期超过8%，20世纪初保持在10%—11%。1990—1998年，拉美非正规部门对新增就业的贡献率超过60%，反映出就业质量普遍下降的现实。阿根廷政府推行了严厉的工资政策和汇率政策，限制了劳动者工资增长。2002年该国失业率达23%，贫富收入差距由20世纪80年代的20倍扩大到2002年的46倍，贫困人口由2001年12月的38.3%上升到2002年6月的53%，2002年绝对贫困人口占总人口的24.4%。阿根廷沦为拉美地区的贫困国家。整个拉美地区失业率在2003年掌出现11%的历史纪录。在各种债务危机发生后，穷人和就业不足者占拉美国家人口的30%—50%。

三、俄罗斯

（一）俄罗斯新自由主义发展现状

20世纪90年代初，苏联解体，社会主流意识发生变化，社会认同缺失的俄罗斯接受了新自由主义式的经济改革方案。同时，"休克疗法"在玻利维亚等国家试点成功，让俄罗斯寄希望于通过激进的"休克疗法"来实现国内经济改革。然而该政策的实施，不仅没有使俄罗斯经济走出困境，反而带来了灾难性后果，加剧了社会矛盾，出现了腐败和经济掠夺现象，社会阶层进一步分化，经济财富聚集到财团和权贵手中，国民经济下降，严重削弱了国家的综合国力，改革与预期效果南辕北辙，给俄罗斯人民带来了深重的灾难。普京在《千年之交的俄罗斯》一文中对20世纪90年代俄罗斯转型的反思及其之后的政策调整，可以看作是对新自由主义改革的盖棺定论。他指出："90年代的经验雄辩地证明，只是将外国课本上的抽象模式和公式简单地照搬到我国，我国的改革不付出巨大的代价就能取得真正的成功是不可能的。机械照抄别国的经验是不会取得成功的。"普京政府从官方层面为新自由主义在俄罗斯的实践画上了句号。

1. 实行经济完全自由化

"休克疗法"经济政策,即市场自由化、国有企业私有化和经济稳定化。通过最大限度地取消经济管制,给予经济主体充分的自由决策权,一次性开放物价。俄罗斯当时处于计划经济体制向市场经济体制的转型阶段,企业还没能完全适应灵活的市场,不懂得市场经济的内在规律。这一系列政策实施的结果是:企业的自主权不仅没得到有效的发挥,积极性也没有显现出来,反而因为价格过度自由导致了经济秩序的严重混乱。

2. 国有企业的全盘私有化

俄罗斯国企私有化分两种形式:一种是小私有化,对小型工商企业、饮食业、服务业及一些小型的建筑企业实行。小私有化从1992年起步到1993年底结束,基本完成。另一种大私有化,是大中型国有企业的私有化,过程复杂,进展较慢,问题也较多。因此采取的主要形式是股份制。1996年,俄罗斯大私有化基本结束。由于俄罗斯和东欧国家的民众对私有化十分陌生,其推进对经济状况的改善并没有产生积极有效的成果,反而导致了资本的外流。同时,过紧的财政政策和货币政策造成了投资的严重萎缩,如采取稳定卢比、减少政府预算、调控通胀等政策导致国有资产运转困难、国有企业负债累累,抑制了社会生产和有效供给,使得经济元气大伤,给俄罗斯人民带来了深重的灾难。国民经济走向衰退,陷入经济殖民化的困境。这些改革实施10年后,大量企业开始亏损,每年都有数百亿国有资产被非法转移到国外;两级分化严重,民众的基本生活保障受到威胁;公共医疗、基础设施、福利保障等陷入瘫痪。改革之初俄罗斯GDP是中国的两倍多,10年后GDP下滑到中国的1/3。如此短暂的时间内造成这一局面,着实值得我们警惕。

(二)俄罗斯的劳动就业政策及其实施效果

1992年开始,俄罗斯以"休克疗法"启动新自由主义市场化经济转型,历史证明,这种转型是失败的。它引发了俄罗斯经济持续衰退,出现了严重的经济混乱、通货膨胀、国力下降和社会贫困化。1996年,俄罗斯GDP总量仅相当于1989年51%。1990—1997年GDP年均增长率为 -9%,其中农业增加值年均增长 -8.2%、工业增加值 -11%、服务业增长 -8.4%、商品与服务出口增长

−13.2%。欧洲复兴开发银行(EBRD)给出评估是,俄罗斯1996年、1997年、1998年的真实GDP规模分别相当于1989年51%、58%和55%。

俄罗斯激进转型对社会冲击巨大,劳动力就业领域亦未能幸免。20世纪90年代经济出现严重萎缩,就业下降,失业率逐步攀升。官方发布的登记失业率从1992年的0.6%上升到1994年的1.6%、1996年的2.6%、1998年的1.9%和2000年的1.5%、2003年的2.2%。实际失业比例远远不止官方公布的数据。世界劳动组织的统计显示,俄罗斯1992年的失业率为5.2%,1994年为7.4%,1996年为9.7%、1998年为13.2%、2000年为9.8%、2003年为8.4%。[1]

转型中的俄罗斯经济危机比东欧严重且持续时间更长,但国内却没有出现灾难性的失业,学者们估测这与之前实施的计划经济有关。激进私有化虽然改变了所有制结构,但由于企业破产倒闭受到严格限制,因而没有出现企业的大量关闭。面对经济不景气的情况,企业普遍采取了一些临时措施,如降低或者一定程度拖欠工资、非自愿减少工时、取消带薪休假等,来保全本单位的劳动力。同时俄罗斯出现了各种非正式就业形式,占比非常高,劳动者兼职成为补充收入的手段,自发形成了独特的劳动力就业调整机制,使得劳动力市场实现"温和地"衰落。这些保证了俄罗斯劳动者拥有很大的就业选择权,转换工作更自由、更灵活。同时政府设立了就业服务处,承担保障就业的具体责任,为另谋职业的职工安排适合其专长的其他工作。这些遍及各地的就业服务处提供的就业服务,在帮助劳动力就业方面做出了很大贡献。

四、中国

(一)中国新自由主义发展现状

20世纪80—90年代初期,国内新自由主义者曾提出,只有实施农村集体土地私有化,才能解决中国农村问题。这种对农村集体所有制下的联产承包责任制的攻击显然是不可取的,势必会对社会稳定形成冲击。可见,新自由主义对我国造成了一定侵袭,表现为以下几个方面:

第一,政治上宣扬将宪政作为中国改革的首要目标。新自由主义奉行者歪

---

[1] 路爱国:《从劳动力就业看俄罗斯体制转型》,《俄罗斯中亚东欧研究》2009年第4期。

曲中国的历史和发展现状,把民主和宪政混为一谈,忽略中国法治建设取得的成就,宣称中国完全没有民主,中国的制度是专制的体现。钟君认为:"中国梦的实现绝不能指望西方宪政制度,必须以中国特色社会主义制度做保障。中国特色社会主义崇尚法制,建设中国特色社会主义就是要完善社会主义法制,建设社会主义法治社会。"[1]

第二,经济上宣扬取消公有制,实行全面私有化。新自由主义奉行者宣称中国要实行完全的市场化和私有化,认为这才是解决一切问题的灵丹妙药。90年代,苏联解体,社会主义发展陷入低潮。此时,中国共产党正在带领中国人民积极探索着经济振兴良方——改革开放。社会主义国家经济复苏和振兴,没有好的经验可以照搬,中国共产党只能领着人民"摸着石头过河"。此时,一些受新自由主义蒙蔽的学者却主张全面引用新自由主义来推动中国改革开放和社会主义现代化建设。改革开放之后,我国进一步推进了社会主义市场经济改革,与西方新自由主义国家间交往频率提高,新自由主义思想在我国影响逐渐扩大。新自由主义者对政府的相关政策进行了歪曲解读,否定政府宏观调控,强调只有资产私有化,才能最大限度刺激经济活跃发展。20世纪90年代,新自由主义者提出,因产权归国家集体所有,无法有效激活企业活力,这是导致国企效率低下的根本原因。党的十八届三中全会提出混合所有制以后,新自由主义者更是把国企改革解读为国企私有化。他们错误地指出国企改革关键是"要突出一个'卖'字,落实一个'股'字,抓好一个'私'字"。然而,国有经济是社会主义上层建筑的经济基础。一方面,国有经济的发展是社会主义制度的基本保障。另一方面,巩固社会主义公有制是党执政的经济基础。只有不断巩固公有制的主体地位,社会主义制度才是稳固的,党的执政地位才是巩固的。[2]

在西方新自由主义的鼓动下,亚洲国家开始实施贸易自由化、经济完全市场化,企图创造经济繁荣奇迹。新自由主义的推进,忽略了亚洲国家的基本国

---

[1] 钟君:《要警惕对民族复兴中国梦的误导和曲解》,《红旗文稿》2014年第10期。
[2] 熊光清:《新自由主义的本质及其对中国的影响》,《当代世界与社会主义》2018年第1期。

情——绝大多数国家属于发展中国家,经济欠发达。在没有足够资本主义根基的国度,一些国家盲目引进自由化、私有化和市场化经济措施,结果往往是偷鸡不成蚀把米,放松了对发达国家霸权主义入侵的警惕,加之缺少严格的金融管制,导致外国资本大量流入,引发了金融危机,出现了严重的货币贬值和汇率危机,从而让亚洲经济陷入崩溃边缘。以1998年香港金融保卫战为例,1997年下半年,索罗斯旗下的对冲基金在亚洲发起连番攻击,引发了亚洲金融危机。1998年6—7月,索罗斯把矛头对准了港元,并向香港股市及期市发动冲击。他在证券市场上大手笔卖空股票和期指,大幅打压恒生指数,使恒生指数从10000点大幅度跌至8000点,并直指6000点。1998年8月,他大量抛售港元,并在股票市场上大肆做空。在这种情况下,香港政府正式参与股市和期市交易,携巨资入市,与国际游资直接对垒。1998年8月28日,是香港恒生指数期货8月合约的结算日,这是双方经过前几个交易日的激烈搏杀后迎来的决战之日,香港政府取得了重大胜利。1998年9月,香港政府继续推高股指期货价格,迫使投机资本亏损离场,使香港金融保卫战终于取得了决定性胜利。这个事实雄辩地证明:当一个国家或者地区的金融安全受到威胁和破坏时,政府不干预就可能导致极大的悲剧。

事实上,正是因为我国建立了公有制,实现了生产资料和劳动力的有机结合,致力于消灭阶级压迫和剥削,为现阶段实行按劳分配提供了前提条件,才使社会生产的目的从追求剩余价值变成满足人民对美好生活的追求。极少数坚持新自由主义立场的人攻击"公有制是现代生产力发展的桎梏",其理由是"公有制是空有制""人人没有所有权""效率低"。我国公有制决定了不能实行人剥削人的制度,只能实行平等互助互利,不能实行按资分配。西方对公有制的理解有误,认为公有制是人人所有即人人皆私有,是一种人为的误读。新自由主义之所以反对公有制,首先表现为其对公有制概念的误读。新自由主义者认为公有制等同于低效率。此时,我们展示一组国民生产总值的数据,看看实际情况是否如新自由主义者解读的那样。1978—1988年,我国国民生产总值平均每年增长9.6%;1980—1986年,世界国民生产总值平均每年增长2.6%,发达国家为2.3%,我国为9.2%;1967—1984年,发展中国家平均经济增长率为4.9%,我国为9.4%。同时,如前所述,不少国家(如阿根廷)因实行新自由主义导致经济改革失败,国内经济萎靡,失业率高涨,人民生活陷入极端困难,我们应从这些惨痛代价中吸取教训,认清新自由主义的本来面貌,正确解读马克思主义,坚持共产党的领导,坚持社会主义制度,坚持公有制。正如学者朱安东指出的:"回顾中国改革开放历史的经验,改革制胜的关键在于,坚持马克思主义指导思想,在共产党的领导下,坚持公有制为主导,发展中国特色社会主义市场经济制度。同时坚决抵制新自由主义所倡导的绝对私有化道路。"①

第三,在意识形态方面宣扬社会主义意识形态过时论。自由主义经济思想不仅在西方世界"独领风骚",还影响着世界其他各国尤其是社会主义国家。资本主义和社会主义在经济制度上的本质区别,决定了两者在意识形态上的不同。西方自由主义经济思想的意识形态随着经济全球化进程的推动,逐渐影响并挑战着马克思主义在我国意识形态领域的发展。随着经济全球化和互联网的发展,国家之间的竞争突出表现为意识形态之争、话语权之争。在社会制度存在本质区别的资本主义与社会主义之间,在经济实力处于不对等的状态下,新自由主义在政治、经济、社会形态领域的渗透,会逐步引起安全问题。例如有些被新自由主义蒙蔽的学者主张经济发展"市场说了算",是要建立一个"消除了垄断和行政干预的市场";同时刻意歪曲解读混合所有制经济,说它"实际上是企图削弱国有经济,搞垮国有经济"。②

新自由主义作为资本主义的政治经济发展理论,如果我们不加批判全盘接受,必然会造成无法估计的恶果。目前,新自由主义思想已经给我国社会主义建设带来了一系列危害。如危害我国意识形态安全,造成部分干部和青少年一定程度的思想混乱。攻击我国的改革开放政策,导致我们在金融等领域出现一些困难。但我们坚定地相信:在我国社会主义市场经济条件下,国家在一定范围内对经济进行适度干预是十分必要的,充分发挥"看得见的手"的作用是不可缺少的。中国政府对经济的干预包括:政府对企业进行一定程度的规制、推进国有企业的改革和发展、调整产业结构、运用财政政策和货币政策进行宏

---

① 朱安东:《认清西方新自由主义的实质》,《人民日报》2012年7月11日,第2版。
② 何秉孟:《新自由主义通向灾难之路——兼论新自由主义与自由主义的渊源和区别》,《马克思主义研究》2014年第11期。

观调控以及进行收入再分配等。这些措施运用得当,对促进经济健康、平稳和可持续发展发挥了很好的作用。

资本主义国家利用新自由主义对中国进行方方面面的渗透,包括政治上宣扬宪政,经济上宣扬私有制,意识形态上宣扬社会主义意识形态过时,刻意曲解中国政府的政策主张。面对这些挑战,我们要在中国共产党的带领下,通过先进性建设的学习和探索予以解决。在前进道路上,要深入学习和掌握中国特色社会主义理论体系,牢固树立辩证唯物主义和历史唯物主义世界观和方法论。①我们要加强对新自由主义思想的防范,认清资本主义剥削和侵占的本质,紧密结合中国的历史和现实,坚持以马克思主义、毛泽东思想、邓小平理论、"三个代表"重要思想、科学发展观和习近平新时代中国特色社会主义理论为指导思想,坚决反对和抵制新自由主义思想。

总之,在经济全球化背景下,西方资本主义凭借其经济上的强势,通过自由主义经济思想的意识形态性,潜移默化地影响和渗透到世界其他各国尤其是社会主义国家,这不仅为资本主义经济进行全球扩张和资本全球化提供了契机,同时掩盖了其经济思想背后的政治意图,冲击着我国以马克思主义为指导地位的主流意识形态,对我国产生了重大的影响。当今世界依旧存在着很多不稳定性和不确定性,人类面临许多共同的挑战。我们要做积极的行动派,不做观望者,共同努力把自己的前途命运掌握在自己手中,充分发挥世界贸易组织、世界银行等全球和区域多边机制的建设性作用,积极引导经济全球化朝着正确方向发展,共同推动搭建人类命运共同体。

意识形态话语权代表一个国家的引导力,影响着一个国家的道路走向。意识形态安全是保证国家总体安全的一道重要防线。随着经济全球化和互联网的发展,世界大变局引发了一些国际安全领域的新变化,对我国国家安全产生了深刻的影响。在党的领导下,我们高举马克思主义、邓小平理论、"三个代表"重要思想、科学发展观、习近平新时代中国特色社会主义理论,不断创新发展,坚决消解西方国家意识形态的强势力,着力完善并提升国家安全建设能力,强

---

① 习近平:《全面贯彻落实党的十八大精神要突出抓好六个方面工作》,《求是》2013年第1期。

化我国的总体国家安全观。我们要坚决捍卫社会主义意识形态阵地,坚持并创新马克思主义成果。赵振华提出:"我们只有牢牢坚持马克思主义指导思想不动摇,才能在全面深化改革中不犯颠覆性错误,沿着中国特色社会主义道路奋勇前进。"[1]随着我国对全球经济发展的影响力、对全球经济治理话语权的大幅提升,人民的获得感、幸福感指数明显增强。国家号召我们,要秉持共同、综合、合作、可持续的新安全观,摈弃冷战思维、零和博弈的旧思维,以合作谋求和平发展,解决争端,牢牢捍卫社会主义意识形态,在国际社会不断发挥正向引领作用。

(二)新自由主义对中国劳动就业政策的攻击

在我国,源于"统包统分"时代遗留的劳动管理体制的弊病——取消了劳动者本身的各种平衡机制,如职业和劳动性质的自我选择,对劳动力需求的社会经济自发调节机制,劳动者本身心理和生理的自我平衡机制,劳动力差异的社会自发认可机制,企业一方面人浮于事,存在大量冗员,另一方面存在结构性的缺员。在行政区域之间、城乡之间分割管理,严重阻碍劳动力合理流动。这些成了新自由主义者攻击我国就业政策的口实。然而,改革开放以来,按照市场经济的发展要求,我国劳动就业体制和机制发生了重大变化。以市场为导向的就业和再就业机制的形成,转变了劳动者择业观念,拓宽了就业空间,促进了劳动者素质的提高,实现了劳动力资源的优化配置,对于发展生产力起到了巨大的推动作用。

反过来说,新自由主义者鼓吹的劳动就业政策,给大部分经济转型国家以及发展中国家的劳动就业带来了一场灾难。如在东欧国家的经济转型中普遍出现了就业率下降的现象,保加利亚就业率下降最多,在1989—2000年间下降的最大幅度达到了34.3%。同样,拉美国家2002年的失业率达到了创纪录的9.1%,不仅比改革前高出1倍以上,而且比经济大衰退的80年代也高得多。这种现象的根源就在于,新自由主义"是资本主义全球化意识形态的理论表现",是资本主义经济全球化的一种政策主张。

当前,我国社会主义现代化建设正处于新的发展时期,就业工作面临着新

---

[1] 赵振华:《决不能用新自由主义结构改革》,《实践》(思想理论版)2017年第8期。

形势和新任务。应处理好高新技术产业与劳动密集型产业发展的关系,不断创造就业机会,努力扩大就业渠道,解决就业总量矛盾。同时就业形势与经济发展、市场竞争、人口控制、教育水平、社会保障和思想观念以及文化背景等存在着密切的联系,因此它具有较强的复杂性和社会性。要持续平稳推进就业工作,就需要从特定的国情出发,有针对性地研究和制订对策措施。

第三节　新自由主义与马克思劳动就业思想比较研究

一、新自由主义推行下社会劳动就业现状

劳动力市场,是一种调配劳动力的供给与需求并使其最终达到平衡的一种市场。与其他普通商品市场与服务市场一样,劳动力市场通过自发调节在一定程度上也能够形成一种同时满足需求者与供给者的均衡工资。因此,衡量劳动力市场效率的首要标准是能否通过自身的调节机制实现出清,另一项标准则是达到市场平衡所需要的时间长度。一个差的劳动力市场有两个特点:一是较高的失业率,包括长期的制度性失业和根源的结构性失业;二是这种高失业率需要较长的时间来调整转好。当然,一个好劳动力市场的制度设计理念不能单纯依赖劳动力市场本身的运行规则,它不能够有效地实现劳动供给与需求之间的匹配,更加不会保护处于弱势地位工人的劳动权益。

新古典主义认为,在一个完全竞争的劳动力市场中是不会存在失业的,因为劳动力供需情况的变化能立即反映到均衡工资水平上,通过均衡工资的调整就能够使劳动力供需达到平衡。约瑟夫·斯蒂格利茨曾经讲道:竞争性平衡理论,假设所有的市场,包括劳动力市场,都能够现实出清。失业现象意味着有一些因素阻碍着劳动力市场实现平衡。如果工资不能够快速地对这种非均衡状态做出反应,或根本不做出反应,就意味着该劳动力市场处于僵化状态,失业就不可避免。如果工资的向下调节功能不能很好地实现,那么,劳动力市场就将出现劳动力过剩的局面。如果工资不能够对劳动力市场出现的非均衡做出反应,充分就业也将无法实现。凯恩斯经济理论认为,只依靠市场力量不能

迅速有效地使经济恢复均衡，需要宏观管理政策，才能解决有效需求不足问题，从而使经济在充分就业的水平上均衡发展。例如经济大萧条期，罗斯福政府通过减税并增加政府财政支出，从而促进就业并维持较快的经济增长。不过，从凯恩斯劳动就业政策实施一段时间后出现的经济滞胀和大规模失业现实来看，这种就业政策存在着时效性问题。大量理论和实证研究亦表明，这种以扩张性财政政策为主要手段的劳动就业政策在解决周期性失业方面是奏效的，但也存在着一定的效率问题。20世纪四五十年代，以信息技术、原子能技术、空间技术为代表的第三次科技革命，使生产技术和生产工具不断进步，推动了社会生产力的大发展，促进了人类社会经济结构的调整，人们生活的方方面面都发生了巨大变化。技术的改进使劳动力市场发生了巨大变化，大量机器取代活劳动成为工作的主体，也在一定程度上加剧了失业。

第二次世界大战后，西方发达国家制定了一系列劳动力市场制度。这些劳动力市场制度包括：第一，制定就业保护法，限制雇主对雇员的自由解雇；第二，通过集体谈判协议，在一定程度上对给工人所强加的僵化的薪资标准进行调整，使工资水平变得扁平化；第三，设定最低工资额度，为劳工报酬设定一条底线；第四，出台具体工作规则，为合理的工资待遇和恰当的工作时间提供依据；第五，制定失业救济政策，给暂时失去工作的劳动力一个喘息机会；第六，通过实施积极的劳动力市场政策，政府对失业者寻找工作与培训进行直接干预。这些政策的实施，有利于保障就业水平充分。从根本上讲，这些劳动力市场的制度设计都是对劳动力市场自身运行机制的一种约束。

当今社会是劳动社会，劳动就业在社会经济发展中起着非常重要的作用。劳动就业是民生之本、社会和谐之基。在全球化的时代背景下，劳动就业关乎一国综合竞争力。由此产生的劳动就业体制就至关重要。劳动就业体制是经济体制的重要组成部分，反映一国经济政治的主导方向。不同国别有不同的劳动就业政策。成功的劳动就业政策的评判标准，首先是就业率，其次是效率，再次是社会公平。其特征有多样性、路径依赖性与不可复制性、互补性与综合性、灵活安全性，以及政治可行性。目前世界范围内存在两大类别的劳动就业政策，一类是新自由主义劳动就业政策，另一类是马克思主义劳动就业政策。下面的内容，以历史再现的方式探析二者各自的特征、理论基础以及实施效果。

20世纪30年代,新自由主义以古典自由主义为基础而萌芽。30—70年代,新自由主义在不断发展、完善,但这一阶段作为凯恩斯主义的反对派,一直处于受冷落、非主流境地。70年代末开始,随着西方各国经济滞胀、大规模失业、凯恩斯主义的失灵,经济全球化的迅速发展以及国际环境的骤变,新自由主义逐渐兴盛。90年代至今,新自由主义成为主导资本主义世界的政治经济意识形态主张,在劳动就业领域配套了完整的政策主张。具体说来,新自由主义劳动就业政策推行现状表现在以下几个方面。

(一)以毒攻毒之高失业对阵高通胀

在新自由主义的影响下,西方资本主义国家开始放弃政府的充分就业责任,以高失业率为代价,一直保持着高通货膨胀率。例如,美国的通胀率与失业率同处高位,1974年通胀水平达到12.2%,1975年失业率上升到8.5%,滞胀特征极其明显。英美学术界对"停滞"和"膨胀"给了这样的定义:"国民生产总值增长率低于3%则为低速增长,失业率高于3%或4%则为高失业率,通胀率高于3%则为高通胀率。"里根就任美国总统后,采取了紧缩性货币政策。这个政策治理通胀效果明显,通胀率由1979年13.3%下降到1983年3.2%。但其完全放任市场力量来决定就业和失业水平,并将失业作为降低通货膨胀的手段,放弃了本该由政府维持的充分就业的责任。类似政策措施短暂遏制了通货膨胀的继续增长,但失业率却显著上升。例如1979年英国的失业人口从当年的130万上升到了1981年的250万,失业率从4.5%上升到了9.1%,后来又上升到了1985年的400万和13%。[①]英国撒切尔政府采用货币主义的政策主张,放弃充分就业政策,降低通货膨胀,使失业成为降低通货膨胀的一种手段。由此,失业成了降低通货膨胀的一种手段,阻止了英国经济形势继续恶化,却导致更加严重的贫富分化,为后来英国的经济危机埋下了伏笔。自此,美国与欧盟15国的失业率逐渐上升。20世纪80年代中期,失业率接近10%。美国的失业率呈现出波动上升趋势,欧盟15国的失业率则是持续快速上升趋势。

[①] 米什拉:《资本主义社会的福利国家》,郑秉文译,法律出版社,2003,第24页。

(二)孤注一掷之市场为王

1.推行结构化减税政策,以此增强经济活力,旨在提高劳工和企业的积极性

在新自由主义的影响下,西方资本主义国家开始减少政府干预,大力推崇市场化,致力于经济恢复。20世纪80年代以来,美国先后经历了两次大规模的减税:一次是20世纪80年代初里根政府的减税计划;另一次是21世纪初小布什政府实施的10年减税计划。两次减税行动都提高了税的免征额,大幅度降低所得税率和减少累进级次,降低最高边际税率。从里根政府开始,个人所得税税率从原14级(11%—50%)到1998年减为2级(15%—28%),公司所得税的税率由5档的15%、18%、30%、40%、46%减为3档的15%、25%、34%,最高税率降低12个百分点。小布什政府减税计划包括减税总额1.35万亿美元;全面降低个人所得税率,同时简化税率级次,最低税率由15%降到10%,到2006年最高税率减到35%。[①]纵观美国减税政策的实施情况,会发现里根政府大举减税的最大受益者是富人。里根任期内将个人所得税平均税率从70%大幅削减到28%,撒切尔政府也将个人所得税最高税率从82%削减至40%。[②]1979年,撒切尔政府第一个预算将个人所得税基本税率从原来的33%降到30%,最高税率从83%降到60%;同时,将个税起征点由8000英镑提高到1万英镑,免税人数增加约130万人。为了鼓励私人投资,撒切尔政府不仅降低了投资收入附加税税率,而且将投资收入税的起征点从1700英镑提高到6250英镑。为激发公司的活力,撒切尔政府还调低了公司税税率。1982年,英国公司税的税率为52%,1990年下降为35%。

2.多方激活劳动就业市场

首先,放松对劳动力市场的管制,任由市场自动调节。实行减少政府对劳动力市场的过多干预、降低劳动力市场僵化的政策。劳动力市场的灵活化,是指通过降低刚性管理程度,使劳动力市场迅速敏捷均衡协调发展。如彼得·雷

---

① 宋凤轩、江月:《美国20世纪80年代以来的减税改革及借鉴》,《税务研究》2004年第5期。

② 管清友:《供给学派的实践典范》,《金融博览》2013年第6期。

利(1998)指出,劳动力市场灵活化包括五个方面:①数量灵活化,企业通过劳动力投入数量的调整来适应外部社会经济的变化,包括对企业外聘人员的调整、企业内部人员工作时间的调整。废除企业不得解雇工人的制度,扩大企业解雇工人的自主权,降低企业解雇工人所承担的经济赔偿。②功能灵活化,即企业在不增加人员的情况下,通过变革工作组织方式,对团队和员工进行多技能培训,提高企业内部现有人员的配置效率。③时间灵活化,即实行弹性工时,给劳动者一种错觉上的时间自由感。④距离灵活化,即改变之前固定工作场所的观念,劳工可以在家里或者其他任何方便的地方为企业工作。⑤薪资灵活化,建立弹性工资和协议工资制,充分发挥市场的调节作用。因工会的实力被削弱、权利被限制,工人几乎没有对工资的议价能力。企业可通过项目的营收状况随意调整劳工薪资水平和福利待遇,以适应企业的外部环境。

3.削弱工会势力,任由市场调节劳动力资源

工会是能对一国劳动力市场产生重大影响的组织。西方资本主义国家认为,如果工会的力量过大、滥用工资谈判权利,就会导致劳动力市场价格扭曲和劳资关系紧张。

在美国,里根政府对工会采取强硬措施,如解雇了联邦航空管理局非法罢工的空中交通管制人员,解散了空中交通管制人员工会,并实行对罢工工人的永久性替代政策。1979年,撒切尔着手对工会进行改革。首先,以法律来规制工会的行动,以法律削弱工会力量;其次,对罢工工人采取强硬措施,动用武力镇压罢工;再次,改革工资制度,以利润共享工资制取代固定工资制。

4.福利制度改革

西方国家社会福利支出庞大,国家财政不堪重负。20世纪70年代中期,英国福利制度弊端逐渐显现。福利支出的增长幅度远超经济增长速度。1960—1980年和1980—1983年,英国社会福利支出的年均增长率分别为5.2%和7%,而同期年均经济增长率分别为2.3%和1.6%。[①]英国,撒切尔"几乎毁掉了英国在全世界都曾经非常有名的福利制度,被称为民主国家独裁者。并且,她对工会奉行强硬路线,在1984年的煤矿工人大罢工中态度强硬,通过修改工

[①] 王振华、刘菲主编《变革中的英国》,社会科学文献出版社,1996,第239页。

会法、派遣军队人员渗透进入全国矿工工会等手段,不惜让警察和矿工发生流血冲突,从而彻底击败了工会组织,极大地削弱了曾经非常强大的英国工会势力。"[1]鉴于高福利政策的实施削弱了个人的进取与自立精神,美国1996年通过了《个人责任和工作机会法》,英国1999年通过《福利改革与养老金法案》,分别进行重大深入的改革。撒切尔政府开始削减或冻结各种政府补贴;简化社会补助的申领程序,降低社会保障领域的管理成本;将市场原则引入公共服务和社会保障领域,对住房、医疗、养老、失业救济制度进行市场倾向的改革。这源于新自由主义者对福利制度提出的质疑,认为慷慨的社会福利制度让人们过分依赖社会福利,使失业者不愿重返竞争激烈的劳动力市场,这是导致持续高失业率的重要原因。他们主张改革社会福利制度,激活人们的劳动积极性,以改变持续的高失业现象。通过改革社会保障制度,严格审核失业保障资格申请,缩短失业保障期限,降低失业保障水平,逼迫失业者积极重返劳动力市场,以工作代替福利。上述各项改革在一定程度上使劳动力市场激活机制被恢复,提高了劳动参与率、就业率,从而降低了失业率。

(三)劳动就业市场结构性矛盾突出

辩证地来说,新自由主义劳动就业思想曾取得了一定成果,以美国和欧盟为例,其经济有所发展,就业率得到一定程度提高。20世纪70年代中期,欧盟与美国就业率在63%左右。1997年后美国就业率一直保持在70%以上,2000年达到74%,2000—2003年有所下降,之后又开始逐渐上升。自2000年以来,欧盟就业率开始上升,到目前为止,欧盟就业率不到70%。同时劳动参与率提高。2005年欧盟25国平均劳动参与率为70.2%,同期美国为75.4%。另外,失业率有所下降。20世纪80年代中期开始,欧盟失业率一直处于较高水平,而美国失业率开始快速下降,到1999年,失业率降到4%,接近充分就业水平,而同期欧盟15国平均失业率在8%以上。[2]

然而,随着新自由主义全球扩展的加剧,其卑劣的本质逐渐显现。

---

[1] 朱继东:《还原真实的撒切尔夫人:终生反对共产主义的新自由主义者》,《红旗文稿》2013年第9期。

[2] 金喜在、孔德威:《全球化时代的劳动力流动》,《经济论坛》2003年第11期。

1.公开维护资本家利益,拼命压榨损害劳工权益

劳工权益又称劳工权利或工人权利,是指西方资本主义国家法律所规定的现代劳动关系中劳动者在履行劳动义务的同时所享有的与劳动有关的社会权益。1998年国际劳工大会通过《关于工作中基本原则和权利宣言》,明确规定在经济全球化背景下保障劳工权益的四项内容:结社自由并有效承认集体谈判权利,消除一切形式的强迫劳动,有效废除童工,消除就业歧视。自新自由主义劳动就业政策实施以来,随着政府对劳动力市场干预的减少、工会力量的削弱,劳动者集体谈判力量被逐渐分散化和低层次化。这一系列的变革,使劳工权益遭受了极大损害,劳动者处于前所未有的弱势和依附性地位。

2.资本的聚集,导致了世界贫富差距扩大化

新自由主义劳动就业政策在促进劳动力市场灵活化,一定程度、一定时期内提高就业率的同时,进一步加剧了贫富差距的扩大。以美国为例,美国国会预算办公室2003年的报告指出,尽管20世纪90年代以来美国经济持续增长,失业率也是30年以来的最低水平,但是美国贫富家庭之间的收入差距进一步拉大,达到近70年来最高水平。美国的富人占全部总人口的1%,但其拥有的财富却超过了占人口总数40%的贫困人口所拥有的财富总和,富人财富在整个国民收入中所占比例也从1979年的7.5%上升到2000年的15.5%。美国经济政策研究所的一份研究报告显示,以2003年为界,过去10年处于收入高层的20%的家庭平均年收入增加了17870美元,处于收入底层的20%的家庭平均年收入仅仅增加了110美元。美国政府力推的减税政策,实施结果与预期大相径庭。据财务部估计,2001年5月国会通过税法所减的税中,高收入的20%的家庭所减的税占78.5%,低收入的60%的家庭所减的税只占7.5%,这无遗加剧了贫富差距。①

带来不确定性就业与工作贫困的增加。新自由主义劳动就业政策一定程度上提高了就业率,但是这些新增就业大部分属于不确定性就业形式。不确定性就业,指介于长期失业与就业之间,在劳动力市场上处于较不稳定且无保

---

① 陈晓徽:《综述:美国经济持续增长造成穷人更穷富人越富》,《南方周末》2000年第2期。

障状态的就业形式,其特征有劳动契约短暂性、工作时间弹性化、薪资水平较低、不购买社会保险。工作贫困,又称在职贫穷、穷忙族、勤劳贫困阶级、工作贫困阶级,是指拥有固定工作但相对贫穷(例如收入低于特定贫穷线)的人士。有别于失业者,他们虽然有得到工资,但工资的金额不足以维持个人合理的生活品质。

二、资本主义社会就业矛盾之马克思问诊书

新自由主义解决失业问题的良方——以失业作为调节工资压力的辅助手段、"停停走走"式的劳动就业政策,其压低劳动者工资的做法将不可避免地导致大量工人失业,这是一种逻辑必然。马克思在《资本论》中指出,资本所有者会通过尽力压缩雇佣劳动力人数,同时人为地造成大量工人处于失业状态,来实现总剩余价值最大化。在《哲学的贫困》一书中,马克思提出劳动价值论,奠定了剩余价值论的基础,从而实现了劳动价值学说和唯物史观的统一。马克思认为,破解失业的正道是一方面促使资本增值,另一方面是探索引领劳动者转型发展,让劳动者获得合理比例的剩余价值。不脱离生产关系整体的内部联系来理解经济范畴和安排它们的顺序——这是对经济范畴唯物史观的考察,这种考察方式成为马克思在经济学研究中的重要基础,也成为劳动价值论科学化的重要基础。

马克思认为就业问题的最终解决要依靠社会合理调配以实现劳动者的天然就业权。马克思指出,资本积累导致资本有机构成提高,在扩大再生产中,本因随生产规模扩大而增加的工人数量却相对减少,同时由于不变资本和可变资本比值加大,一部分已经就业的工人将会被从劳动岗位上剥离,导致失业。资本积累是造成资本主义社会失业现象的根本原因。无论时代如何变迁、科学如何进步,马克思主义依然显示出科学思想的伟力,依然占据着真理和道义的制高点。

(一)相对过剩人口的实质

相对过剩人口的实质,在资本占据主导地位而劳动者依附于资本的情况下,只能表现为生产力与就业压力同向发展,劳动力的能力越增加,就业保障就越薄弱。生产资料和劳动生产率迅速增加,且增加速度应超过劳动人口的增

速,然而事实上,工人人口总是比资本的增值需要增长得快。这一现象使上述情况更为严重。①劳动情况是以社会状况为基础的,在"劳动资料使用工人"的社会状况下,生产力的提高反而会使工人的状况更为糟糕,劳动需求并没有降低,然而劳动力人口却超过资本增值需求而出现了相对过剩。马克思把失业工人称为相对过剩人口,就是劳动力的供给相对于资本增值的需要来说显得"多余""过剩"。工人一方面给资本家创造剩余价值而促进资本积累,同时,资本积累又使自己失业,成为相对过剩人口。马克思认为在生产资料私有制下,私人资本总是有着对剩余价值的无限追求,加之市场竞争的压力,资本家必然会想尽一切办法进行资本积累和扩大。资本家一味追求超额剩余价值,会导致资本有机构成提高,也就是说,机器设备和原材料上的投资占资本的比重会相对上升,相应用于购买劳动力的投资额度就会下降,从而出现"机器夺工人的饭碗"的现象,社会对劳动力的需求也就减少了,就出现了相对过剩人口,也就是失业。总之,资本积累造成资本有机构成上升,造成相对人口过剩;资本在经济周期循环中的运动不断对工人进行排斥,资本过剩与资本竞争使工作岗位闲置,资本集中与资本联合把工人不断挤入非生产劳动,使产业后备军得以衍生。同时这不仅加大了就业工人的劳动强度,为资本家提供了致富手段,同时又迫使就业工人加倍劳动,生产更多的剩余价值,从而避免实业。

(二)结构性失业的实质

马克思指出,分工会造成岗位的专业性增加,而人的竞争与机器的竞争又会引致岗位减少;分工的不断复杂化会使资本积累与工人的异化同步,这种劳动异化进一步恶化了就业环境。分工对工人就业最直接的影响在于工人之间的竞争加剧。分工分为两种,一种是工场手工业分工,一种是社会分工。工场手工业分工体现着企业主对劳动者的支配权力,社会分工体现着各个独立生产单位的自由竞争。分工导致的人的竞争与机器的竞争会引致工作岗位减少,制约劳动者,为工人的就业带来压力:工场手工分工下权威性的机械分工需要工人固守本职工作,一旦危机出现,析出的专业性极强的工人就很难在社会分工

---

① 中共中央马克思恩格斯列宁斯大林著作编译局编《马克思恩格斯选集》,第3卷,人民出版社,1972,第743页。

下进行二次对口就业。失业后就业的困难程度,以及工人之间的竞争和机器的大规模使用,加之劳动生产率的提高,会导致许多工人没有工作可做。如此循环往复,就会导致就业难度加大而失业概率上升。失业不但不能制止竞争,反而会让在岗工人受到更重的剥削,"更进一步的分工使1个工人能做5个、10个乃至20个人的工作,因而就使工人之间的竞争加剧5倍、10倍乃至20倍"。[①]由于分工,这种被异化的劳动者无力面对新领域的劳动挑战,从而导致结构性失业出现。

或者说,私人企业和资本家在追求剩余价值的动机驱使下,分散地盲目地扩大生产规模,会破坏整体经济的结构性平衡,造成生产资料产品过剩或消费资料产品过剩,从而引发经济危机,接踵而至的是失业问题。所谓的结构性失业,就是失业与职位空缺同时存在,劳动力市场供给和需求技术结构不相适应。关于结构性失业,世界经合组织(1999)将其定义为"非加速通货膨胀率失业",即不存在通货膨胀率上升或下降趋势情况下的失业。

美国经济学家詹姆斯·托宾认为,工资成本提高会推动通货膨胀,然后将失业与通货膨胀并发症的责任推卸给工会和工人阶级。马克思主义经济学认为托宾的观点不符合事实,指出造成失业和通货膨胀并存的罪魁祸首是垄断资本在经济上的统治和长期实行的赤字财政政策。结构型失业问题要得到有效解决,一国国民经济产业和部门比例与就业结构必须要协调。在分工日益发达、专业化程度渐高的今天,生产资料生产和消费资料生产之间、三次产业之间、轻工业和重工业之间、农业内部和工业内部之间、实体经济与虚拟经济之间、传统产业与互联网产业之间都需要有一个合理的比例。

(三)资本家逐利无底线

从始至终,最大限度追求和保留剩余价值都是资本家的目的。然而,单纯依靠劳动力市场本身运行,不仅不能有效地实现劳动供给与需求之间的匹配,更不能够很好地实现劳动力市场效率与公平的统一,处于弱势地位的工人的权益也根本没有办法得到保障。当生产增长率下降,为了最大限度保留剩余价

---

① 中共中央马克思恩格斯列宁斯大林著作编译局编《马克思恩格斯选集》,第3卷,人民出版社,1972,第739页。

值,降低工人工资水平、减少从业的劳动者数量、增加失业率便成为资本家最后的底牌。

随着生产力的发展,机器开始逐步代替劳动力,剩余价值不断扩张,剩余价值量增速加快,使资产阶级日益庞大,由此滋生了两对矛盾,即资本家阶级财富增长与必要生活资料需求相对减少的矛盾,资本家阶层的人数增长与生产必要生活资料劳动者数量减少的矛盾,这两对矛盾"一方面产生出新的奢侈要求,另一方面又产生出满足这些要求的新手段。"[1] 为满足资产阶级这些新的要求,那些被机器替代的劳动力为了生存,不得不向非生产劳动(仆役类劳动)转移。非生产劳动属于个人服务的范畴,"个人服务是生产性雇佣劳动的对立面",[2] 非生产劳动是对生产劳动析出劳动力的一种安置,也是对生产劳动的补充。

第四节 马克思主义解围劳动就业失衡的秘籍

一、马克思主义对新自由主义的批判

马克思主义作为推动人的解放和自由全面发展的科学理论,代表作《共产党宣言》发表170余年,被翻译成110多种文字、发行过1000多个版本。马克思主义的精神和传播虽历经时空转换、岁月洗礼,但依旧展现出强大的真理力量和旺盛的生命力。新自由主义代表着资产阶级的意识形态,扮演着资本家的喉舌。我们要坚信马克思主义,坚定不移地将其作为指导思想,防止造成思想上的混乱,防止曲解马克思主义。在任何情况下,都必须坚持用马克思主义的思想理论剖析问题,必须透过现象看本质,只有这样才能识破资产阶级无偿占有剩余价值的剥削阶级的本质。在西方资本主义国家,现实的人被抽象为

---

[1] 中共中央马克思恩格斯列宁斯大林著作编译局编《马克思恩格斯选集》,第3卷,人民出版社,1972,第512页。

[2] 同上书,第463页。

经济人,容易忽视个人的存在和发展问题。马克思主义注重研究人与人的生产关系,认为人的本质是一切社会关系的总和,要站在人的立场去研究看待问题,关注人的存在和人的发展问题。在中国特色社会主义事业建设历程中,我们要坚持并发展马克思主义,大胆进行探索,不断解决新问题,筑起防止新自由主义侵蚀的理论堤坝。社会主义中国,需对新自由主义时刻保持警惕。我们必须在中国共产党的领导下,正确解读马克思主义,坚持马克思主义指导思想。在深入开展改革开放时,坚持公有制在国民经济中的主体地位,致力于发展经济,立足于当下的国情,去批判地借鉴国际社会先进科学技术和管理经验,从而循序渐进地调整,融入全球化、信息化的国际浪潮,完善中国特色社会主义制度,发展中国特色社会主义经济,建立良好的中国特色社会主义国际形象。

马克思客观分析了自由主义科学性的一面,充分肯定它关于资产阶级反对封建主义中比较客观地对经济生活、经济事实及其规律做出的一定的合理性分析。同时明确指出,自由主义在本质上是代表着资产阶级的经济利益,属于资产阶级的意识形态。

首先,马克思批判了自由主义者把资本主义当作绝对、永恒自然形式的狭隘眼界。马克思从商品出发,通过价值形式论证资本主义生产方式的历史性,认为在商品经济下一切劳动产品都成为商品,一切社会生产关系都通过价值表现出来,在资本主义社会中,社会生产关系就是资产阶级与工人阶级的剥削与被剥削的社会关系。马克思指出使用价值是交换价值的物质承担者,从商品的交换价值中抽象出价值,并将价值归结为无差别人类劳动的结晶,即"商品形式在人们面前把人们本身劳动的社会性质反映成劳动产品本身的物的性质,反映成这些物的天然的社会属性,从而把生产者同总劳动的社会关系反映成存在于生产者之外的物与物之间的社会关系"。①资本主义的生产关系只能通过物与物的交换才能表现出来,这种物与物的关系的虚幻形式被称为商品拜物教,马克思指出这种现象的性质起源于生产商品的劳动所特有的社会性

---

① 中共中央马克思恩格斯列宁斯大林著作编译局编《马克思恩格斯选集》,第3卷,人民出版社,1972,第89页。

质,劳动既属于私人劳动同时也具有社会性质,这种社会性质只有在人们物物交换中才表现出来,劳动才具有价值的形式。由此可推出,商品生产和价值形式是人类生产方式发展到一定阶段的产物,是一个历史范畴,并非永恒的自然形式。马克思指出:"你们的利己观念使你们把生产关系和所有制关系从历史的、在生产过程中是暂时的关系变成永恒的自然规律和理性规律。"

其次,马克思批判自由主义掩盖了资产阶级剥削剩余价值的问题。马克思在《哲学的贫困》中,清楚地论述了剩余价值的来源问题,揭示了劳动力作为特殊商品,其在劳动过程中所创造的价值远远超过劳动力本身所获得的报酬,这之间的"差值"就是剩余价值。因资本主义制度的庇护,资产阶级贪婪地无偿占有着剩余价值,马克思进而阐明了资产阶级和劳动者之间存在不可调和的尖锐矛盾:"要获得这种生产力的发展和这种劳动的剩余价值,就必须有阶级对立的存在,资产阶级越来越富,工人阶级劳动者渐渐死于贫困。"[1] 马克思在《雇佣劳动与资本》中进一步说明,资本是资产阶级的生产关系,它作为社会中一种独立的力量,通过交换活劳动而保存下来并增值,剩余劳动力和剩余价值是资产阶级存在的必要前提,而正是劳动力自身价值与劳动商品价值之间的差额,形成了资本的增值。在《政治经济学批判》手稿中,马克思第一次对资本和剩余价值的基本关系进行了系统的论述,明确区分了劳动与劳动力,证明工人出卖的不是劳动而是劳动力,劳动所创造的价值大于劳动力本身的价值,指出资本主义生产的实质就是为了资本的原始积累和扩充。在《资本论》中,马克思从历史唯物主义的角度去研究批判,从生产关系角度分析资本主义生产总过程,认为资本不是物而是一种生产关系,商品和货币是一个不断实现其自身内容的过程,也是价值不断实现自身内容的过程,否定了古典自由主义经济学家从商品的交换价值出发,简单地把商品之间的交换理解为人的劳动之间的简单交换。从剩余价值的产生、发展和本质等方面揭示资本主义积累的基本规律,阐明了资本主义剥削的本质和资产阶级贪婪的本性,论证了资本主义生产方式产生、发展规律,提出资本主义必然灭亡的观点。

---

[1] 中共中央马克思恩格斯列宁斯大林著作编译局编《马克思恩格斯选集》,第3卷,人民出版社,1972,第151页。

最后，马克思批判自由主义否认周期性经济危机是由于资本主义制度本身的原因导致。分工促进了私有制的发展，掩盖了资产阶级对剩余价值剥削的真相，使得资本得以原始积累，从而加剧了贫富分化。现今新自由主义的主张在带来资产阶级财富积累的同时，附带着的是产品周期性过剩，从而引发资本主义国家周期性经济危机，同时产品的过剩导致劳动力大批量被析出，从而产生了失业。事实证明，新自由主义所推崇的经济自由化、市场化和排除政府干扰的管理方式，是无法有效应对周期性危机的。

二、马克思关于劳动就业理论的未来构想

如何解决就业和失业问题，马克思并没有给出具体详尽的答案。马克思为人类解放提供了思想的火炬，他通过对"资本""工资""劳动""分工"的分析，根据唯物论和辩证法的原则，对就业问题进行了符合规律的预测。我们要深刻感悟马克思主义强大的真理力量和不竭的生命力，坚定马克思主义信仰，最终做出自己的判断。[①]

（一）劳动成为自主活动，社会调配实现天然就业权

马克思设想，在共产主义社会的高级阶段，劳动将会摆脱资本的奴役而成为人的一种自主活动。马克思认为，在未来，把人类活动局限在某一领域的旧式分工将会消失，脑力劳动和体力劳动的差别将不存在，剩余劳动消失，个人的需要成为必要劳动时间的尺度。劳动不再承载谋生压力。为满足劳动者自由发展，劳动成为自由的活动，成为快乐的活动，成为美好生活的一部分，是一种证明自身价值的事情。

马克思认为劳动资料和生活资料并不会真正的过剩，造成这种过剩不过是资本家为了追求最大化剩余价值的结果。现实中，生产资料还远远不能满足需求。"在今天的社会里，直接由于竞争的影响，产生了浪费劳动力的现象，因为竞争使大批的人失了业；他们很想工作，但是却得不到工作……竞争迫使每一个人鼓起全部力量，利用自己的一切可能，以廉价的劳动力来代替高价的劳动力，而文明的日益增进也为此创造了更多的条件……在任何一个文明的社

[①] 孙兰英：《马克思主义的初心与共产党的使命担当》，《求实》2019年第4期。

会里,都有大批很想工作但是却找不到工作的失业者,而且这个失业人数比人们通常想象的要大。"① 马克思也进一步分析了"资方"和"劳动方"的关系:"工资之所以由供求关系来决定,由劳动市场上的偶然情况来决定,仅仅是由于直到现在,劳动者还理所当然地接受资本者用工资来买卖他的时间。从某种程度上,劳动者把自己的劳动能力当作了独特的商品、与资方做交易的标的物。当工人下定决心不再让别人买卖他们的时候,当工人弄清了劳动的价值究竟是什么,工人作为一个不仅具有劳动力并且具有意志的人出现的时候,到那时,全部现代国民经济学和工资规律就完结了。当然,假如工人在消灭彼此之间的竞争后停止前进,工资规律归根到底还会重新发生作用。"② 马克思设想通过计划的手段消除由资本方操作的这种过剩。马克思认为:"人类社会拥有极其丰富的生产力,这些生产力只要合理地组织起来,妥善地加以调配,就可以给一切人带来最大的利益……把个别的力量联合成社会的集体力量,以从前彼此对立的力量的这种集中为基础来安排一切,才是劳动力的最大节省。"③ 按其设想,所有的人都能积极合理进入自己喜好的劳动序列,从而实现劳动者自由的天然的就业权。

(二)劳动者自由全面发展,人类生活将更加美好

马克思是深邃睿智的,毕生都在追求实现无产阶级和人类解放的崇高理想。他从"人的劳动被人们有意识地用作谋生手段"的现象中,揭露资产阶级剥削强占劳动者剩余价值的本质。他一针见血地指出,资本主义为世界历史的进一步发展奠定了丰富的物质基础,但其本身难以克服的历史局限性决定了它并不能实现人类的真正解放,因此资本主义社会并非世界历史发展的归宿。

人本主义科学家马斯洛的需求层次理论,将人的需求按层次分为五种,分别是生理需求、安全需求、社交需求、尊重需求和自我实现需求。马克思曾指出,共产主义运动的根本在于恢复人作为人的本质,提倡废除社会分工,努力

---

① 中共中央马克思恩格斯列宁斯大林著作编译局编《马克思恩格斯选集》,第3卷,人民出版社,1972,第611页。

② 同上书,第454页。

③ 同上书,第612页。

实现人的全面自由发展。西方新自由主义者为追求剩余价值最大化,不断促使产业部门分工精细化。劳动者为了生存得付出超级大的机会成本,去迎合资本家打造的专业化岗位需求。迫使劳动者自我分裂,为其在经济危机时的生存危机埋下了伏笔。要解决这些,需要重建个体与社会相统一的合理关系。因为人作为一种社会存在物,只有在社会之中才能最终实现人的本质。在未来共产主义社会,人摆脱了对"他人的依赖"和"物的依赖",成为自由而全面发展的人。劳动成为人实实在在的生活的一部分,就如同吃饭睡觉一般。人类不再为了生计去被迫劳动。劳动成为人实现自我价值不可或缺的组成部分。个人不再局限于某一个领域,而开始追寻全面发展。专业技术人员在未来社会将成为一个消失的名词,人们会免去因为专业性太强而带来的内在职业倦怠感和外在尴尬失业的状况。马克思说:"当一切专门发展一旦停止,个人对普遍性的要求以及全面发展的趋势就开始显露出来。"[1]恩格斯认为要实现人自由全面发展,就要由国家出面实施普及教育,并有效扩大劳动者终身教育,使每个人都无障碍地全面自由发展自我。劳动者素养全面提升,有助于经济结构的合理化,这种全新的就业能力方能颠覆现有专业性极强的分工就业形式,也只有这样的就业环境才能让劳动者的潜能得到最大限度发挥,劳动者的价值才能真正展现,当然结构性失业的矛盾就真正化解了。

---

[1] 中共中央马克思恩格斯列宁斯大林著作编译局编《马克思恩格斯选集》,第3卷,人民出版社,1972,第630页。

第五章　人工智能的普及与发展对劳动就业的影响

毋庸置疑,人工智能时代已经到来。之所以说它是一个时代,而不是单纯的"风口",是因为它的出现意味着第四次工业革命的序幕已悄然拉开,人类历史即将再一次被颠覆改变。无论我们是否接受或者是否做好准备,人工智能都在改变着我们的生活方式,或丰富我们的生活,或便利我们的交易行为。它在提高生产力水平和生产效率的同时也给我们带来了很多前所未有的困惑,甚至有人对此产生了质疑甚至恐慌。例如,我们很多传统的工作岗位现在已经被人工智能替代,那么我们的就业前景还乐观吗?人类会遭遇大面积的失业吗?现在新兴的无人超市、无人工厂、无人企业,在其中到底是人类在创造财富还是机器和机器人在改写历史?种种疑问,重重疑云……其实马克思主义关于唯物史观和剩余价值学说的论述,就对人类社会发展的一般规律做出过详细而严格的分析。在几百年后的今天,这些理论对于新兴产业如人工智能等对我们生产生活的冲击仍然具有强大的解释能力。

第一节　人工智能的内涵

一、含义

(一)人类智能≠人工智能

和其他生物物种不同,人类是一种智慧型生物。人类智慧包含两个相辅相成的部分:隐性智慧和显性智慧。隐性智慧负责发现和确定创新的方向,显性智慧负责在确定的创新方向上实现具体的创新求解。人类的显性智慧通常也会被称为人类智能,模拟人类智能(显性智慧)的科学技术就叫人工智能。隐性智慧表现为面对环境定义的实际问题、为知识库提供已有知识、预设问题求解目标。这三者就是隐性智慧定义的工作框架。在这个框架下，人工智能系统所要执行的任务就是模拟人类智能（显性智慧）的能力，运用所提供的信息和已有知识解决所给定的实际问题，达到预定的求解目标。

1.隐性智慧的人类智能

隐性智慧，更具体地说，是人类发现问题和定义问题的能力，需要全局性的分析能力、想象能力和开拓能力，是一种内隐的创造性能力，因而不可被机器模拟；简单地讲，人类不善于处理数据而更擅长做抽象决策。

比如数据部分，与计算机相反，人类在存储和处理信息方面表现非常糟糕。例如想要记住一首歌的歌词，必须多次循环听才能记住它；但对于计算机来说，记住一首歌就像在应用程序中按"保存"或将文件复制到其硬盘中一样简单。同样，对于人类来说，不记忆也是很困难的。即使尽自己所能，一些不是很好的记忆还是会存在自己的脑海里。而对于计算机来说，"忘记"一些东西就像删除文件一样简单。说实话，在处理数据方面，人类远不如人工智能。在上文所举例子中，人类或许能够执行与计算机相同的任务，只不过在人类识别和标记图像所花费的时间内，人工智能算法可以完成对100万个图像的分类。毫不夸张地说，计算机的绝对处理速度使它们能够在涉及数学计算和数据处理的任何任务中超过人类。

但是，人的大脑却有其他非常强大的优点。人类可以基于本能、常识，在信息稀缺的情况下做出抽象决定。比如，人类的孩子在很小的时候就能学会归纳整理物品。但对于人工智能算法，执行相同任务需要数年的训练。科技评论家尼古拉斯·卡尔（Nicholas Carr）在被问及智能机器与人类的区别时曾表示："计算机没有疯狂地带，它们不能矛盾，也无法设计去处理模棱两可的情形，它们也没有直觉。"

举个例子，当人类第一次接触视频游戏时，他们可以快速地将日常生活中的知识转移到游戏环境里，像远离坑、壁架、火和尖尖的东西（或跳过它们）。他们知道必须要躲避子弹、避免被车辆撞到才能生存。但对于人工智能来说，每个视频游戏都是一个新的未知的世界，它必须从头学习。人类可以发明新事物，包括已经引领人工智能时代的所有技术，而人工智能只能获取数据，进行比较然后提出新的组合和演示,并根据之前的序列预测趋势。

人类可以感受、想象、梦想,会无私或贪婪,会爱恨交加,会撒谎,甚至有时候会混淆事实。所有这些情绪都可以以理性或非理性的方式改变他们的决定。人是一种由肉体制成的不完美的有缺陷的生物,每一个人都以自己的方式独特生存;而人工智能,从核心上讲,是由数十亿个无生命的电路运行的微小的电流。

2.显性智慧的人工智能

显性智慧是人类在隐性智慧所定义的问题框架内解决问题的能力,是需要获取信息生成知识和运用知识解决问题的能力,是外显的操作性能力,因而可以被机器模拟。简单地说,人工智能擅长处理数据而不善于抽象思考。首先,即使是最复杂的人工智能技术,其核心也与其他计算机软件没有什么不同——以超快速率运行数据。人工智能及其分支,如机器学习和深度学习,只要研究员能将其转换为正确的数据集,就可以解决任何问题。

举个例子,图像识别。如果给出深度神经网络、深度学习算法的基础结构以及足够多的标记图像,人工智能就可以用非常复杂的方式进行数据对比,并找到定义每种类型对象的相关性和模式,进而实现用该信息标记之前从未见过的图像中的对象。当然,语音识别的过程也是如此:如果有足够多的人的声音的数字样本,人工智能神经网络就可以找到人的声音中的共同模式并确定某段录音是否属于那个人。如上线公测的阿里人工智能鉴黄语音反垃圾服务便是基于此理论,除识别色情图片、色情视频和色情文字外,也能通过人工智能鉴别语音。为了让人工智能智能机器具备识别多国语言和多地方言的能力,事先需要有一个训练学习的过程,对此阿里安全部产品专家表示:"可以把它想象成一个小孩,需要不断喂养、训练、学习,它才具备这样的能力。"比如学习广东话,除了从第三方公司购买训练素材外,还使用了阿里系统内视频平台上的粤语电视剧,来训练机器人学习。

实际上,我们所了解到的关于人工智能的应用,无论是进行人脸识别还是诊断癌症的计算机视觉算法,抑或是能够驱逐恶意网络流量的人工智能网络安全工具,甚至是玩电脑游戏的复杂人工智能项目,都有这样一个同样的规则。只不过,技术在不断改变和进步。

在人类与人工智能系统之间,人类始终是主体,人工智能系统则是人类求解问题的聪明工具。由于人工智能系统接受了人类所预设的求解目标和提供的专门知识,以此保证了人类主体与客体之间实现主客双赢的策略:主体赢,因为实现了主体的求解目标;客体赢,因为遵守体现在知识中的客观规律。

(二)何为人工智能

人工智能(Artificial Intelligence,英文缩写为 AI)第一次正式被提出是在 1956 年召开的达特茅斯夏季人工智能研讨会上,但当时并没有对其进行准确的定义。随着人工智能的不断发展,目前国外有代表性的定义有:麻省理工学院的 Patrick Henry Winston(1984)指出,人工智能就是研究如何使计算机去做只有人才能做的智能的工作。[①]斯坦福大学的 N.J.Nilsson 认为,人工智能是关于知识的科学——怎样表示知识以及怎样获得知识并使用知识的科学。[②]

此外,国内对于人工智能的综合讨论,始于 1980 年自然辩证法学会组织召开的人工智能讨论会,这次会议开启了国内对人工智能的整体性研究之路。之后数年间越来越多的学者开始对人工智能的本质、定义、框架、影响等诸多问题展开了讨论。如蒋新松指出,人工智能是用计算机去模拟人的智能行为。[③]刘伟认为,未来的人工智能很可能是一种集科学技术、人文艺术、哲学宗教为一体的有机化合物,是各种"有限理性"与"有限感性"相互叠加和往返激荡的结果。[④]直到现在,也有一些研究者是这样对它下定义的:"AI,全称是 Artificial Intelligence,人工智能的意思,是研究、开发用于模拟、延伸和扩展人的智能的理论、方法、技术及应用系统的一门新的技术科学。"

人工智能从诞生以来,理论和技术日益成熟,应用领域也不断扩大。可以设想,未来人工智能带来的科技产品,将会是人类智慧的"容器"。人工智能是一门极富挑战性的科学,从事这项工作的人必须懂得计算机知识、心理学和哲

---

① Winston P H, *Artificial Intelligence*, 1984 (Addison-Wesley Longman Publishing Co. Inc), pp.75—80.

② Nilsson N J. "3-Neural Networks," *Artificial Intelligence A New Synthesis*, 4, no.2 (1998):37—57.

③ 蒋新松:《人工智能及智能控制系统概述》,《自动化学报》1981 年第 2 期。

④ 刘伟:《关于人工智能若干重要问题的思考》,《人民论坛·学术前沿》2016 年第 7 期。

学。人工智能包括十分广泛的科学门类,由不同的领域组成,如机器学习、计算机视觉等。总的说来,人工智能研究的一个主要目标是使机器能够胜任一些通常需要人类智能才能完成的复杂工作。

二、人工智能的发展历程

作为一个新兴的科技领域,"人工智能"的含义非常宽泛,涵盖了一切利用计算机技术模拟、拓展和延伸人类心智(Mind)活动(譬如知觉、联想、预测、规划和运动控制)的理论、方法、技术及其应用。人工智能最早出现于20世纪四五十年代的美国,随着人机交互、机器学习、模式识别等人工智能技术的提升,尤其是在移动互联网、大数据、超级计算、传感网、脑科学等新理论新技术以及世界各国经济社会发展强烈需求的共同驱动下,人工智能技术发展迅猛,正在全球范围内掀起一场"机器人革命",有望成为"第三次工业革命"的一个重要增长点。

(一)六个发展阶段

1.第一阶段:萌芽期(1956年之前)

17世纪法国物理学家、数学家布莱士·帕斯卡,18世纪德国数学家、哲学家莱布尼茨、20世纪的阿兰·图灵、冯·诺伊曼等为人工智能的发展做出了十分重要的贡献,这一阶段是人工智能发展的萌芽期。

2.第二阶段:第一次高潮期(1956—1966年)

1956年夏季,人工智能进入了一个全新的时代,诞生了Carnegie-RAND协作组、IBM公司工程课题研究组和MIT(麻省理工学院)研究组。人工智能取得了喜人的成果,1956年开启了以计算机程序来模拟人类思维的道路,人工智能学科在这样的氛围下达到第一次高潮期。

3.第三阶段:低谷期(1967—80年代初期)

1967年之后,人工智能的发展遇到了很大的阻碍,甚至进入低谷,但是相关科学家没有灰心,在为下一次人工智能的发展高潮做着积极的准备。

4.第四阶段:第二次高潮期(80年代中期—90年代初期)

人工智能开始进入市场,在一些应用场景的优秀表现让人们意识到了它的广阔前景,由此进入第二次发展的高潮期,并进入一个黄金阶段。

5.第五阶段：平稳发展期(90年代初期—2006年)

互联网的快速发展使得人工智能转换为互联网下的分布式形式，也极大地解决了前期的一些问题。Hopfield多层神经网络模型的应用，使人工神经网络研究与应用再度出现了欣欣向荣的景象，助推了人工智能的发展。

6.第六阶段：蓬勃发展期(2006年至今)

2006年辛顿(Hinton)等人提出"深度学习"神经网络，提供了针对图像识别、语音识别和自然语言处理领域诸多问题的最佳解决方案，人工智能开始进入蓬勃发展期。

(二)三起两落的坎坷命运

自1956年达特茅斯会议提出人工智能概念以来，人工智能的发展已经经历了两起两落，现在正迎来第三次发展高潮。由于"制造出能够像人类一样思考的机器是科学家们最伟大的梦想之一"(集智俱乐部，2015)，所以借助于大数据、深度学习等技术的突破，人工智能再一次进入发展的黄金时代。

人工智能第一次发展高潮在1956年达特茅斯会议之后。1956年，奥利弗·萨尔弗瑞德研制出第一个字符识别程序；1957年，纽厄尔和西蒙开始研究不依赖于具体领域的通用问题求解器；1963年詹姆斯·斯拉格发表了自动输出的积分表达式。但是，人工智能接下来的发展却遇到了瓶颈，机器定理无法得到证明。由于技术未能实现突破性进展，人工智能无法达成预期效果，因此陷入了一段沉寂期。(Daniel Crevier, 1993)

人工智能第二次发展高潮自20世纪80年代开始，此次发展形成了符号学派、连接学派、行为学派三大学派。符号学派认为，人工智能是关于如何制造智能机器，特别是智能计算机程序的科学和工程，并不局限于生物学上的方法；连接学派认为，人类的智慧主要来源于大脑的活动，而大脑由一万亿个神经元细胞连接形成，我们可以通过模拟神经元的集体活动来模拟大脑的智力；行为学派的研究出发点则与符号学派和连接学派完全不同，他们从自然界中相对低等的生物如昆虫、蚂蚁等出发，来理解智能的产生。但是，随着时代发展，引入的问题越来越多，分化发展的领域也越来越多，人工智能在曲折中不断发展。

三、人工智能的应用方向

到了 21 世纪,数据收集和整理、算法(尤其是机器学习)以及高性能计算等技术的突飞猛进促成了人工智能的革命性进步。在以往被认为是机器"无法取胜"的围棋比赛中,AlphaGo(阿尔法围棋)成功击败人类世界冠军,赋予了这场获胜历史性的意义。而变革不仅发生在理论前沿,被视为未来超级智能系统的先锋——各类应用机器学习技术的分析工具已现身市场,在金融、医疗、制造等行业应用发展迅速。

(一)金融领域

以银行业为例,随着智能柜员机的普及使用与互联网金融的发展,中国现金流通量急剧减少,电子货币与线上交易量大幅攀升,仅 2014 年底,银行离柜交易金额就达到 1762.02 万亿元。支付技术的进步与普及,极大简化了交易的流程,提高了交易与支付效率。除了支付与交易领域之外,人工智能在金融行业的应用还包括智能投资顾问、预测和反欺诈、信用与风控、安全监控预警、智能营销客服、投资决策、保险定价等方面。

(二)语音识别领域

中国科技企业科大讯飞,曾在两会上向李克强总理展示了其最新成果。就目前的技术水平,语音识别系统有效中文识别率已经高达 97%,李克强总理的发言通过系统输出文字基本无误。智能翻译软件包括有道翻译、谷歌翻译等,直译准确率也已经达到很高的水平。

(三)医疗领域

2012 年 9 月,美国食药监督管理局批准通过一种自动超声系统,用以检查女性乳腺癌。该设备由 U-System 公司设计,旨在帮助识别大约 40% 乳房组织致密的女性是否患有肿瘤,而标准的乳房 X 光检查技术通常无法查出。虽然医生仍需要解释图像,但是只需 3 分钟就可做到,而以往则需要 20—30 分钟。2008 年发表在 *New England Journal of Medicine* 上的一项研究发现,当一个放射科医生配以计算机辅助检测系统时,其结果与两位医生分别解释图像一样好。美国新泽西一家公司研发的焦点 GS(通用合成器)成像系统,对于宫颈癌的分析与诊断比单靠人类要准确得多,并且检查速度提升 1 倍,人员需求却减少很多。

(四)制造领域

除了自动化智能生产机器人之外,3D打印技术也成为人工智能发展的重要技术。3D打印采用计算机控制的打印头,通过反复堆积薄层材料,组合成固态物体。英国Softkill Design建筑设计工作室曾经提出3D打印房屋的概念,据工作人员介绍:"这将花费三个星期的时间将所有组件制造出来,在做好准备工作的前提下,组装它们需要一天时间。"不仅在建筑领域,很多复杂的事物,包括人体脏器,在理论上都可以通过3D打印制造出来。目前,3D打印技术在珠宝、鞋类、工业设计、汽车、航天、医疗等领域都有所应用。

随着大数据、云计算、互联网、物联网特别是人工智能的迅速发展,以信息化、智能化为特征的第四次工业革命正在全球范围内展开。步入智能化社会,人工智能技术的研发、掌握和运用将成为国家竞争力的核心。因此,无论是发展中国家还是发达国家都在积极实施人工智能研究和发展战略规划,以期占领先机,如2016年美国发布《国家人工智能研究和发展战略计划》,2019年2月《维护美国人工智能领导地位的行政命令》就正式出台。除了美国的"工业互联网"外,日本的"工业智能化"、德国的"工业4.0"、英国的"工业2050"都是要解决如何利用人工智能推动社会生产力的进一步提高。

第二节 人工智能的展望与质疑

一、我国人工智能的发展现状

"人工智能"一词最早是在1956年达特茅斯会议上提出的。它在产业结构中催生新技术、新产品的同时,也引发了经济结构的重大变革,成为新一轮产业变革的核心驱动力,有"经济发展新引擎""社会发展加速器"之称,并于2017年3月的两会上首次出现在李克强总理的《政府工作报告》中。

人工智能作为一项引领未来的战略技术,在推动经济发展、加速技术进步和保障国家安全等方面具有重要作用。世界主要发达国家都高度重视,出台政策,加大资金和人力资源的投入,加快促进人工智能技术和产业发展,积极争夺在这一领域的主导权。如美国的《为人工智能的未来做好准备》(2016年5月)、英国的《人工智能:未来决策制定的机遇和影响》(2016年12月)、法国的《国家人工智能战略》(2017年4月)、日本的"新机器人战略"(2015)。同这些主要发达国家一样,我国政府也高度重视人工智能发展并制定了发展战略,2016年3月"人工智能"被写进"十三五"规划纲要,此后,不断有规划、战略出台,如《"互联网+"人工智能三年行动实施方案》(2016)、《关于印发新一代人工智能发展规划的通知》(2017)以及《促进新一代人工智能产业发展三年行动计划(2018—2020年)》。根据互联网数据中心(IDC)数据显示,在未来5年内,人工智能技术将应用到多个行业,也将极大提高这些行业的运转效率,如教育可以提升82%、零售业可以提升71%、制造业可以提升64%、金融业可以提升58%。目前,我国人工智能发展已经具有一定的技术水平,在部分方向上取得了阶段性成果并向市场化发展,在大数据、智能机器、机器人等领域聚集了一批人工智能企业。截至2018年6月,我国内地有人工智能企业1011家,美国有2028家,仅次于美国位列世界第二。2017年我国人工智能市场规模比2016年增长67%,达到237.4亿元;作为我国制造业大省的广东省2018年机器人增加值增长28.3%,智能电视增长17%。人工智能的快速发展,还可以从融资上反映出来,2017年我国的人工智能投融资总额为277.1亿,占全球融资总额的70%,融资事件1208笔,占全球融资笔数的31%。我国已经成为在人工智能融资方面最"吸金"的国家。

  中国人工智能产业的发展可以分为以下三个阶段:①萌芽与技术探索阶段(1978—2000年)。中国于1978年进入人工智能技术的初步探索与研发阶段,1980年召开的人工智能讨论会开启了国内对人工智能的整体性研究之路。②研发与起步阶段(2001—2012年)。在互联网技术和信息技术的支撑下,人工智能理论和相关技术获得快速发展,并成功应用于智能工业机器人、博弈、手写体识别等领域。③形成和发展阶段(2013年至今)。该阶段技术蓬勃发展,人工智能相关领域增长迅猛,人工智能产业链趋于完善。根据乌镇智库所发布的《乌镇指数:全球人工智能发展报告(2017)框架篇》,2014年开始,中国新增的人工智能企业数量占累计总数的55.38%,融资规模占总数的93.59%,

专利申请数累计达到 15745 项。在国内人工智能产业链中,虽然 80% 的企业属于初创型企业,但是仍然有一批新兴企业凭借技术、资金与数据等方面的优势构成了中国人工智能行业的先行军,这其中既包括以 BAT(百度、阿里巴巴和腾讯)为代表的传统巨头,也有科大讯飞这样的细分领域龙头。此外,从宏观发展层面来看,中国人工智能产业的发展也获得了国家战略层面的政策支持。从国家所颁布的一系列与人工智能相关的政策来看,人工智能已经成为国际竞争的新焦点、经济发展的新引擎。在国内业界的大力支持和不断推动下,人工智能已经上升到国家战略发展层面,结合社会各界的资金支持、国家充足的技术人才储备以及大量的研发投入,相关产业必将进入蓬勃发展的新阶段。

党中央、国务院高度重视人工智能等新一代信息技术产业的发展。习近平总书记在全国科技创新大会上指出,实施创新驱动发展战略,是应对发展环境变化、把握发展自主权、提高核心竞争力的必然选择,是加快转变经济发展方式、破解经济发展深层次矛盾和问题的必然选择,是更好引领我国经济发展新常态、保持我国经济持续健康发展的必然选择。2015 年以来,国务院及相关部委出台了《中国制造 2025》《国务院关于积极推进"互联网+"行动的指导意见》《新一代人工智能发展规划》《"互联网+"人工智能三年行动实施方案》等重要文件,对人工智能等新一代信息技术产业发展做出部署,提出了针对我国新一代人工智能发展的指导思想、战略目标、重点任务和保障措施。按照马克思主义的观点,科学技术的发展必然引发生产方式的变革,"随着生产方式即谋生方式的改变,人们也就会改变自己的一切社会关系","随着一旦已经发生的表现为工艺革命的生产力革命,还实现着生产关系的革命"。[1] 马克思主义者认为,科学技术不是孤立存在的,而是与历史和社会具有深刻的交互联系。"科学是一种在历史上起推动作用的、革命的力量","自然科学每前进一步,就是为人的解放做一份准备"。[2] 显而易见,马克思主义作为建立在批判继承和吸收人

---

[1] 中共中央马克思恩格斯列宁斯大林著作编译局编《马克思恩格斯全集》,第 47 卷,人民出版社,1979,第 473 页。

[2] 中共中央马克思恩格斯列宁斯大林著作编译局编《马克思恩格斯文集》,第 3 卷,人民出版社,2009,第 602 页。

类关于自然科学、思维科学、社会科学优秀成果基础之上的、关于全世界无产阶级和全人类彻底解放的学说，面对人工智能这样一项将对人类社会具有巨大变革意义的技术创新，应当而且也必须发出旗帜鲜明的强有力声音，并做出具有深刻洞察力的解读。

二、人工智能的发展趋势

各方尽管对人工智能与机器人的认识和趋势预测等方面还存在着不同程度的差异，但普遍认为人工智能和机器人等技术很有可能成为助推经济增长和社会进步的重要驱动力，成为引发社会全体变革的重要技术，也必将为经济社会发展带来空前的巨大机遇和挑战。

（一）人工智能与机器人技术

目前，人工智能更多处于类人行为（模拟行为结果）的发展阶段，离类人思维（模拟大脑运作）、泛智能（不再局限于模拟人）的发展阶段还尚有距离；正处于专有人工智能的初级应用阶段，离通用人工智能、超级人工智能的应用阶段还有很大距离。从近期影响看，人工智能对产业和就业的冲击还是局部现象且相当有限。但从长远影响看，人工智能将对产业和就业各领域各环节造成剧烈冲击，重构产业生态体系。

当前，从全球看，发达国家的机器人发展在行业领域中的应用已经步入成熟发展阶段，而我国尚处于机器人快速发展的初期阶段。随着我国人口红利的逐渐消失和劳动力成本的快速上涨，无论是工业机器人还是服务机器人，都将继续呈现出大幅增长的趋势。从近期影响看，一些企业反映，不仅低端劳动力正在被机器人替代，具有一定经验和技术的工人、拥有较高技能甚至是知识工作者也将被逐步替代。从长远影响看，机器人技术不仅将改变许多行业现有的业务运营模式，而且也会在物流、医疗保健、公共事业和资源等领域取得长足发展。[1]

---

[1] Manyika J、Chui M、Bughin J, "Disruptive Technologies: Advances that will transformlife, business, and the global economy," *McKinsey Global Institute*, (2013), p.136.

(二)人工智能发展前景

人工智能未来发展前景广阔,应用领域也非常广泛。工业机器人、无人机技术、自动驾驶、智能医疗、新材料、3D打印、教育、能源等行业,都需要以人工智能技术为依托。2012年,全球的人工智能领域投资总额还只有5.89亿美元,截至2016年底,这项投资已经增长到50多亿美元。这一剧烈变化,充分说明了人工智能发展的前景与重要性。对于中国来说,人工智能技术革命则显得更为重要,人工智能的发展已然成为中国经济新的增长点。根据麦肯锡预测,人工智能自动化可以为中国带来每年0.8—1.4个百分点的经济增长。

具体细分到各个领域,人工智能可以带来各项重大突破。在医疗领域,人工智能的应用将可以大大提升病症的确诊程度,为病患提供更为准确清晰的病情分析报告。通过基因技术及智能治疗系统,甚至有望治愈癌症和阿尔兹海默病。在环境控制领域,人工智能的运用将可以帮助人类更好地进行环境监测与分析,使人类可以更加准确、快速、高效地应对环境和气候问题。

1.语音识别领域

通过完善智能语音系统对世界各国语言的识别能力,完善语音识别准确率,可以帮助更加准确、快速地记录各项语音信息。而在翻译领域,通过扩大语言库的储备,完善语言翻译的逻辑与美感,机器翻译将可以完全取代人工翻译。同理,在教育领域,得益于远程教育平台的搭建,学生可以随时随地在网络上获取海量的教育资源,语音与翻译技术的成熟,将会为各国学生的交流提供极大的便捷。

2.金融领域

智能柜员机与互联网金融都只是人工智能技术最初级的应用,属于弱人工智能范畴。在未来,我们可以期待更高级的智能金融机器人,可以为人类提供包括理财、分析、预测、交易等全流程的金融服务。而这些全过程的服务,都可以由机器人自动化运行,不需要银行工作人员的参与。例如,即使只是智能柜员机与互联网金融的发展,都使得中国工商银行一年减少柜员12042人,裁撤营业网点128个。

3.医疗领域

人工智能发展主要有三个方向:治疗前阶段、治疗阶段、治疗后及康复阶段。治疗前阶段涵盖辅助诊断、医学影像、虚拟助手等领域,这一部分,人工智能发展已经相对成熟,但是依然有广阔的发展前景;治疗阶段,药物、智能医疗机器人等都是发展重点,未来微型治疗机器人甚至可以直接进入患者体内,分析病情并进行治疗恢复,真正实现微创、无创治疗;治疗后及康复阶段,健康管理、可穿戴设备等都是发展热点。设备检测的及时性、准确性、方便性,都是人工智能发展的方向。

2016年10月至12月,美国白宫连续发布三份人工智能报告,分别是《为人工智能的未来做好准备》《国家人工智能发展与研究战略计划》《人工智能、自动化与经济》。由此可见,人工智能技术发展对于美国甚至是全球各个国家的重要战略意义。一方面,人工智能技术应用可以为国家带来政策机遇。人工智能技术应用不仅可以提高政府的执政效率和水平,还可以提升社会整体福利。另一方面,人工智能发展应用广泛。制造、物流、金融、交通、航天、通信、教育、医疗等行业都可应用人工智能技术甚至是深度融合。所以,掌握了人工智能核心技术,就可以掌握国家安全,维护话语权。三份人工智能报告,不仅对美国,也对中国具有重要的参考意义。

三、人工智能带来的疑音

(一)差评如潮的"996"

1. 什么是"996"

"996"工作制是指工作日早9点上班,晚上9点下班,中午和傍晚休息1小时(或不到1小时,总计工作10小时以上,并且一周工作6天的工作制度),是一种违反《中华人民共和国劳动法》的工作制度。

案例:

2016年9月1日,有消息称58同城将实行全员"996"工作制,且没有任何的补贴。9月2日,58同城官方回应称,996是为了应对9月、10月业务高峰阶段,更好地服务集团客户及平台用户,而每年的同时期都会有常规性的动员。并表示集团并不会强制要求所有人一定要按照"996"的规定来安排工作。

2019年1月下旬,一家名为"杭州有赞科技"的公司,在会上宣布,今后将实行"996"工作制,即每天早9点半到岗,一直工作到晚上9点。遇到紧急项目时,每周工作6天,每天工作时间可能会更久。除了要求员工每天工作10多个小时外,有参与年会者还爆料,该公司高管发言时曾提出如果无法将工作和家庭妥善平衡,可以选择离婚。

在此以前,来自济南浪潮集团内部的"奋进者申请书",要求员工必须每周自愿工作6天,每天工作12小时,自愿放弃所有带薪年假,自愿进行非指令性加班。不仅如此,"奋进者"还要在春节、国庆等节假日无条件加班,随叫随到。

2019年3月27日,一个名为"996ICU"的项目在GitHub(代码托管服务平台)上传开。程序员们揭露"996ICU"互联网公司,抵制互联网公司的996工作制度。"996ICU"的发起人呼吁程序员们进行揭露,将超长工作制度的公司写在"996公司名单"中,在一周之内,华为、阿里巴巴、蚂蚁金服、京东、58同城、苏宁、拼多多、大疆……一个个互联网头部公司先后上榜。这个名单还在不断加长,多益网络、马上金融、游族等中小公司的名字也陆续出现。

针对"996",4月12日,阿里巴巴通过其官方微信号上分享了马云有关996的一些观点:"996是你们的福气。"后来可能感觉不妥,当天下午马云又自圆其说:"任何公司不应该,也不能强制员工996;阿里巴巴从来也都提倡,认真生活,快乐工作!但是年轻人自己要明白,幸福是奋斗出来的!不为996辩护,但向奋斗者致敬!"

2.关于"996"的评价

《人民日报》评论文章《崇尚奋斗,不等于强制996》指出:我们的企业不仅要依靠员工的汗水,更要激发员工的灵感;不仅要让员工更努力工作,更要激发员工更高效的工作;不仅要靠加班工资的激励,更要让家人的陪伴、身体的健康、意义的饱满也成为工作的奖赏。

(二)对就业形势的影响

当前以人工智能为代表的第四次工业革命正在快速改变着我们的生产、生活环境,其中以对就业结构的改变尤为显著。因此,在产业结构调整、人口老龄化严重、人口出生率下降的背景下,如何将"人口红利"转化为"人才红利",成为人工智能背景下解决就业问题的关键。

第三节 人工智能的发展和资本有机构成学说之间的关系

随着科学技术的不断发展,人的自我意识进一步觉醒,经济社会的发展越来越体现为人通过主体力量的发展而实现对客观世界的改造。在人类的发展过程中,经历了不同的技术革命,在蒸汽机、冶金炼钢为主要技术突破的蒸汽时代,机器替代手工工具,人类的体力得到延伸和补充,扩大了参加就业的人群;在电力、内燃机和铁路为主要技术突破的电气时代,进一步解放了人的体力劳动,脑力劳动者和知识工人等在劳动力结构中所占比重增加;在互联网、计算机为主要技术突破的信息时代,体力劳动者的数量逐渐减少,数字劳动力在劳动者队伍中的比例逐渐增多,劳动者朝着数字化、个性化的方向发展;而在人工智能为主要技术突破的智能化时代,人工智能将逐步替代人的"体力劳动""脑力劳动"及"智力劳动",智力劳动者及创新劳动者的比重将不断增加。人工智能技术与经济生产的深度结合,不仅推动了科技和经济意义上的变革,也将对人们的生产方式、思维方式、劳动方式、劳动资料、劳动对象等产生重大影响。

2016年3月,谷歌旗下人工智能公司开发的智能系统AlphaGo在与韩国职业围棋选手李世石对局中,以4∶1取得了压倒性的胜利,成为第一个战胜围棋世界冠军的机器人,此时,再也没有人可以否认人工智能时代已经到来。近年来,全球都在重点关注人工智能领域,世界科技强国纷纷出台了相关的战略和规划,力争抢占人工智能产业的制高点。①

中国也逐步将人工智能上升到国家战略层面,2017年7月,国务院印发了《关于新一代人工智能发展规划的通知》,指出要将提升新一代人工智能科技创新能力作为主攻方向,发展智能经济,建设智能社会。国内外在人工智能方面的战略措施均证明,人工智能终将引发新一轮的技术革命。

一旦人工智能技术普及,劳动力结构必然要进行转型,人工智能替代劳动力的作用日益突出,越来越多的企业将开始向智能化靠拢,因此,未来经济发展如何处理好智能化背景下"中国智造"与劳动力就业之间的关系,新时代如何推动劳动力结构的顺利转型,未来劳动力结构的变化趋势及优化策略是什么,等等,一系列问题都是值得我们深入研究和探索的。

深入分析人工智能对劳动力结构的影响及其如何对人的劳动进行互补和替代,有助于研究人工智能时代人的发展及劳动力结构的新特征、不变资本与可变资本的新界限,有助于优化劳动力结构、促进产业升级及改革教育模式,有助于推动传统经济学及中国特色社会主义政治经济学等理论的研究。

一、人工智能的技术反思

关于人工智能技术反思层面的研究,主要是对人工智能技术应用产生的影响进行理性思考。理论界针对科技进步给经济社会带来的影响方面的研究由来已久,早期的学者主要集中于以机器应用为标志的科技进步给经济社会带来的影响。如马克思曾在《资本论》中分析了生产过程中工人和机器之间的关系,并提出了"机器排挤工人"的著名论断。② 诺伯特·维纳认为,机器人和人

---

① 2016年,美国相继发布《为人工智能的未来做好准备》《国家人工智能研究和发展战略计划》和《人工智能、自动化与经济报告》等3份报告。2016年,英国相继发布《机器人技术和人工智能》和《人工智能给未来决策带来的机遇及影响》等报告。2017年,日本政府制定了人工智能产业化路线图,计划分3个阶段推进利用人工智能技术。德国对人工智能、智能机器人的支持,主要集中在"工业4.0"计划当中,涉及的机器感知、规划、决策以及人机交互等领域都是人工智能技术的重点研究方向。

② 马克思:《资本论》,第1卷,人民出版社,2004,第448—450页。

必然要形成一种"替代关系",机器人的发展很可能会造成"人脑失去价值"。①

随着科学技术的不断发展,机器被赋予了"智能",人工智能对经济社会的影响更加广泛。凯文·凯利指出,我们的技术所引导的未来,就是机械将生物化,机器人将拥有人类的智能,更多地代替人类的脑力劳动。②杰瑞·卡普兰认为,人工智能会给社会带来巨大冲击,越来越多的工作岗位将被智能机器替代。③部分专家认为,人工智能应用前景广泛,但要真正赶超人类智能难度较大。④此外,国内学者也针对人工智能所带来的影响进行了很多研究。蔡自兴认为,人工智能除了能够创造可观的经济效益,也会带来劳务就业问题,导致人的心理出现问题,存在技术失控的威胁。王滢波认为,人工智能的发展会带来帕累托改进,虽然长期来看,所有人都将受益,但是短期内一定会有人承受转型的阵痛。

人工智能技术的出现,使得一些人对马克思劳动价值论产生了怀疑,认为在人工智能高度发展后,价值的创造已经不需要人的参与。事实上,从马克思主义的视角看,人的劳动依然是价值的唯一来源,人工智能仍属于劳动工具,人工智能系统依旧是人类劳动的结晶。虽然在这个过程中会出现人的异化,但是人工智能系统能够在更大程度上减少工人对机器的依赖,将人类从危险、繁重和枯燥的工作中解放出来。

当前,人工智能在便利和丰富我们生活、提高生产效率的同时,也使人们产生了一些疑问、质疑甚至恐慌:在无人工厂出现后,到底是人类还是机器在创造财富?人工智能取代了许多就业岗位,是否会导致普遍的失业?实际上,马克思、恩格斯早在19世纪就建立了以唯物史观和剩余价值学说为核心的马克思主义理论体系,对人类社会发展的一般规律做出过深刻的分析,事实上,他

---

① 诺伯特·维纳:《人有人的用处:控制论与社会》,陈步译,北京大学出版社,2010,第20—45页。

② Kelly K, *Out of Control: The New Biology of Machines*, (Addison Wesley Press, 1995), pp.239—242.

③ Kaplan J, *Humans Need Not Apply: A Guide to Wealth and Work in the Age of Artificial Intelligence*, (Yale University Press, 2015), pp.2—15.

④ Floridi Luciano, *The Fourth Revolution: How the Infosphereis Reshaping Human Reality*, (Oxford: Oxford University Press, 2016), pp.12—25.

们的理论对于新兴的人工智能仍然具有强大的解释力。

具体说来,在人工智能时代,人的劳动依然是价值的唯一来源。马克思认为,劳动是价值的唯一源泉,商品的价值是由生产商品所耗费的社会必要劳动时间决定的。但是人工智能技术的出现,使得一些人对劳动价值论产生了怀疑。随着以大数据、云计算、物联网、人工智能等技术推动的第四次工业革命的兴起,制造业呈现数字化、网络化、智能化的发展趋势。如果说在前三次工业革命中,生产过程始终离不开人的参与的话,那么随着第四次工业革命的深入推进,工厂中从事直接生产的工人数量将会不断减少,目前已经出现了完全由机器人等自动化设备和人工智能系统构成的无人工厂。据此有人认为,在人工智能高度发展后,价值的创造已经不需要人的参与。

从马克思主义的视角看,尽管无人工厂的制造过程无人参与,但人的劳动依然是价值的唯一来源:

首先,人工智能仍属于劳动工具。与机器替代笨重、繁杂、肮脏、危险的体力劳动不同,人工智能不但能够取代一部分体力劳动(如机器人等智能设备的使用),而且能够替代一部分智力劳动(如智能化的进货、排产、发货)。智能化生产线自不必说,与机器设备一样属于生产工具的范畴,以软件代码、算法形式存在的人工智能系统虽然具有无形性,但仍然是生产力水平发展到一个新阶段的新型生产工具。2018年3月,美国智库国际战略研究中心(CSIS)发布《美国机器智能国家战略》,用"机器智能"取代了2016年以来美国总统行政办公室、国家科技委员会接连发布的三份报告中"人工智能"的提法。"机器智能"的概念表明,人工智能系统可以看作是具有某些人类智能的机器,与传统的机器设备并无本质的不同。

其次,人工智能系统是人类劳动的结晶。人工智能系统的物理支撑包括芯片、传感器、计算机、服务器、机器人以及物联网、移动互联网、云计算和大数据等基础设施,在软件层面包括基础软件、嵌入式软件、App以及更为底层的算法和代码,其研究、开发、生产都是人类劳动的结晶。马克思指出:"机器总是全部地进入劳动过程,始终只是部分地进入价值增值过程。"同样,在人工智能系统参与生产过程时,物化在人工智能系统之中的劳动会发生价值转移,逐步转移到无人工厂生产的新产品中去。

再次，人工智能系统的开发属于复杂劳动。人类的劳动包括重复性的简单劳动和创造性的复杂劳动两类。相比于在生产流水线上重复一两个简单装配动作的劳动，发明流水线上的机械设备和工艺流程的劳动就属于复杂劳动，开发人工智能系统属于当代最需要创造力、最复杂的人类劳动之一。少量的复杂劳动可以等于多量的简单劳动，故而在同等的生产时间里，从事人工智能系统开发的复杂劳动比简单劳动可以创造更多的价值。

最后，无人工厂的运作离不开人类的参与。无人工厂看起来没有人参与生产过程，事实上，只不过是人类的工作从现场转向了后台。无人工厂本身的设计、建设，机器人等生产设备的制造、安装、调试、维护，针对不同产品生产线运行代码的开发，生产数据的处理以及生产流程的优化等，都需要人类的劳动投入。可见，在智能化工厂中，虽然人类没有直接参与产品的生产，但是间接参与了价值的创造，因此，归根溯源，在人工智能时代，劳动依然是价值的唯一来源。人工智能只是将人类从危险、繁重和枯燥的工作中解放出来而已。

马克思在《资本论》中指出，资本家为了追求剩余价值，会采取增加劳动时间和提高劳动强度的方式加强对工人的压榨。在资本主义发展的早期，工作日工作12小时是很普遍的，甚至得到法律的认可。资本毫无约束地压榨劳动力，工人处于非常悲惨的境地，身体受到严重摧残，并且只能勉强维持生活。在资本的压榨下，人的物质生产与精神生产及其产品变成异己力量，反过来统治人，即人的异化。卓别林在其经典影片《摩登时代》中形象刻画了人的异化——工人在大规模生产的流水线上不停歇地重复同样的动作，机器不停止，他便无法休息；即使机器停止了，由于惯性，他仍然机械地重复同样的动作。本来是人操作机器，结果人却成为机器的奴隶。马克思预言了生产力的发展对人的解放，他指出"机器能够完成同样的劳动"，而且机器替代工人同样遵循价值规律，只是由于生产力的大幅度提高，人类只需要劳动更少的时间就可以创造出满足人类自身发展的物质和精神文化产品。人工智能作为一种科学技术，能够显著地提高生产力水平，一些对于人类而言非常复杂、耗时的工作，依靠强大的计算能力和算法，人工智能系统可以在很短的时间内完成。例如，摩根大通原先需要律师和贷款人员每年花费36万小时才能完成的工作，用一款基于人工智能的金融合同解析软件几秒钟就可以完成；借助于人工智能系统，高盛纽约总部现金股票交易柜台的交易员从 2000 年的 600 名减少到两名。就像历史上曾经发生的故事一样，人工智能系统能够在更大程度上减少工人对机器的依赖，将人类从危险、繁重和枯燥的工作中解放出来。

(一)技术进步

技术变革会带来生产方式的变化，继而影响生产力的发展。马克思说过，资本主义诞生这 100 年的生产力增加超越了以往全部时代之和。而这个增加超越的过程是一个波动上升的过程。所以，新技术的产生、发展、传播、应用到普及并不是一蹴而就的，而是需要长时间的开展进行的。

从第一次工业革命开始，人类已经经历了三次完整的技术革命，这三次技术革命对生产力的促进作用是巨大的。但是，绝对值的增长在基数不同的情况下是不可以直接进行比较的。所以，我们需要一个相对值的增长率指标来比较自第一次工业革命以来人类劳动力的增长情况。本书选用了联合国调查报告中采用的两个指标——人均 GDP 增长率和每小时劳动力产出增长率作为研究对象，选取了英国(第一次工业革命中心国家)和美国(第二次工业革命中心国家)的数据进行分析。

(二)三次工业革命的 GDP 增长

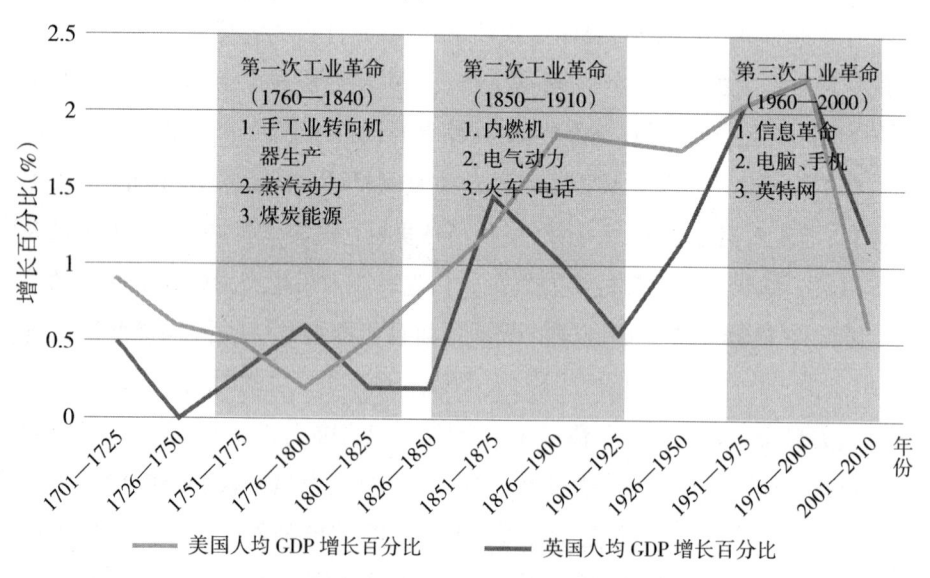

图 5-1　英国、美国 18—21 世纪人均 GDP 增长率

数据来源:《麦迪逊计划研究报告》。

图 5-1 向我们展示了美国、英国自 18 世纪开始到 21 世纪的人均 GDP 增长率。从曲线的走向不难看出,从 18 世纪初到 20 世纪末,美国和英国的人均 GDP 增长率总体上是向上的,英国从 0.5%增长到了 2.2%左右,美国从 0.9%增长到 2.2%左右。这正说明,总体上来说,技术的变革对整个社会的生产力是起到促进作用的。

第一次工业革命率先在英国开展,蒸汽动力的使用使得劳动方式从手工业朝着机器大工业转变。由于英国是工业革命的中心,所以从工业革命开始,英国的 GDP 增长率就呈现出增长的态势,而珍妮纺纱机的使用也确实促进了纺织业的革命性变革。美国在同时段之内的增长率却是呈现下降趋势的,一部分原因正是由于新技术的传播需要时间,特别在 18 世纪,信息的传输速度缓慢,所以即使处于同一时期,生产力的差异也非常大。而在技术传播过程完成之后,到第一次工业革命的后期,美国的增长率也呈现出了稳定上升的趋势。

到第二次工业革命,中心由英国转向了美国。电气动力的使用使得机器与动力方面都产生了巨大的革新,电话与铁路运输的产生也使得信息传输发生革命性的变革,远距离的传播成为可能。所以在第二次工业革命的前期,英国与美国都呈现出了增长的态势,这正是因为电话的使用使得技术可以快速传播。但是由于技术中心的转移,美国得以维持更长时间的增长。

第三次信息革命的开展,更是将人类社会带入一个信息大爆炸时代。网络、计算机的产生使得海量数据和信息传输成为现实,人类也开始进入大数据时代。而信息时代的技术革新与传播速度相对于前两次技术革命来说是有质的变化的,信息传播不再是阻碍生产力同步发展的问题,所以,无论是在英国还是在美国,第三次技术革命的开展都实现了几乎同步的增长。

(三) 劳动生产率

同之前的 GDP 分析不同的是,劳动生产率的分析呈现出增长缓慢甚至是下降趋势。从图 5-2 中,不难看出,在第二次工业革命期间,无论是英国还是美国,劳动生产率的增长都是非常缓慢的。而对此给出的一个比较普遍的解释是技术传播缓慢。在英国,技术变革集中于少数企业,并没有能够及时扩散到整个社会,所以产生的影响也是有限的。

而在第三次工业革命开始以及 2008 年金融危机之后,劳动生产率的增长

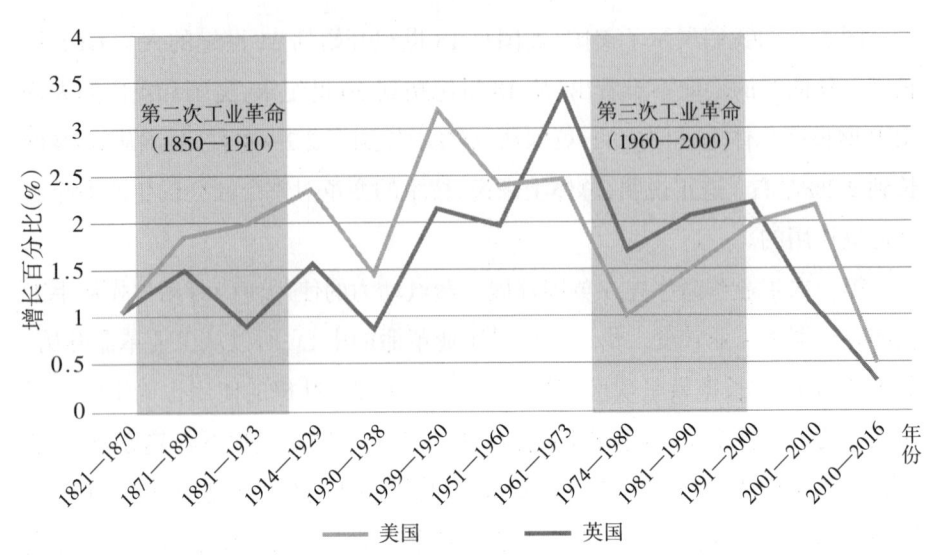

图 5-2 英国、美国单位劳动生产率的增长率变化趋势

数据来源：《联合国人工智能研究报告》。

甚至呈现大幅下降之势。这与信息时代的传播速度是完全脱节的。因此，才会产生关于"生产力悖论"的探讨。技术的快速发展以及传播方式的变革，似乎并没有对劳动生产率的提高产生太大的促进作用，这与"科学技术是第一生产率"的理论说法是不统一的。

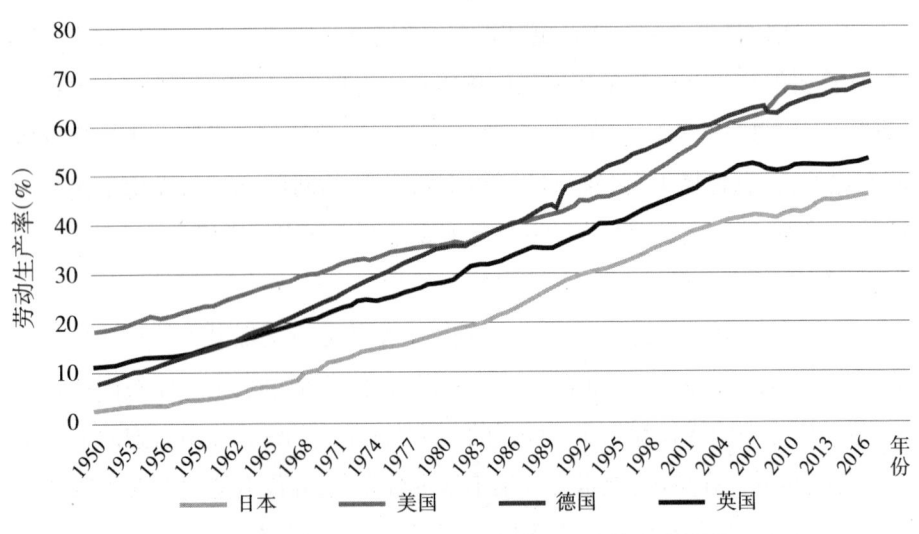

图 5-3 选取的发达国家和地区劳动生产率变化趋势

数据来源：世界大型企业联合会数据库（2018）相关数据。

第五章 人工智能的普及与发展对劳动就业的影响

从图 5-3 选取的发达国家的趋势来看,自 20 世纪中叶以来,整体劳动生产率是呈现上升趋势的。美国的情况是一直稳定保持低速增长,进入 21 世纪之后,增速进一步降低。英国的情况与美国基本一致。日本在经过前期的高速上升之后,也进入稳定低速增长期,其基本趋势与英国、美国基本相同,但是总体水平低于英国、美国。德国在 20 世纪 60 年代开始出现快速增长,超越英国之后,也曾在一段时间之内超越美国。但是进入 21 世纪之后,增速开始放缓,生产率增长水平也降到美国之下。可见,技术的进步与发展能够持续带动发达国家劳动生产率的增长。

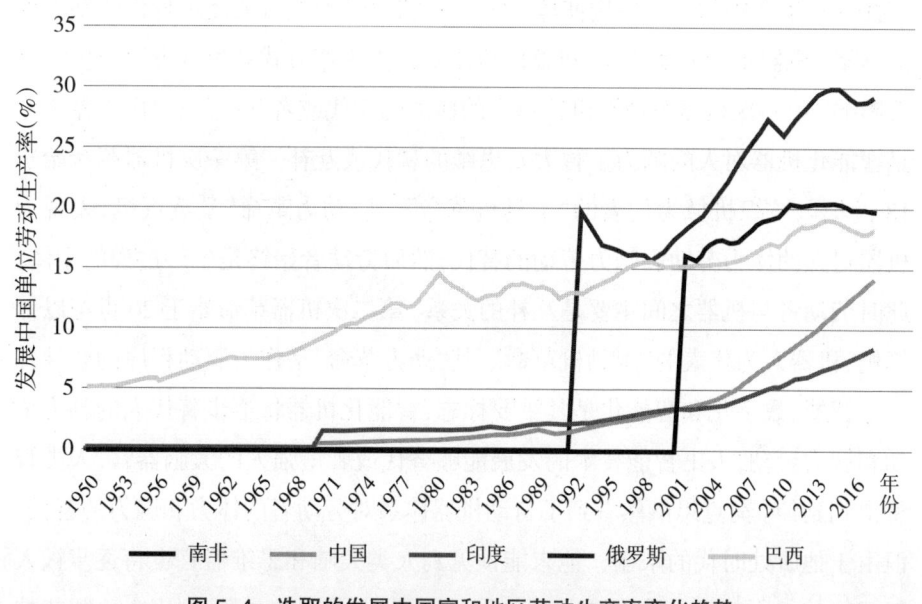

图 5-4 选取的发展中国家和地区劳动生产率变化趋势

数据来源:世界大型企业联合会数据库(2018)相关数据。

再看图 5-4 发展中国家的情况,俄罗斯在 20 世纪 90 年代曾经经历过劳动生产率的下降。在进入 20 世纪后,劳动生产率大幅提升,其间有过小幅下滑,但是总体呈现出震荡上升的趋势。南非和巴西在进入 21 世纪后,都呈现出震荡下降的趋势,单位劳动生产率并没有能够得到提升。而中国和印度的劳动生产率变化趋势几乎相同,在经历长期的低速增长甚至是无增长之后,在 21 世纪迎来逆转,开始出现大幅度上升,中国的增长速度明显超过印度。两国都呈现出稳定快速增长的趋势。

二、劳动力结构的变化

(一)机器代替人

马克思指出:"机器的生产率是由它替代人类劳动力的程度来衡量的。"早期的机器,主要用来代替人类的体力劳动,延伸和拓展人类的四肢和五官,实现人类体力的放大。自动机器体系的出现,不仅帮助人类摆脱了四肢及五官等生理器官的局限性,也帮助人类摆脱了思维器官的限制,推动了物化劳动对活劳动的替代。马克思《资本论》第1卷关于相对剩余价值生产的篇章,分析了科学技术在生产中的自觉应用使体力劳动和脑力劳动先后被逐步替代的基本理论框架。机器革命的实质是,机器的应用对人类生产方式和思维方式产生了巨大影响。第一次机器革命是机器对人的体力的替代或者互补,第二次机器革命是智能化机器对人的脑力、智力及思维的替代或互补。第一次机器革命始于18世纪以纺织机械为代表的"工具机革命",其"动力革命"是蒸汽机,表现为机器对人的体力劳动和脑力劳动的替代,然而劳动者始终是生产过程的主体,此时劳动者与机器之间主要是互补的关系。第二次机器革命始于20世纪以计算机、机器人为代表的"工具机革命",其"动力革命"是作为驱动程序的软件和人工智能,数字化和智能化是其重要标志,智能化机器将逐步替代人的脑力劳动和智力劳动,人工智能技术的发展能够替代或者增强人的大脑器官,人类智慧得到延伸。马克思虽然看到了自动机器体系对劳动者的体力和脑力的替代,但由于他所处时代的限制,他未能预见到人类大脑和思维器官也将逐步被人工智能技术所替代。计算机出现以后,机器发生了质的改变,利用人工智能技术驱动的智能机器人对劳动者体力劳动、脑力劳动以及智力劳动的替代,使人类劳动根本无法与之相竞争,人类开始进入科学的社会智慧替代个人大脑思维器官的时代。随着人工智能技术的不断发展,人类将逐步迈入智能化时代,劳动者所面临的工作环境、工作方式及劳动对象将发生巨大变化,新时代的机遇和挑战并存,人工智能技术将对经济社会产生翻天覆地的影响——无论是从影响的规模和范围来说,还是从影响的速度来说。

(二)机器人代替人

马克思在《资本论》中指出,资本有机构成不变时,工厂对劳动力的需求随积累的增长而增长。但是随着资本积累的增长、劳动生产率的提高,资本有机构成有不断提高的趋势,意味着资本的可变部分减少,不变部分增加,对劳动力的需求相对减少。

马克思通过剖析机器大生产,得出科技在劳动过程中的应用会引起不变资本增加和可变资本相对减少,揭示了相对过剩人口问题产生的原因,这为我们分析人工智能时代资本有机构成和劳动力结构提供了理论依据。随着智能技术与生产过程的深度结合,人工智能不仅对劳动客观条件产生影响,也会影响劳动主观条件。在人工智能时代,我们应该对马克思资本有机构成理论予以深化和创新,根据当前经济发展情况和科技进步情况,既要分析人工智能对劳动客观条件的影响,也要分析由人工智能所引起的劳动主观条件的变化。

1. 不变资本的上升

人工智能的发展直接影响不变资本,它将使不变资本的物质内容——劳动资料和劳动对象更具智慧。首先,智能机器人对人工的大量替代使企业不变资本的投入比例不断增加,"无人车间""无人生产线"大量涌现,企业的用工成本大幅降低,可变资本比重减少,劳动生产率大幅提高。其次,人工智能的发展及智能机器人的逐渐普及,也必然给劳动者素质、劳动者技能及劳动时间等以可变资本形式表示的劳动主观因素带来巨大影响。尤其是智能技术对个人智慧及个人思维器官的替代作用日益突出,如人工智能时代典型的专家系统、知识工程等,其所带来的创新效应在某些方面已远远超过单个人的智慧及智力劳动。在"人机大战"中,"阿尔法围棋"利用强大的记忆能力和计算能力战胜代表人类的李世石,让一部分人陷入对自身价值与未来人工智能终将取代"人类智慧"的隐忧中,这也从侧面印证了人工智能一定程度上对个人智慧的超越及对个人思维器官的替代。

2. 劳动的主客观条件

人工智能必然会影响劳动客观条件和劳动主观条件,同时,劳动客观因素和劳动主观因素也会互相影响。劳动客观条件和劳动主观条件在人工智能的推动和影响下,必然会发生量的变化和质的变化。人工智能与劳动力的互相影响关系,以及人工智能对人类体力劳动、脑力劳动及智力劳动的替代,其实质是劳动客观因素和劳动主观因素的动态变化和互相影响,以及不变资本与可变资本的比例变化。资本的有机构成发生变化,不仅会改变劳动的基础环境,也会使劳动力结构发生变化。

3. 新的技术条件

为了适应新的技术环境和产业的不断升级,需要不断优化劳动力的产业结构。人工智能的发展会给很多行业和产业带来翻天覆地的变化,有些产业会被完全淘汰,而新的产业将会应运而生。人工智能替代了部分工种,但是又会催生新的工作岗位。如随着大数据、智能机器人的发展和应用,高级数据分析师和机器人维修师等新兴岗位开始出现。人工智能技术与生产过程的深度融合,将会逐步排挤出大量的生产领域的劳动者,与此同时,高技术产业、新兴产业、服务行业等将迎来更广阔的发展空间,吸纳更多的劳动力,产品设计、软件开发、编程、投资、金融等高端领域,将吸引更多的创新型人才和高技术人才。综上可知,在人工智能的推动和影响下,劳动力将逐步向技术密集型产业、知识密集型产业、服务产业及高技术产业流动,劳动力产业结构发生巨大变化,会朝着更合理、更适宜当前科技水平和技术环境的方向发展。

(三)日新月异的劳动力结构

人工智能时代未来劳动力结构会发生翻天覆地的变化趋势。人工智能技术逐步替代了人的体力劳动、脑力劳动以及一定程度上的智力劳动,社会生产借助人工智能技术而去中心化、虚拟化,社会意识形态亦复杂化,就业方式变得多元化,劳动者的自由意识增强,劳动力结构发生重大变化。其变化趋势如下:

第一,智力劳动者所占比重逐渐增加,智力劳动成为重要的就业门槛。人工智能技术与生产过程的深度融合,不仅大幅度提高了劳动者的生产能力,而且改变了劳动者的劳动形式和就业形态。随着人工智能的发展和普及,劳动力结构发生巨大转变,体力劳动者的比重减少,脑力劳动者和智力劳动者的比重增加,技术人员、管理人员及科研人员等知识水平与技术含量更高的劳动者数量逐渐增多,且需求会更大,提供个性化服务、定制化服务及灵活解决问题的劳动者数量也会逐渐增多。人工智能的发展将会对很多脑力工作者产生颠覆性影响,智力劳动将成为重要的就业门槛。劳动者必须对技术进步持更加开放和包容的态度,提高灵活应对实际问题的能力,同时注重自身知识和技能的更新和提高,逐步适应新的角色、新的技术环境以及新的工作岗位。

第二，创新能力越来越重要，劳动者的软实力成为竞争焦点。在新的科技环境中，劳动形式和劳动方式发生了巨大变化，对劳动者提出了新的要求。为了适应新时代的要求，劳动者必须注重创新意识的培养和创新能力的提高，并且主动积极地将创新能力融入日常的工作和劳动生产中。人工智能时代，重复性的、规则性的、程序性的等能被编程和智能化机器取代的体力劳动和脑力劳动将失去发展空间；创造性的、非规则的、有复杂思考、需要灵活处理能力的智力劳动将具有较大的发展潜力。劳动者必须掌握与人工智能相关的专业技能，与此同时，具备智能机器人尚无法大规模替代的人机交互、创造性、人文化、灵活性等素质将成为重要的竞争力和软实力。

第三，劳动技能向多元化发展，劳动能力不断增强。人工智能时代，劳动者作为技术的创造者、管理者、协助者或监督者，往往需要掌握多种"硬"技能和"软"技能。对于智能化而言，科技发明的节奏和应用的速度变化得很快，同时也无法预期，整个劳动细分市场特性的变化速度会比人们学习新技能的速度快得多。随着技术水平的不断提高，劳动者满足工作岗位所需要的技能越来越多元化，劳动者的整体能力必须不断增强。由于劳动市场需求的不断变化，以市场为主要媒介寻找工作的劳动力必须面对市场要求的快速变化，对自身的知识结构、素质结构、观念结构、技能结构等进行主动的或被动的调整，以适应市场的新要求。

三、劳动力结构的优化对策

随着人工智能的不断发展及智能机器人的广泛应用，选择适宜的政策措施，在推进智能化的过程中，兼顾劳动力结构的优化升级，是学术界以及各级政府亟待解决的问题。为了推动人工智能时代中国劳动力结构的顺利转型升级，本书从政府、企业和劳动者三个方面提出了相应的对策措施。

（一）政府主导

推动劳动力结构顺利转型，对政府而言，应该采取有效措施促进被智能机器人排挤出来的劳动力再就业，有效应对机器排挤工人所带来的就业冲击。应该鼓励社会各界主动帮助劳动者顺利实现从体力劳动者向脑力劳动者及智力劳动者的转变，以适应新时代的发展要求。如教育机构应该更加注重对人才的综合能力和创新能力的培养,以适应新时代跨领域、跨部门、跨职能及跨学科的工作要求。在政府的主导和支持下,注重对劳动者学习能力、创新能力、研发能力等智能方面的培养,推动劳动力结构顺利转型,以适应人工智能时代的发展。

(二)企业协助

促进劳动力结构持续升级,对行业而言,可以根据行业自身特征及企业自身的定位,合理使用人工智能技术和智能机器人。重视对员工的再培训,采取新的工作和组织模式,有策略地制定人才技术战略,以便跟上技术进步的步伐。人工智能的发展必然会对工作岗位和组织结构产生重大影响,因此企业应该与政府、大学共同合作,确定每种工作岗位所需要的技能要求和能力要求,为劳动者有效择业提供条件和协助。人工智能技术的渗透会促使工作岗位朝着高技术、高创新性、多技能的方向发展,劳动力结构也从体力、脑力向智力,从规则性向非规则性,从简单操作向灵活解决问题等方向转型,因此,企业必须注重对员工的再培训、再教育,不断提高劳动力队伍的整体素质,促进劳动力结构的持续升级。

(三)劳动者配合

劳动不仅是人类的谋生手段,也是实现个人价值的重要途径。人工智能时代,劳动方式和劳动形态发生了巨大变化,人工智能会替代人类的体力劳动、脑力劳动和部分智力劳动,因此必须找到新时代人的劳动价值所在。智能化时代,无法被技术取代的人才和技能的重要性愈发凸显。人工智能时代,新的技术环境对劳动者的技能水平、创新能力、灵活解决问题、快速学习等"硬"技能和"软"技能提出了更高的要求,劳动者必须具备开放包容的态度、灵活的学习能力、丰富的知识储备、较强的创新能力和积极的主观能动性,同时也要具备较强的自我管理和自我监督能力。智能化的发展,凸显了对高级的稀缺的复合型人才、跨界人才的旺盛需求,因此劳动者必须主动提高自身的综合素质,以满足技术进步所提出的要求。

四、人工智能产生的效应

(一)波漾效应

借助物理学上波的扩散现象,可以形象地解释人工智能对劳动力市场形成的冲击效应。如果将均衡的劳动力市场看成一个平静的大型湖泊,那么人工智能就如同"风力、气压、地震"这样的外力因素,在人工智能率先运用的领域会形成一个波源,然后像层层涟漪一样渐次向外扩展,最终影响到整个劳动力市场。2016年"世界经济论坛"年会发布的调查报告指出:在未来5年内,人工智能技术的应用会减少全球15个重要国家710万个工作岗位。[①]人工智能的运用,让越来越多流程化、标准化的工作岗位逐渐被替代。大量就业岗位的减少,会让一部分人不得不改变工种甚至失业。剩余劳动力的大量增加,破坏了劳动力市场原有的均衡,必然冲击就业结构。

(二)替代效应

科技的进步使生产要素中资本有机构成提高,对劳动力的需求量下降,从而产生了劳动力市场的挤出效应。实际上每一次大的技术革新都会产生这样的破坏效应。从以蒸汽机发明为代表的第一次工业革命到进入"电气时代"的第二次工业革命,再到电子计算机迅速发展和应用的第三次工业革命,以及到后来的第四次"互联网+工业"的"绿色工业革命"[②],每一次变革都经历过这样的机器"反噬"人类的劳动异化现象。生产过程中的技术装备率不断上升,致使资本对劳动力的替代能力越来越强,从而形成大量的下岗失业现象。每一次大规模的技术革命,往往会给社会造成强烈的阵痛,甚至引发社会动荡。因此,人工智能所造成的劳动异化现象不容小觑。

(三)重组效应

1.结构性失业

结构性失业是由于劳动者的技能结构与现有的就业岗位技能结构错位,造成失业与岗位并存的一种失业现象,其表现特征就是失业(U)与岗位空缺(V)并存。[③]其主要原因在于技术进步带来的经济结构变化与劳动力结构变化不匹配。

[①] 朱巧玲、李敏:《人工智能、技术进步与劳动力结构优化对策研究》,《科技进步与对策》2018年第6期。

[②] 夏妍娜、赵胜:《中国制造2025:产业互联网开启新工业革命》,机械工业出版社,2016,第103页。

[③] 杨河清、张琪:《劳动经济学》,第4版,中国人民大学出版社,2014,第186页。

当人工智能进一步发展的时候,就业需求受到影响首当其冲的是第二产业。随着智能机器对人工的替代,原有的一线操作员不得不寻找新的就业岗位。而人工智能将会快速地挤占蓝领劳动力岗位。通过职业技能培训,部分员工可能被充实到技能偏向型的新岗位上,而更多的员工不得不重新进行职业生涯规划,寻找全新的就业出路。一个明显的趋向是,第二产业的剩余劳动力将会大量地向第三产业转移。

2.就业结构变革加速

库兹涅茨法则表明:农业部门的国民收入在整个国民收入中的比重和农业劳动力在全部劳动力中的比重将会不断下降;工业部门劳动力在全部劳动力中的比重则大体不变或略有上升;服务部门的劳动力在全部劳动力中的比重和服务部门的国民收入在整个国民收入中的比重基本上都是上升的。[①]

库兹涅茨法则指出的三次产业变迁及劳动力转移的趋向,揭示了宏观经济发展的基本规律,预示着经济发展的基本走向。因此,劳动力由第二产业向第三产业的转移是合理的,也是必然的。纵观历史,第四次工业革命之前这一规律就一直在起作用,而人工智能的迅猛发展只不过是加速实现了产业升级转型和就业结构变革的进程。

3.劳动力拉动

2015年伦敦市场调研机构米特拉玛特尔咨询公司发布了一份《工业机器人对就业的积极影响报告》,认为机器人对就业实际上产生了积极而非消极的影响,并认为未来五年机器人将为全世界创造100万个更高质量的就业机会。[②]当人工智能进入繁荣期之后,劳动力市场的震荡与失衡将逐渐得以消除和弥合。疾风暴雨式的就业结构洗牌过程已经结束,这时候劳动力需求又会出现回升,且大量前所未有的新的行业门类与就业岗位也会新增出来,这一点可以从前三次工业革命发展的历史中得到印证。

---

① 安彦林:《财政分权对政府公共文化服务供给水平与区域差异的影响研究》,博士学位论文,山东大学经济学院,2017,第186页。

② 李智明:《技术进步与就业关系文献综述》,《经济研究导刊》2018年第2期。

4.消费拉动

劳动力需求本身是一种派生需求,受制于产品和服务的市场需求量,因而生产和收入的规模效应是就业需求回升的直接原因。

一方面,人工智能促进了生产力水平的提高。劳动生产率的提高必然导致产品市场价格下降,致使产品需求量增加。企业在利润最大化动机的驱使下,往往会加大生产规模,从而带动劳动需求量的上升。另一方面,人工智能必然带来经济的增长。就业人员的可支配收入增加后,会带动消费能力的增强和边际消费倾向的上升。消费需求的拉动是经济增长的原初动力,也是就业水平提升的重要推手。此外,人工智能将深入人们生活的方方面面,从而激生出一系列前所未有的新行业、新工种,自然派生出更多相应的就业需求。

技术进步的最终目的是更好地促进人的发展,因此我们必须善于利用科技的进步来解决现实发展问题。人工智能发展的影响总体来说是利大于弊的,其对人的发展的影响,实质是充分开发和利用劳动力的智力资源。中国要迎接新技术革命的挑战,关键是要迅速提高中国劳动力队伍的整体水平,最大限度地利用现有劳动力的智力资源。如何建立和谐的人机共存关系,如何应对及消除人工智能发展所带来的负面影响,如何利用人工智能促进人的发展与解放,这些都是影响未来的重大现实课题。我们必须看清楚时代的发展趋势,做好准备面向人工智能时代,推进以人工智能为代表的现代化,迎接智能革命的到来。

第四节 人工智能对劳动就业的影响

随着大数据、云计算、互联网、物联网特别是人工智能的迅速发展,以信息化、智能化为特征的第四次工业革命正在全球范围内展开。步入智能化社会,人工智能技术的研发、掌握和运用将成为国家竞争力的核心。因此,无论是发展中国家还是发达国家都在积极实施人工智能研究和发展战略规划,以求占领先机,如2016年美国发布《国家人工智能研究和发展战略计划》,2019年2月《维护美国人工智能领导地位的行政命令》就正式出台。除了美国的"工业互联网"外,日本的"工业智能化"、德国的"工业4.0"、英国的"工业2050"都是要解决如何利用人工智能推动社会生产力的进一步提高。人工智能所引导的技术变革会对生产方式和社会结构造成冲击,其基于人脑科学和认知科学的从信息到知识再到智能的转化机制,能够在一定程度上替代人类发展中的生产和服务职能,必然会带来人类社会生活与生产方式的重大变革,尤其是对不同行业、不同群体的就业产生革命性影响。

一、人工智能带来的就业危机

(一)被抢走的"饭碗"

目前,在我们的工作与生活中,人工智能已经悄悄融入进来。像重复性、简单性、危险性任务可由人工智能完成,劳动者转向更多高质量就业岗位——人工智能来了,你的工作会被抢吗?例如无人机的出现,除了航拍,它还有可能抢很多人的"饭碗"。此前,据某国际会计师事务所发布的报告统计,2020年,无人机将取代价值高达1270亿美元的商业服务和人工劳务工作。与此同时,人工智能也将使物流行业的成本大大降低。随着人工智能技术和设备在人们的工作和生活空间中越来越频繁地出现,人工智能可能带给劳动力市场的冲击以及对劳动者职业技能的新要求备受关注。例如,促使就业格局以旧换新,上海交通大学苏州人工智能研究院常务院长徐彦之指出:"每一次技术革新都会给社会就业结构带来变革,旧式烦琐的手工劳动被新式高效的机器生产取代,会使得大量职业转型或消失。"而据美国斯坦福大学人工智能与伦理学教授杰瑞·卡普兰统计,美国注册在案的720个职业中,人工智能将取代其中的47%。

反观技术革新的另一面,新的职业格局必将带来新的人才与就业需求,这也会不断催生出新职业,吸引大批就业者进入新的工作领域。一些简单、重复性的工作会被机器取代,未来将有更多的劳动者在知识领域工作,知识型工人会不断涌现。以机器人写作为例,今日头条的写稿机器人"张小明"在2016年里约奥运会期间"一战成名"。里约奥运会开赛一周,它通过对接奥组委的数据库信息,实时撰写新闻稿件,以几乎同步于电视直播的速度发稿,6天共生成简讯和资讯200余篇。而腾讯的写稿机器人,在半年时间里创作出30万篇内容产品,字数超600万字。不过,写稿机器人并非无所不能。一些媒体从业者指出,机器人写作技术的引入虽然弥补了传统媒体新闻时效性不足的劣势,但随着该技术的普及,新闻同质化现象也将随之加剧。新闻媒体的品牌打造和品质保障,最终还是要依靠传统新闻从业者的个性化劳动实现。目前,能利用人工智能撰写的文章都是套路和模板比较清楚的类型,比如财经报道、体育报道、股市快报、天气咨询等。

更进一步讲,哪些职业会首先受到冲击呢？根据《人工智能时代的未来职业报告》,技术革新的浪潮首先将会波及的是一批符合"五秒钟准则"的劳动者。"五秒钟准则"指的是,一项工作如果人可以在5秒钟以内对工作中需要思考和决策的问题做出相应决定,那么,这项工作就有非常大的可能被人工智能技术全部或部分取代。也就是说,这些职业通常是低技能的、可以"熟能生巧"的职业。根据这一理论,翻译、司机、保安、客服、家政、会计等职业在未来均存在被人工智能取代的可能。而在实践中,人工智能已经成功帮助劳动者完成了具有重复性的脑力工作,比如支付宝的智能客服问题解决率已经超过了人工客服。这意味着,职业中可自动化、计算机化的任务越多,就越有可能被交给机器完成,其中以行政、销售、服务业最为危险。

(二)劳与资的对立

作为信息处理工具的人工智能,是一系列电子元件组成的空前复杂、精密和发达的机器系统。生活在100多年前的马克思,当然无缘见证人工智能的诞生及其社会影响,马克思时代最发达的机器生产形态,是"通过传动机有一个中央自动机推动的工作机的有组织的体系","在这里,代替整个机器的是一个庞大的机械怪物,它的躯体充满了整座整座的厂房,它的魔力先是由它的庞大肢体庄重而有节奏的运动掩盖着,然后在它的无数真正工作器官疯狂的旋转中迸发出来"。[1] 但是他回顾和目睹了资本主义生产从工场手工业到机器大工业的转变,并从资本主义的历史性规律出发来理解和论证了机器的地位和作用。正如他所指出的,"没有蒸汽机和珍妮走锭精纺机就不能消灭奴隶制"。[2]

---

[1] 马克思:《资本论》,第2卷,人民出版社,2004,第438页。
[2] 中共中央马克思恩格斯列宁斯大林著作编译局编《马克思恩格斯文集》,第1卷,人民出版社,2009,第527页。

科学技术与机器不只是生产过程的工具与中介,而且直接建构了人们的社会生活与交往关系。在此意义上,科学技术的发展及其带动的机器设备革新,不但影响着社会的结构形式,而且具有意识形态的批判价值。殷鉴不远,这些宝贵的思想对于人工智能的政治经济学分析,具有穿越时空的预言般的指引性。

回顾历史,每一次重大的科技革命都将极大地释放生产力,提升经济社会再生产效率。以人工智能为基本内涵的新的科技革命,从现实来看必然要改变教育方式、生产方式、消费方式和贸易方式,进而必然引起就业结构的巨大变化。那些程序性的认知类工作和体力类工作将被大量取代,如传统制造业中工人、助理、司机等职业将在未来十年大大减少;而非程序性的认知类工作和体力类工作需求则相对旺盛,如数据、自动化、机器人等方面的人才。

1. "失业"人员的转岗

以人工智能为底蕴的产业布局必然带来就业市场的结构性改变,程序性及流水线岗位将被机械手和"智能人"所替代。同时,智能人才培养、智能制造服务、智能平台研发、智能技术指导等大量新岗位随之而生。纵观经济发展史,工业革命之后,机械化、自动化提高了生产力,解放了"人才",释放了"人力",大量"失业"人员转移到文化、艺术、教育、科研等部门,进一步促进了经济发展、科技进步和文化繁荣。同样的道理,面对人工智能的发展,历史规律将依然得到重复,这是人类社会演变的规律。人工智能的发展对于就业的影响表现出阶段性的特点,当达到阶段性阈值,就会重塑就业格局。第一,初始应用阶段。这个阶段人工智能只是用于产业部门生产工具的改良,尽管劳动生产率相对提升,但尚处于量变阶段,对产业结构和就业结构的冲击是有限的。第二,推广应用阶段。这个阶段使人们普遍看到人工智能的应用潜能,对企业、产业和社会的转型升级作用明显,人工智能的基本业态初具规模,传统生产线退出生产舞台,这时就会对就业市场产生较大冲击。第三,突破进展阶段。这时,人工智能的推广扩散取得突破性进展,传统产业得到根本性改造提升,新产业领域不断扩大,新产业岗位就业成为社会主要就业形态。[①]

[①] 杜传忠、许冰:《第四次工业革命对就业结构的影响及中国的对策》,《社会科学战线》2018年第2期。

毋庸置疑，人工智能具有重大的科学进步意义和社会经济价值，并将给个人和家庭生活带来更多更丰富的美好体验。然而笔者认为，在人工智能时代的资本主义生产关系中，劳动者被食利者压榨剥削的程度不仅不会减轻反而会加重；在人工智能面前，劳动者的主体性被空前弱化，加速了向机器附属物地位的转化；随着人工智能普及所导致的失业率激增，工人的生活水准不但有可能相对降低，而且有可能绝对降低；工人阶级与人工智能之间的对立将日益尖锐，工人阶级与资本家的整体矛盾不是缓和了而是加剧了。国际知名的埃森哲咨询公司 2017 年发布的报告《人工智能如何促生产业利润与创新》[①]对基于人工智能稳定发展可能带来的经济增量和利润提升进行了量化分析和预测。报告认为：成功应用人工智能的企业利润率将在 2035 年之前平均提高 38%，人工智能在 12 个发达国家经济体中 16 个行业当中的应用，可使生产总值额外增加 14 兆美元。不过，就此将人工智能系统自身视为价值创造源泉，显然有悖于马克思主义的政治经济学常识。正如马克思指出的："机器不创造价值，但它把自身的价值转移到由它的服务所生产的产品上。"人工智能作为一种高级机器系统，本身不是活劳动，不能创造价值。但是，该机器系统上凝结了研发、创造人工智能的劳动者们（包括数量庞大、门类繁多的科技人员、工程制造从业人员等）的劳动时间（即价值），并且经由人工智能的产业化应用，将这些上游生产者凝结在机器上的价值，分散转移到了人工智能统摄的下游产品当中，并且与下游产业工人创造的价值相结合。因此，在人工智能带来生产率和资本利润大幅提升的表象背后，其实是劳动者单位时间创造的价值的增加，以及人工智能产业和其他应用产业资本家联合起来，对劳动者的联合体在更大程度上剥削剩余价值的残酷事实。

2. 多形态失业

人工智能还将加速资本主义社会劳动者的奴仆化、附属化、客体化，使其

[①] Mark Purdy, "How AI Boosts Industry Profits and Innovation," https://www.accenture.com/t20170620T055506Z_w_/us-en/_acnmedia/Accenture/next-gen-5/insight-ai-industry-growth/pdf/Accenture-AI-Industry-Growth-Full-Report.pdfla=en？la= en，访问时间：2021 年 8 月 18 日。

面临行业性、结构性失业的现实。如果说在工场手工业中,单个工人构成总体机器的有生命的部分,那么在人工智能时代,大部分自动化作业都会替代低技能、入门级、重复性的工作,从而减少工作机会,这意味着工人就连担任机器奴仆的机会也几乎要被剥夺。此外,人工智能会通过让商家重组和重建运营方式来改变业务规则,这种组织进化和流程改进不仅经常会减少工作岗位,还会使其劳动技能遭到淘汰,以致一些昔日的"白领""金领",也难逃被人工智能替代的命运。例如,全球最大的资管集团贝莱德公司2017年断然裁员100多人,并将60亿美元的资产交由人工智能量化基金管理。一些投资银行以往通过分析师、交易员进行证券买卖,现在已改由人工智能通过大数据分析,进行电子化、自动化的高频交易;美国总统办公室2016年12月的《人工智能、自动化和经济》报告指出,在未来10—20年,最容易被人工智能替代的行业将是交通运输业、制造业、办公室行政支持、销售以及服务业。[①] 同时,作为资本与技术联姻的产物,人工智能将成为以"合法"方式攫取金融利益的"帮凶",使社会财富向少数人手中集中的趋势愈演愈烈,进而空前拉大资本主义社会的贫富差距。

3. 马克思"预测"的对立关系

马克思在100多年前就观察到,劳动资料一旦作为机器出现,就立刻成了工人本身的竞争者,"一旦工具由其来操纵,劳动力的交换价值就随它的使用价值一起消失。工人就像停止流通的纸币一样卖不出去",[②] 伴随着对机器的改良,工人人数会明显减少。"工人阶级第一次反抗资产阶级是在工业革命初期,即工人用暴力来反对使用机器的时候。"[③] "为了进行对抗,资本家就采用机器。在这里,机器直接成了缩短必要劳动时间的手段。同时机器成了资本的形式,成了资本驾驭劳动的权力,成了资本镇压劳动追求独立的一切要求

[①] "Executive Office of the President," *Artificial Intelligence, Automation, and the Economy*, https://obama-whitehouse.archives.gov/sites/whitehouse.gov/files/doc-uments/Artificial-Intelligence-Automation-Economy, 访问时期:2021年10月11日。

[②] 中共中央马克思恩格斯列宁斯大林著作编译局编《马克思恩格斯全集》,第3卷,人民出版社,1956,第495页。

[③] 中共中央马克思恩格斯列宁斯大林著作编译局编《马克思恩格斯文集》,第3卷,人民出版社,2009,第502页。

的手段。在这里,机器就它本身的使命来说,也成了与劳动相敌对的资本形式。"殷鉴不远,人工智能导致的行业性、结构性的失业潮,不过是人与机器对立、资本利用机器与工人对抗、无产阶级与资产阶级冲突历史的翻新、重演和发展而已。

马克思指出,在采用机器后,工人除了反对资本家,也反对作为资本主义生产方式的生产资料的机器本身,即反对资本的物质存在方式。但是,机器本身只是生产资料的一种存在形式,并非是能动地制造矛盾的因素。因此,工人们"要学会把机器和机器的资本主义应用区别开来,从而学会把自己的攻击从物质生产资料本身转向物质生产资料的社会使用形式"。[1] 同理,人工智能本身是"技术中立"的,并非必定成为与工人相对立和相异化的形态。但当人工智能成为资本的形式,成为资本驾驭劳动的权力,成为资本镇压劳动追求独立一切要求的手段时,人工智能也就成了与劳动相敌对的资本形式。因此,人工智能本身对工人的失业或苦难并没有责任,人工智能的资本主义应用才是根本原因。要克服和解决人工智能裹挟而来的貌似不可避免的"扼杀工人"的风潮,必须从技术以外的社会经济制度入手,必须将其作为与资本主义无法切割的内生弊病予以认识和解决。

二、人工智能对未来就业的冲击和对劳动力需求的影响

谈及人工智能对未来就业的影响,一种主要观点是认为人工智能会在很多领域实现对"人"的替代。当然,亦有观点认为未来亦会创生出许多新职业,而不是像部分人所担忧的那样,认为人工智能会实现对人的全面替代。作为当代高技术发展的最新前沿,人工智能必将带领人类进入全新的社会景象,产生根本的变革力。"在可以预期的不久的未来,人工智能将极有可能继互联网之后成为带动社会结构性、全局性与革命性改变的重要因子。"[2] 彼时,人工智能对人类社会的影响定将远超过以往任何高技术。

---

[1] 中共中央马克思恩格斯列宁斯大林著作编译局编《马克思恩格斯全集》,第3卷,人民出版社,1956,第493页。

[2] 王德生:《全球人工智能发展动态》,《竞争情报》2017年第4期。

(一)人工智能对原有工作岗位的替代

很显然,随着人工智能技术的发展和应用,不断改变着制造业、农业、物流、教育、医疗、金融、商务等领域的发展模式,创新产品和提高劳动生产率,相关行业对劳动力的需求会下降,简单、重复性和程序性、规则性强的岗位会被替代。当前,人工智能在给人们带来福利的同时对人们的就业也形成前所未有的挑战。制造业中一些传统岗位、简单和重复性岗位逐步会被机器人、智能机器所取代;在其他部门中,程序性、规则性很强的工作也极易被人工智能所取代。随着人工智能与大数据、云计算和物联网等其他技术的相互融合,人工智能系统的逻辑运算能力、推理分析能力、归纳总结能力会越来越强大并会被广泛运用,这使得社会对如翻译、会计师、精算师等专业人力的需求会逐步减少。对技术进步导致的对劳动力的需求减少这一现象,无论是马克思的"资本有机构成理论"还是熊彼特新古典增长理论都早已揭示。在学术界,关于人工智能对就业的影响,国内外的学者都已开始进行关注和研究,结论是目前越来越多的工作岗位将被智能机器替代。①潘文轩认为,人工智能同时具有就业替代和创造效应;人工智能发展对就业规模的影响存在较大程度的不确定性,对就业结构的影响将体现为高低端岗位两极增长趋势。②朱巧玲分析了人工智能对人的体力劳动、脑力劳动及智力劳动的替代。③2016年达沃斯论坛上一份《工作的未来》的报告,当时预测,受人工智能等新技术崛起的影响,到2020年全球15个工业化程度最高的国家将有710万人失业。④

在我国,随着劳动力成本的不断上升,一些制造业企业纷纷使用机器人,浙江省从2012年提出"机器换人"发展战略,到2015年,仅3年间削减低端用工近200万人;富士康在昆山的厂区,到2016年已将用工人数从原先的11万人减少到5万人。互联网、智能机器人的发展和使用,对银行业普通岗位的冲击也比较大,据波士顿咨询公司预计,到2027年将削减104万个工作岗位。⑤

---

① 王德生:《全球人工智能发展动态》,《竞争情报》2017年第4期。
② 卢嘉瑞:《消费智能化:新一轮消费结构升级的重要引擎》,《管理学刊》2019年5月。
③ 王德生:《全球人工智能发展动态》,《竞争情报》2017年第4期。
④ 黄浩:《"模仿游戏"无法超越人类智能》,《中国发展观察》2017年第11月。
⑤ 同上。

无论是从工作效能角度讲，还是从成本节约层面看，人工智能都是未来发展的大势所趋。关于人工智能对就业的影响，一种主要观点认为人工智能会对人类就业产生根本性冲击，导致大量科技性失业。对此，很多学者及业内人士做出一定预见，诺贝尔经济学奖得主列昂季耶夫曾预测未来三四十年将有大量工人被人工智能取代，从而形成巨大的就业与转业问题。吴军则推测由于人工智能的普及，未来真正能够工作的或许只有2%的人。另有学者认为，未来很多单一技能职业、劳动烦琐特别是一些程序性、常规性的工作或人工无法处理的精密工作岗位都有可能被机器所取代。而且，被人工智能取代的并非都是相对低端的岗位。这又与以往工业社会以来机械技术、动力技术对人的替代有根本不同。工业革命以来，技术对就业的影响多表现为对简单体力劳动的替代，但随之新技术的应用又间接创造出白领这一特殊的知识、技术及管理阶层。不同于以往机器技术、自动化技术对体力劳动的替代，人工智能将更多是对知识型、技术型白领阶层的替代，而这才是人工智能对未来就业最大的冲击。

人工智能以其强大的信息能力、智慧水平、自动化功能，以及日趋先进的行动能力与待人接物水平，不断日新的生物学习、深度学习、复杂学习能力，使其具备替代"人"从事相关工作之可能。如在医学方面，人工智能可拥有近乎完备的医学知识、医疗案例体系及救治技能图式。就律师及法官职位而言，人工智能以其理性化、信息化，不受偏见、认知偏差、情绪、寻租及认知风格的影响，其所提供的审判结果无疑有望结束由"人"来从事所衍生的种种弊端。另以"司机"及相关职位为例，"无人汽车"已为我们预见到未来人类出行方式的一线曙光。未来，"无人汽车"的普及将只是时间早晚问题，而不需由"人"来驾驶即可乘车出行将是技术发展的一种必然，而与此产业链相关的驾校工作人员、驾校教练等亦会随之不复存续，或者将不再作为"行业"而存在。再以银行为例，银行职员工作的标准化、流程化、操作化特点正契合人工智能的专长与低成本，因而大量职员被替代亦将成为一种必然。"从卡车装卸工人到法律研究工作者，无论是白领还是蓝领，只要是重复性的劳动，都将被机器人和基于人工智能的软件取代。"历史地看，电脑已经取代了抄录员、手工美术装潢人员，而当下的图书馆借还服务人员、地铁售票员亦已部分地被智能机器所替代。未来的趋势是，"一方面，智能机器人能够给卡车装卸货物，另一方面，软件机器人又在取代呼叫中心的雇员、办公室文员、阅读法律文件的律师和检查医疗图像的医生"。彼时,人工智能的岗位替代效应不可谓不强,其社会影响不可谓不烈。新技术对人的替代将是未来社会发展的一种总体趋势。在此大势下,经济学家口中所言的"人口红利"在未来可能并不是红利的担当者,反倒可能成为社会的被供养者。而人工智能对就业的影响又主要发生在人类落脚城市、实现向第三产业的转移之后。彼时,"人"的谋生角色如何实现将成为一个严峻问题,它亦将成为社会政策及教育领域必须认真反思的根本问题。

(二)被升级的"饭碗"

"人类与人工智能是可以合作的,二者并非零和关系。"《人工智能时代的未来职业报告》指出,当我们在考虑人类与人工智能之间的关系时,首先应明确,机器人所有行为的前提都是人类设定的计算法。人工智能的不断发展会使劳动者与人工智能的分工日趋明显——重复性、简单性、危险性任务由人工智能完成,劳动者的创造力得以更大发挥,转向更多高质量的就业岗位。也就是说,人工智能不是抢"饭碗",而是升级了劳动者的"饭碗"。

以医生为例,医生日常80%左右的工作都是重复性的。比如,对一般疾病的诊断、配药、给病人拍X光片、做常规手术等。蚂蚁金服副总裁、首席数据科学家漆远预测称:"这部分工作,未来会逐步被人工智能取代。"当医生从单调乏味的重复中解放出来后,可以研究更复杂的医疗问题,探索新的疾病治疗方法。再比如,在教育行业,人工智能可以系统性地替代老师完成阅卷、评分、设计课程等重复性工作,而老师将可以把更多时间花在创造性教学思考和对学生进行因材施教等方面。"以下三类工作,过去、现在、未来依然会有劳动者的贡献。"漆远进一步解释说,"一是创造性工作,比如对科学与艺术和对未来的探索等;二是设置KPI和价值观的工作;三是情绪劳动。"而劳动者想要不被淘汰,就要学会做机器做不到的事情,让自己的工作拥有更多创造性内容,不断迭代更新知识储备。目前,我国正在加快人工智能人才的培养步伐。近日,国务院印发《新一代人工智能发展规划》,提出将"加快培养聚集人工智能高端人才"。

(三)新职业的创生

人工智能技术的广泛运用,一方面,出现了机器排挤人的现象,使社会经济生活中对劳动力(主要是低端劳动力)的需求减少;另一方面,人工智能与大数据、互联网等技术的深度融合,会重构生产、分配、交换、消费等社会再生产各环节,又会催生一些新产业、新业态、新模式,进而孕育出新职业。因此,人工智能的快速发展,扩大了对劳动力(主要是高端劳动力)的需求,对就业产生了创造效应。2016 年达沃斯论坛不仅预测 15 个工业化程度最高的国家到 2017 年将有 710 万人因机器人的产生而失业,而且同时也预测,受人工智能等新技术崛起的影响也将创造 200 万个新的岗位。调查显示,我国科技公司目前人工智能团队规模平均扩张了 20%,而且这种需求还会增长。国家工业和信息化部教育考试中心专家称,在未来几年中国对 AI 领域的人才需求可能增至 500 万。

　　人工智能创新劳动力的需求主要体现在以下几个方面:首先,人工智能和机器人的应用需要有专业的使用人员和维护人员,创造了相关的培训、服务等领域的就业岗位。2019 年 4 月 1 日人社部等三部委公布了包括人工智能工程技术人员、物联网工程技术人员、大数据工程技术人员、工业机器人系统操作员、工业机器人系统运维员等 13 项新职业。其次,产生了人工智能和机器人租赁、工作站式机器人或整厂式自动化解决方案提供商等新业态,创造了相关工程、金融、租赁等领域对智能型人才的需求。最后,我国在人工智能基础研究方面与发达国家相比还有较大的差距,而人工智能的基础研究影响人工智能的长远发展,因此,这方面会将对人工智能高端人才产生大量需求。人工智能技术对就业的创造效应也已有所显现。

　　随着人工智能技术的广泛应用,社会各界开始关注其对就业所产生的影响,主要围绕其对就业产生的破坏效应和创造效应展开了讨论。的确,在许多领域,技术在提高劳动生产率、为工作者提供更舒适的环境的同时,也在逐渐替代相关岗位的劳动力。德里·克汤普森提出:"谷歌价值 3700 亿美元,但是只有大约 55000 名在职员工,数量不足 AT&T(美国电话电报公司)全盛时期的十分之一。"[1]

　　经济学家安德鲁·麦卡菲面对人工智能的发展讲道:"我们正处于一个机器将取代大部分工作的时代,而且我相信大部分的工作将在不远的将来被替

---

[1] Thompson D A, "world without work," *The Atlantic*, (2015):50—61.

代。"[1]美国联邦政府同样表示了关于人工智能对就业和社会政策可能产生冲击的担忧。据牛津马丁学院(Oxford Martin School)2013年发布的报告显示,在未来20年内,美国47%的职位都将面临人工智能带来的自动化的威胁。2016年,奥巴马政府在政府报告当中再次表达了对人工智能带来的负面影响的担心。这篇名为《人工智能、自动化与经济发展》的报告表示,为抵御人工智能对就业数量的冲击,亟须出台有针对性的社会政策,巩固社会安全网。结合当前人工智能技术的特征与发展趋势,关于人工智能对就业行业分布和数量的影响,众多研究机构和学者开展了研究与讨论,但大家观点不一。一方面,部分机构对人工智能对就业的总体影响持积极态度,认为人工智能在使部分体力类、程序性工作实现自动化的同时,也通过形成相关的新兴产业和新型形态而创造了新的工作岗位。正如康奈尔大学的工程师胡德·里普森所言:"很长一段时间以来,大家业已形成了共识,认为新兴科技在摧毁一些工作岗位的同时也创造了新的就业机会,而现在的发展情况也证实了这一观点。"[2]另一方面,更多的研究则强调人工智能对就业的冲击不容小觑,认为冲击的主要体现形式是"机器代替人"。麦肯锡政策研究2016年7月的一项研究指出,在未来10年中,现有的部分工作岗位都将被机器自动化所代替。[3]马丁·福特在其著作中同样表示了对科技使就业受损的担忧:"随着科技的飞速发展,机器的自动化在经济发展中的参与度不断提高。随之出现的将是工资下降,随后产生消费者可支配收入减少、消费信心受挫的连锁效应,最终导致经济出现螺旋下滑。"他警告道,"未来的几十年后,目前大部分普通人正在从事的工作都将实现机器自动化。这意味着,这部分人不仅会失去工作,而且再也无法找到相同的工作。"[4]

---

[1] Dawn Nakagawa, *The Second Machine Age is Approaching*, (W.W.Norton & Company, 2015).

[2] Rotman D, "Who will own the robots," *Technology Review*, 4, no.118(2015): 26—33.

[3] Chui M、Manyika J, "Miremadi M, Where machines could replace humans—and where they can't(yet)," *McKinsey Quarterly*, (2016), p.7.

[4] Ford M R, *The lights in the tunnel: Automation, accelerating technology and the economy of the future*, (Acculant Publishing, 2009).

人工智能会在诸多领域实现对人类劳动力的替代。当然这并不是说人工智能一定会导致"人"的整体性失业，亦不是说"人"一定会被替代。人类历史为我们提供了充分的智慧借鉴，即新技术在替代原有行业的同时一定会创造出新的行业，"被剩余的个体"会主动寻求并创生新的职业，未来的"人工智能社会"同样会部分地延续此种逻辑。人类社会向来有其自组织功能。有需求的地方自然会有市场来填补，没有需求的地方"市场"亦会激发人们产生新的需求。我们应深信，社会分工有其自组织功能，因而不必一味地做简单线性的担忧、恐慌。人工智能的普及不仅会实现对原有行业的替代，亦会促使一些新行业的勃兴，如人工智能的研发、监管、制造、销售、维修、售后、回收、运输、送货、上门服务等一系列职业环节。社会本身的自组织功能亦会产生代理、广告、营销等与之相联系的次级行业，而其他如为人工智能提供基本原料、零件、能源、机床等的相关产业亦会勃兴，这些产业会有"人力"需求并生成新的岗位。如有的学者所言，人工智能对社会就业结构可产生创造效应，这又主要得益于以下几方面的理由：首先，经济的高效发展会带来新的就业岗位；其次，人工智能会节约产业成本并增加额外需求，继而有足够的资金创造新的就业分支机构；最后，人工智能还会产生"新的商业范式、新的业态"，继而"催生新的就业形态，使得社会上灵活就业、弹性就业的比重显著上升"。此点可通过互联网及交通技术发展所促生的种种新职业形态略见一斑，如近年来经由新媒介创造出的许多自由职业，如网红、送餐快递员、网络听书诵读者等都是以前所没有的新职业。这亦是需要我们辩证地观察人工智能之于人类就业影响的一个重要原因。

三、人工智能与资本主义的未来

马克思以严密的逻辑、翔实的材料、史诗般的语言，对资本主义经济危机的周期性发生进行了论证，雄辩地揭示了危机的制度原因——资本主义生产资料私有制、危机的直接原因——供给与购买力比例的严重失衡、危机的表现类型——商业危机、生产危机、货币危机。那么，人工智能时代的来临，能否帮助资本主义摆脱经济危机的魔咒、实现长期政治稳定和经济繁荣呢？

有人认为，人工智能将开辟一条新的道路，对传统人力和应用程序无法处理的大量数据进行积累和分析,比以往任何时候都能更详细地观察、衡量经济行为,从而为预测危机、降低风险发挥重要作用。这种观点在一定程度上是成立的,但是,能够获取和分析经济危机前兆数据甚至提出预防危机的人工智能方案,并不意味着危机预案可以被有效地执行。资本主义生产资料私有制引致的利益主体和行为决策的分散性,必定使危机解决方案要对资本家之间的利益进行强制性调整和再分配,这与资本主义的道德与所谓的正义观背道而驰。因此,人工智能开出的医治资本主义经济危机的"灵丹妙药",对资本主义而言反倒是彻底颠覆其经济基础的致命药丸。在这里,资产阶级不但造就了经济危机,而且在自私理性的驱动下,必将成为阻碍人工智能"挽救"经济危机的最强大力量。人工智能不但将验证马克思所揭示的真理——资本主义危机的根源是社会化大生产与生产资料私有制之间的矛盾,而且还将引发前所未有、难以预测的危机动因,加速资本主义社会的崩溃。由于人工智能的自组织、自决策、海量计算的特性,人类一旦将重要的经济决策过程交由人工智能主导,那么将难以避免和预防人工智能做出"错误决策"并产生灾难性后果的现实,瞬间引发的雪崩和多米诺效应,绝不是"拔掉电脑插头"就可以终止的。例如,在毫无征兆的情况下,2010年5月6日下午短短几分钟里,道琼斯工业平均指数下跌了1000多点,相当于下午开盘价的9%,超过1万亿美元的资产灰飞烟灭,谷歌公司的股价莫名其妙地升到了10万美元1股,一家著名咨询公司的股价坠落到了1美分。美国证券交易委员会(SEC)花费了将近6个月时间才搞清楚,这次事件的元凶是一家大型基金公司的卖出订单,引发了安装在全世界的高频交易程序的自动报警,"疯狂买进卖出的电子同伴"依照它们的专有算法彼此倾轧,加剧了连环相撞。[①]

可以想见,在未来的"人工智能+资本主义"的社会里,人工智能所犯下的任何一个错误,都可能成为诱发经济危机的火药桶。因此,资本主义经济危机将呈现出新的特点和形式,除了马克思和恩格斯所说的"生产过剩的瘟疫"超过群众有限的消费能力这一宏观经济因素之外,由于纯粹的人工智能技术原因导致的新型"人造"经济危机或将更加频发,而且其破坏力未必亚于"一场毁

----

① 杰瑞·卡普兰:《人工智能时代.》,浙江人民出版社,2016,第60—61页。

灭性的大战争"①,这为埋葬资本主义制度源源不断地提供着新动能。

我们应当像马克思那样,对科学发现和实践应用的每一个新发展都感到"衷心喜悦",因为历史唯物主义者"把科学看成是历史的有力的杠杆,看成是最高意义的革命力量"。②如果说"蒸汽、电力和自动纺织机"是"危险万分的革命家",③那么人工智能作为人类社会迄今为止最高级别的科技文明的结晶,其对社会进步、制度演进的"危险性"和"革命性",无论如何估量都是不为过的。

在激化无产阶级与资产阶级之间的矛盾,酝酿超出包括现代西方经济学理论模型预测范围的新型危机,对资本主义制度产生摧毁性力量的同时,人工智能也昭示着社会主义和共产主义社会的来临。它不仅像以往的工具、机器那样延长了人的四肢、节省了人的体力,而且有望替代人的相当一部分智力劳动,把人从直接的物质生产劳动中完全解放出来,导致人类活动结构的变化。④一旦人工智能在社会生产的各个部门获得了全面的应用,人们之间的社会关系也将发生深刻变革。"迫使人们奴隶般地服从分工的情形"、脑力劳动和体力劳动相对立的情形也将随之消失,在那个时候,也只有在那个时候,才有可能实现"劳动已经不仅仅是谋生的手段,而且本身成了生活的第一需要"。⑤

四、理性看待人工智能对就业的影响

当前人工智能对就业主要从"替代效应""创造效应"以及对劳动力市场的分解等三方面产生影响。"替代效应"主要指由技术进步带来的"技术性失业"。

---

① 中共中央马克思恩格斯列宁斯大林著作编译局编《马克思恩格斯全集》,第4卷,人民出版社,1979,第472页。

② 中共中央马克思恩格斯列宁斯大林著作编译局编《马克思恩格斯全集》,第19卷,人民出版社,1979,第372—373页。

③ 中共中央马克思恩格斯列宁斯大林著作编译局编《马克思恩格斯全集》,第2卷,人民出版社,1957,第78页。

④ 施一青:《试论机器人的出现对社会发展的意义》,《哲学研究》1984年第6期。

⑤ 中共中央马克思恩格斯列宁斯大林著作编译局编《马克思恩格斯全集》,第2卷,人民出版社,1957,第23页。

麦肯锡2017年研究得出：中国和美国的就业替代风险率分别约51.2%和45.8%，并指出中国具备自动化潜力的工作内容达到了51%，且主要集中在工业、农业、医疗、交通、生活服务等领域。新技术对就业的替代效应主要表现为对原有工作岗位的替代和对原有工作任务的替代两种形式，而无论哪种形式的替代都将对就业结构产生重要影响。"创造效应"主要指技术进步能够创造新的具有比较优势的就业岗位，主要从创造新的行业或产业和创造新的生产利润两个方面进行，对就业岗位进行再创造，因此，人工智能正在创造更多新的就业岗位，例如，智能传感器、芯片、智能机器人等，普华永道2019年预测人工智能对中国就业的净影响可能将产生约12%的净增岗位。

回顾过往，每次人类迎来新的技术革命，都会伴随着各种争议，特别是人们担心被新技术取代进而产生大规模的失业问题。但事实证明，每次技术革命都推动了人类社会的进步。这中间虽然不可避免有工人失业的问题，但并没有带来长期大规模的失业潮。相反，新技术的发展还会创造出更多的新工作岗位。国际机器人联合会的研究数据显示，制造类机器人直接或间接地增加了人类就业岗位的总数。2020年，机器人产业在全球范围内直接或间接创造的岗位总数从190万个增长到350万个，每部署一个机器人，将创造出3.6个岗位。

因此，大家不必为"人工智能会夺走自己工作"而恐惧，但还需理性看待人工智能所带来的影响。从短期看，随着人工智能的发展，还是会不可避免地对那些单一、繁重的劳动和人工无法处理的精密工作岗位产生不利影响；但从长远看，人工智能的出现将改变人们的生活方式，提升工作效率，其带来的正面效用远超其负面影响。

智能化发展方向代表着未来社会经济的发展趋势，人工智能改变着社会的产业结构和就业结构。高等院校作为人才输出的主要渠道，自然应该研究并探索人工智能对高等院校人才培养的影响，探索智能化发展趋势下我国高等院校人才的培养路径，使人才培养结构与劳动力需求结构相适应，实现我国高等教育良性发展。

人工智能技术应用引发工作本质的改变。未来首先受到冲击的将是体力类和认识类的程序性工作，非程序性工作可能会受益；一旦人工智能算法在记忆、分析和辨识各种模式的能力上超过人类,不仅将提升工作效率、推动生产力的发展,而且会改变人类现有的生活模式、提高生活质量,更有可能会对劳动、就业乃至社会制度产生一定的影响。但距离最终的产业化和全面性应用拓展可能还有相当长的路要走,因此对就业的冲击还是局部现象而且相当有限。

还有一些人担心人工智能发展会取代人类的就业岗位,从而造成大规模失业。根据美国信息技术与创新基金会(ITIF)的研究报告,美国1850—2015年劳动力市场发展趋势显示,任何一个10年期里,技术直接创造的就业机会都不比它所消除的少,从1850年开始到现在的大部分时间里,整个美国经济都以强劲的速度创造了大量的就业机会,失业率一直很低。尽管从历史上看,机器的发展并没有造成人类就业岗位的绝对减少,但是由于人工智能系统具有自我适应、自我学习等方面的优势,对就业的替代能力更强,因此有学者表达了对人工智能影响就业的担心。实际上,聪明的人类已经找到一种应对办法,那就是减少工作时间。根据艾米·胡伯曼和明斯的研究,以美国为例,1870—2000年间,每周工作时间从62.0小时下降到37.2小时,休假和假期从4天增加到20天,年工作小时数从3096小时减少到1878小时。随着生产力的大幅度提高,可以通过减少工作时间,使技术进步和经济发展的成果惠及每一个人。事实证明,每次技术革命都推动了人类社会的进步。这中间虽然不能避免有工人失业的问题,但并没有带来长期大规模的失业潮。

五、总结

马克思主义虽然诞生于100多年前,但其强大的生命力和解释力历久不衰,而且越是随着时代的进步,越是彰显出其追求人类解放和幸福的道德感召力,以及对人类社会发展规律的强大解释力。资产阶级以它固有的狭隘眼光把人工智能看作是不会罢工、不要工资的劳工,而马克思主义者却在人工智能技术的发展中看到了资本主义社会的危机和共产主义社会的曙光。

如何将人工智能打造为造福全人类的利器,而不是仅供少数人盘剥吸金的工具,如何让人工智能成为牢牢掌握在劳动人民手中的制胜武器,这是摆在全世界无产者面前的一道崭新的历史性课题。针对由人工智能技术发展而产生的大量闲暇如何利用的问题,马克思早已给出了设想——"由于给所有的人腾出了时间和创造了手段,个人会在艺术、科学等方面得到发展",即更多地追求自我价值的实现。随着人工智能在内的生产力的进一步发展,社会的物质和精神产品极大丰富,"劳动已经不仅仅是谋生的手段,而且本身成为生活的第一需要"。

第六章　马克思主义学说的当代价值及影响

几乎没有谁可以预见,马克思主义的学说产生已 100 多年,但它依然保持着经久不衰的活力——打破时空的界限,展现出无与伦比的吸引力。仔细研究马克思的著作,我们不得不承认,当下众多行业和诸多现象的解释仍然受到马克思理论的影响。当探究它为什么有如此强大的生命力时,就必须承认马克思主义仍然闪烁着真理与智慧的光芒。在社会发展的过程中,马克思主义理论经历了时间的洗礼、实践的检验。所以我们说马克思主义最显著的特点是它具有实践性。这也为实践中的各种事物提供了很强的指导意义。

历史的车轮走过了 100 多年,其间经历了科学技术水平的空前提高,这就对劳动者自身和其劳动时间这些主观因素——可称为可变资本的价值形式造成了极大的影响,同时还对劳动工具、劳动资料等客观的不变资本也带来了巨大的影响。科技的进步为劳动者带来诸多的优势。比如,劳动者可以接受更良好的教育,同样在劳动者教育程度提高的基础上更具优势的直接结果就是可以操控更复杂的机器设备,换而言之就是劳动的复杂程度得到了提高。所以,当我们讨论和研究资本有机构成与科学进步带来的影响时,如果只把目光短浅地放在科技对劳动客观因素的改变和不变资本的作用这个范畴之下,显然是不够的。就理论而言,劳动客观条件的任何变化都不可避免地会引起劳动主观条件的变化,只不过这一状态在马克思所处的时代不十分明显罢了。在此情况下,我们已经不能把这种状态看成一种常态、一种阶段性的状态,也不能仅仅把资本有机构成的变化看成单纯提高的一种状态。马克思主义学说中的"资本有机构成"理论对当下的价值和影响也表现为多维度、多元化、多形态。

第一节　扩展了资本有机构成的研究视域

一、经济视域

在马克思主义经济学的经典理论中，资本有机构成是反映投入到生产过程中的劳动力与生产资料比例的经济指标。学者们研究认为,随着技术进步,生产过程中的劳动力和生产资料投入比例会发生变化。因此,谢赫、马艳、皮特·琼斯等的研究都是从资本投入的经济学视角进行分析的。

二、政治视域

意大利工人主义学派打破传统的经济视角，从政治上的阶级对抗视域来解读资本有机构成概念。资本有机构成被该学派视为资本家压迫和剥削工人阶级的方式。特伦特(Trontic)认为,工人阶级不仅要对抗作为不变资本而存在的机器,也要对抗作为可变资本而存在的劳动力,要对抗包括可变资本和不变资本在内的资本整体。[1] 阿尔奎蒂(Alquati)分析了意大利奥利维蒂(Olivetti)公司生产过程中通过资本有机构成从工人身上榨取剩余价值的问题。[2] 博洛尼亚(Bologna)主张有必要在马克思提出的价值构成、技术构成和有机构成基础上引入和研究政治构成。[3] 2014 年,帕斯蒂尼利(Matteo Pasquinelli)综述了当代马克思主义资本有机构成理论的新进展。意大利工人主义学派从工人与资本对抗角度对资本有机构成做了研究，并认为特伦特是工人主义学派中第一个将

---

[1] Trontic M,"the Factory and the Company,"*Quaderni Rossi*,2(1962):1—31.

[2] Alquati R,"Organic Composition of Capital and Labour in the Olivetti,"*Quaderni Rossi*,2(1962):63—98.

[3] Bologna S,"The Theory and History of the Mass Worker in Italy,"*Common Sense*,11(1991):16—30.

马克思的资本有机构成发展为资本有机对抗的。[1]但是,资本有机构成所表示的不变资本和可变资本的关系是否等同于资本主义生产方式中资本家和工人的对抗关系这个问题,有待商酌。

三、哲学视域

2014年,野尻一(Eiichi Nojiri)将黑格尔提出的哲学观点之否定性与马克思的资本有机构成概念相结合来分析日本当前的社会和精神状况。[2]他认为,马克思其实是通过资本有机构成这个社会的历史的形式来阐述由否定性驱动的自我运动轨道。他指出,活劳动是资本有机构成的前提,有活劳动才有资本有机构成,而不变资本就是资本主义剩余时间的累积。在他看来,马克思提出的抽象劳动就是黑格尔提出的精神,由此说明历史是由精神运动推动的。野尻一从哲学角度研究资本有机构成,拓宽了研究视域。但是,他将马克思唯物主义劳动价值论和资本有机构成论等同于黑格尔提出的历史由精神所推动这种唯心论,难以令人信服。

第二节 资本有机构成的提高对我国就业产业结构的影响

一、对劳动力和产业结构的影响

(一)减少劳动力需求

马克思指出了因科技进步引起的劳动生产率提高对资本有机构成的影响。"劳动生产率的增长,表现为劳动的量比。它所推动的生产资料的量相对减

---

[1] Matteo Pasquinelli,"To Anticipate and Accelerate:Italian Operaismo and Reading Marx's Notion of the Organic Composition of Capital," *Rethinking Marxism*,26(2014):179—192.

[2] Eiichi Nojiri, "Negativity, History, and the Organic Composition of Capital:Toward a Principle Theory of Transformation of Subjectivity in Japan," *Canadian Social Science*,4(2014):1—24.

少,或者说,表现为劳动过程的主观因素的量比它客观因素的量相对减少。"这就指出了资本有机构成提高必然引起资本对劳动力的需求呈绝对减少和相对减少。一方面,资本有机构成提高后,既定的资本形成对劳动力较少数量的需求;而另一方面,增加的资本投入也会形成相对减少的劳动力的需求。这就势必形成资本对劳动力的排斥。同时,资本有机构成的提高,使资本竞争力日益加强,形成对小商品经济下农业个体农民、城镇个体手工业者的冲击,使大量农民或个体手工业者处于失业和半失业状态,特别是对于无一技之长的非熟练工人影响更大。

马克思也指出了资本有机构成的提高对增加就业的作用。"积累的增进,虽然使资本的可变部分相对减少,但并不因此排斥它的绝对量的增加。""就业人数的相对减少和绝对增加是并行不悖的。"我国改革开放后,科学技术大量被采用,资本有机构成普遍提高,直接带来产品结构、生产结构、产业结构以至于社会经济结构的发展和变化,这又势必促成劳动力就业的结构性调整,使劳动力的就业总量不断增长。

(二)对产业结构转型的影响

作为一个工业生产大国,在全球制造业的生产链上,我国很多企业目前依旧只处在中低端。从我国的综合国力、制造业的素质和竞争能力,特别是拥有的自主核心技术看,与世界经济史上被称为"世界工厂"的英国、美国和日本相比,还有很大差距。"我国许多企业的薄弱环节在于没有自己的核心技术,处处受制于人。很多关键部件都要用人家的品牌,只好"贴牌"生产,这样一来,每件产品给工厂的利润就很少了。"从这个角度看,"中国制造"在一定程度上反而成了"廉价制造"的代名词。事实上,"中国制造"不应该长期成为"廉价制造"的代名词。我国的一般制造业靠劳动力低廉的优势已维持了10多年,按规律应进入调整和转型的阶段。

同样,客观认识我国国情之后,我们发现,传统制造业的转型,绝不是要削弱制造业的规模,也不是不再做世界的制造中心,而是要在国家经济整体发展的基础上,走出廉价劳动力支撑传统制造业的怪圈,重点发展新兴产业及新兴产业在整体产业中的规模。我国已是制造业大国,中国制造业增加值连续11年位居世界第一,但还不是制造业强国,生产技术和管理水平与发达国家还有不小的差距。主要问题是产业结构不合理、技术创新能力不强、产品以低端为主,附加值低、资源消耗大,而且安全生产事故也多,这些都与从业人员技术素质偏低、高技能人才匮乏有很大关系。现在经济全球化深入发展,国际产业结构加快调整与重组,我们要抓住机遇,努力提高我国制造业水平,使"中国制造"在国际市场上真正有竞争力。这就必须从源头抓起,更加重视和加快发展职业教育,全面提升人力资源的整体素质。

中国社会科学院王洛林教授曾在一次报告中指出,我国有4.9亿人农业劳动力,转移到乡镇企业的约1亿人,转移到城里的农业人口大概有1.2亿人,真正用在农业上的1亿人就够了,还有1.7亿人左右的"农村富余劳动力"需要消化。今后每年还将增加几百万,未来20年,每年新增劳动年龄人口在1000万—1200万左右,再加上800万左右的下岗人员,我国面临的就业压力十分沉重。随着经济体制改革逐步推向深入,劳动力供大于求的矛盾将日渐加大,就业结构的矛盾也随着经济结构的调整日渐突出,进而可能导致贫富差距不断扩大。解决的办法只有加速经济的良性发展,调整经济结构,扩展新的就业领域。

1.大力发展第三产业

资本有机构成的提高必然会导致劳动力逐渐从第一、第二产业向第三产业转移。马克思指出:"机器在应用它的部门必然排挤工人,但是它能引起其他劳动部门就业的增加。""大工业领域内生产力的极度提高,以及随之而来的所有其他部门对劳动力的剥削在内含和外延两方面的加强,使工人阶级越来越大的部分有可能被用于非生产性劳动。"非生产性劳动也就是除了第一、第二产业之外的其他劳动,即在第三产业从事的劳动,主要部分是服务业。服务业以人力资本和知识资本作为主要的投入品,如对企业的管理服务、金融、保险、房地产、工程技术服务、信息服务、广告服务、旅游、医疗等。发达的服务业是一个国家和地区现代化的集中表现,它是现代经济增长的基本动力来源。资本有机构成较高,世界上最先进的工业化国家,其服务业的增加值占GDP的70%或以上,在全部就业人数中,服务业就业的人数要占70%或以上。

经济的发展能带来就业容量的增加,但增加量不一。资本有机构成的提高,会促进新的行业尤其是第三产业相关行业的发展。加快第三产业的发展,既是我国优化经济结构的战略需求,也是创造就业机会、提高就业量的最现实选择。第三产业就业弹性很高,大约为 0.75,每增加 1 个百分点,可以增加 700 万个就业岗位。调查显示,对第三产业投资 1 万元,可以解决 7—8 个人就业。而第一产业只可以解决 1 个人就业,第二产业可以解决 1.7 个人就业。发展第三产业要支持鼓励旅游业、餐饮业、咨询业、信息服务业、文化服务业、教育服务业、法律服务业等,尤其应是立足于农业的产前、产中、产后服务的发展。

2. 积极发展中小企业

我国中小企业资本有机构成低,大部分是劳动密集型企业。中小企业是我国劳动就业的主要领域,目前全国工业部门就业人数为 1.5 亿,其中在中小企业就业的人员就有 1.1 亿。1979—1999 年间中国从农业部门转移出来的劳动力,绝大多数是在中小企业中实现了就业。由于每个产业内部各企业的技术水平和资本有机构成提高都有一个逐步发展的过程,都有一定的要求和约束条件,因此要防止一哄而上搞高精尖技术项目。现在国内几百个城市都在推行高新技术园区的建设,值得警惕。应根据我国国情(几亿的农村富余劳动力和上千万的下岗工人)和产业结构变化规律,积极利用劳动资源的比较优势,努力发展一些市场前景看好的劳动密集型项目,从而创造更多的就业机会。

3. 农业内部的就业调整

据调查,农村劳动力中,有 78.45% 的人员在农、林、牧、渔业中从事就业,而其中只有 3.47% 的人员从事林、牧、渔的生产,其他都从事种植业。另有 21.55% 的人员转移到第二、第三产业就业。随着我国人民生活水平的提高,对水产品、牧产品,如鱼、牛羊肉、奶制品等的需求量扩大;我国的森林覆盖率低,植树造林工程很大,还有大量宜林荒山荒坡尚待开发。所以我国林业、牧业、渔业解决就业的潜力仍然很大。随着资本有机构成的提高,劳动力从第一产业向第二、第三产业的转移过程不可能在短期完成,根据我国国情,我国农村的劳动力应实现在第一产业内部的转移。

4. 失业人员的转岗

因技术进步、资本有机构成提高带来的失业人员,主要是劳动素质较低的非技术专业人员。我国现有劳动力的整体素质已经越来越不适应经济发展和科技进步的要求。一方面,存在大量失业的非技术人员找不到工作,另一方面,公司、企业招不到合适的人员,导致企业生产无法正常进行,这些情况在沿海城市(如广州、深圳、温州等)已经引起了有关部门的重视。我们应积极发展多层次的教育产业,特别是职业教育,提高劳动人员的素质,使其掌握新技术,改善就业结构。

随着技术进步、资本有机构成的提高,一些行业的就业人员减少,但同时可以扩展其他一些部门行业的发展,解决一部分就业。我们应适应这一发展变化,通过加强和提高社会劳动就业意识,加强政府机构的引导与劳动者本身的发展和开拓,大力促进第三产业的发展,并调整第一、第二产业内部的就业结构,鼓励促进有潜力行业的发展,吸收剩余劳动力,使我国逐步形成与新型工业化发展相适应的劳动就业结构。这对于构建和谐社会、缓和社会矛盾、缩小贫富差距、维护社会公平、完善社会主义体制、实现中华民族的伟大复兴有着重要的作用和深远的意义。

二、对再就业的影响

(一)排挤与再雇佣的影响

被排挤的劳动力在被排挤之后,并不是就表示他们永久地失业了,这些劳动力可以在其他部门被雇佣,然后重新就业。但是,我们必须区别清楚排挤之后的再就业与工人得到补偿的理论差别,因为这两者在理论上有着本质的区别。补偿理论强调内生性,被排挤的工人被重新雇佣起作用的是随着工人一块游离出来的资本,也就是说机器的使用与排挤工人的行为之间有一个内在的平衡性,并不需要外力的干扰。

然而事实与补偿理论的差别非常大,工人的再就业与原部门的资本完全没有任何关系。工人在被抛向市场之后,被其他劳动部门雇佣,这里起作用的完全是新的劳动部门追加的可变资本,而并不是在原部门已经固化成机器的资本。根据上述分析,假设100个工人原部门是纺织厂,由于纺织机的改良,生产效率大大提高,所以如今只需要50名纺织工人操作机器,其余50名工人则被排挤。而由于纺织机的大量使用,制造机器的工人的需求量增加,机器制造部门会雇佣大量的机器生产工人。但是,这里机器制造部门雇佣的劳动力与纺织厂的资本有关系吗? 答案很显然是否定的。这些机器生产工人的被雇佣,起作用的一定是机器制造部门重新投入的资本。

此外,原本用来雇佣50名纺织工人的500资本,以前只是工人的工资,然而现在在机器的形态上就需要表现为三个部分了:

①制造机器所需要的生产资料的价值;

②制造机器的机械工人的工资;

③资本家获取的"剩余价值"。

我们可以设想在最美好的情况下,资本家们不获取剩余价值,也就是剩余价值为0。这500的资本依然需要表现为制造机器的材料价值和工人的工资,则工人工资必然小于500,因为机器生产的材料价值不可能为0,因而机器制造的工人雇佣量必然小于50人,否则,使用机器的成本一定会超过使用工人的工资。所以,事实证明,机器在原部门排挤工人之后,的确会引起其他部门就业的增加,但是其他部门增加的就业数一定小于被排挤的劳动力数量。马克思所说的绝对的规律:如果机器生产的物品的总量同它所替代的手工业或者工场手工业生产的物品的总量相等,那么,所使用的劳动量就要减少。生产劳动资料本身如机器、煤炭等所需要的劳动力的增加,同使用机器而引起的劳动量的减少相比,必然较小。不然的话,机器产品就会同手工产品一样贵,或者更贵。

一个部门被机器排挤的工人,可以分散到多个其他部门,即使每个部门的需求不足以雇佣全部被排挤的劳动力,但多个部门必然可以全部雇佣。这样的说法显然是不严谨的,因为并没有考虑到自己部门中机器替代劳动力的情况,即使是纺织机器制造部门也会采用机器,也会产生机器排挤工人的情况。况且,机器一旦被采用之后,在新的改良出现或者机器报废之前,就不需要再做任何改造或增加。所以实际上这就陷入了一个循环,要增加被排挤工人的雇佣数量,就必须不断生产出新的机器,而这些新生产出的机器则会不断排挤工人。

(二)产业后备军的影响

产业后备军的存在总共分为三类:流动的过剩人口、潜在的过剩人口、停滞的过剩人口。这些人口的主要来源,一方面是随农业机械化以及城市化进程不断推进而进入工业就业领域的农业人口,另一方面则是工业就业领域大规模采用自动化机械而被机器排挤的人口。产业后备军是双刃剑式的存在,一方面由于它的存在,经济发展可以拥有充足的劳动力供给;另一方面也正是因为这个群体的存在,影响社会稳定的一大不确定因素就此产生。因为从严格意义上来说,这一部分劳动力是失业人口,失业也就意味着不能够获取维持生计的基本资料,数量过多则社会必然陷入混乱。无论是哪一种来源,作为产业后备军存在的劳动力都可以归类到技术性失业的范畴中。但是人工智能时代技术性失业的影响范围不再局限于常规标准化工作领域,"人工智能"技术发展突破了机器不具有创造性、灵活性、自主性的桎梏,开始影响到非常规工作领域。

但是,现在中国面临的情况已经发生了巨大的变化,作为新一轮技术革命的中心国家,中国的产业在不断升级,技术在不断革新,劳动密集型产业也逐渐往东南亚国家转移。这就造成了我们当前劳动力供给与需求错位的现象。一方面,由于产业结构优化升级,对于高技能高学历的劳动力的需求在增长;另一方面,城镇化进程加快,技术进步迅速,机器的使用率大大提升,农业人口以及被机器排挤的人口都来到待业市场,等待就业。但是这一部分劳动力通常都是低技能或者中技能的,与需求增加的高技能劳动力岗位不相符合。看似"机器换人"解放了大量的劳动力,同时也创造了许多新的岗位,但是这些新创的岗位并不是为这些解放了的劳动力所准备的。

随着"人工智能"的发展,在一定阶段内,就业两极化的现象会越来越严重,直至最终发展为单极化,并且数量稀少。高度智能化的机器,拥有复杂的逻辑和运算能力,自动化的决策系统可以在很大程度上代替人工进行决策。这也就是"人工智能"技术革命会给劳动力就业带来的最大威胁。如何能够平衡这种替代关系,将其转化为辅助动能,正是我们现在应当要思考的问题。

三、资本有机构成的其他影响

(一)对贫富差距的影响

资本有机构成的提高造成了贫富差距的扩大,已是一个不争的事实。同时以美国为例,贫富差距凸显资本主义制度的深层次矛盾。虽然美国的政治家们惯于把"平等""公平"挂在嘴边,也常以此标榜其制度的优越性,但事实上在当前的美国社会,群体间的贫富差距正在不断加大,不公平感不断扩散,资本主义体制的深层次矛盾越来越成为人们关注的焦点。

美联储（FED）最新公布的资产净值数据等从侧面证实了美国社会的"不均衡"发展。相关统计数据显示，"被（财富增长）抛下"的现象已蔓延至除最富有10%外的所有美国人。截至2018年底，美国中上阶层的净资产占美国总资产的比例大幅下降。在一代人的时间里，这些家庭的财富占总财富的比例从35.2%下降到29.1%，大部分的财富都转移到了美国最富有的1%的家庭中。可以说，40多年来，经过通货膨胀调整后，美国60%黄金年龄劳动者的收入几乎没有增长，而最富有的10%的人群收入翻了一番，顶端的1%的人群收入增长了两倍。在20世纪70年代，90%的子女收入比他们的父母高，但现在却只有一半的子女收入比他们的父母高。美联储另一项研究显示，40%的美国人在紧急情况下甚至连400美元都很难筹到。

当前美国的不平等程度已达1928年以来的最高水平，资本力量日益集中。诺贝尔经济学奖得主、美国哥伦比亚大学经济学教授、罗斯福研究所首席经济学家约瑟夫·施蒂格利茨曾撰文称，美国的不平等程度已创1928年以来的最高水平，而造成这种高度不平等的成因与相关制度推动之下的市场势力的日益集中关系密切。例如，在一个又一个部门中，从猫粮这样的小商品到电信公司、有线电视服务供应商、航空公司和技术平台这样的大公司，如今少数几家公司统治了75%—90%的市场，甚至更多。这样的结果，一方面导致占支配地位的公司能够剥削客户，压榨员工，而员工自己的议价能力和法律保护则遭到削弱；另一方面，随着头部企业的崛起，其对受金钱推动的美国政治的影响能力也随之增强，系统变得更为僵化，对大企业更有利，但对于普通公民而言，要寻求更加公平或有利于自身的待遇就变得愈发困难。

若任由这种经济发展模式继续，极有可能带来新的经济危机。从历史上看，重大的经济危机往往源于群体财富差距的扩大。因为富人的购买力是有限的，而穷人群体基数的扩大会令社会整体消费大幅下滑。当整个社会"转不动"了，经济也就陷入了危机。倾巢之下，安有完卵，这也就不难理解为什么美国的一些超级富豪会要求政府向自己多收税。[①] 如，几年前，巴菲特曾发表了一篇

[①] 吴易风：《马克思主义经济学与西方经济学比较研究》，第3卷，中国人民大学出版社，2009，第145页。

文章,题目就叫《停止照顾超级富豪》。全球最大对冲基金桥水的创始人达里奥也曾公开说,美国群体财富差距越来越大,才是"国家紧急状况"。

可见,贫富差距加剧带来的一系列不平等问题已成为美国社会的顽疾。这不仅与美国政客口口声声宣扬的"公平""平等"相悖,更与美国的体制性矛盾密切相关,是美国资本主义制度缺陷的一种直观体现。

(二)对利润率的影响

"资本主义制度下的社会化大生产和生产资料私有制之间的矛盾都与相对过剩人口、资本有机构成提高、利润率下降有关。"马克思还从唯物史观的研究方法出发,厘清了失业这一现象产生的原因、发展的过程和解决的方法。马克思通过对资本主义社会失业现象的分析,看到了资本背后肮脏和血淋淋的剥削关系。他清楚地认识到,工人失业是资本主义制度本身不可克服的矛盾,资本家为了追求利润最大化而提高资本有机构成,最终导致了相对过剩人口的存在。

前两次科技革命主要是人手的延长和解放,而第三次科技革命实现的是人脑的解放和思维空间的极大拓展,新的科技革命引致人类社会出现前所未有的新的产业革命。尽管我们对新科技革命进一步发展及其对社会经济的影响尚不能做出准确的判断,但是它毕竟已经改变了以往的生产方式和生活方式。一般地说,这次科技革命是对产业革命构建基础的一次革命性飞跃,是人类对于自然和自身认识的巨大突破。由于技术重点的变化,社会经济发展已经实现了"产业的软化"。[①]产业的软化是指在社会生产和再生产过程中,体力劳动和物质资源的消耗相对减少,脑力劳动和知识消耗增长,与此相适应,劳动和资本密集型产业的主导地位日益被知识和技术密集型产业所取代。产业的软化至少有两个层次的含义:第一是指在产业结构的演进过程中,第三产业(软产业)的比重不断上升,出现了所谓"经济服务化"趋势;第二是指随着高加工过程和技术集约化过程,在整个产业过程中,对信息、服务、技术和知识等(软要素)的依赖程度加深。在发达国家,从事专业科技研究和开发的人员、企业数量急剧增长。所以,与前两次科技革命相比,第三次科技革命呈现出可变

[①] 杨国昌:《马克思经济学体系的继承与创新》,北京师范大学出版社,2004,第247页。

资本所占比例提高,而资本有机构成不一定必然提高的趋势。美国纽约大学经济系的沃尔夫在其 2001 年发表在《激进政治经济学评论》(*Review of Radical Political Economics*) 第 3 期上的文章《美国近期的利润率提高》(*The Recent Rise of Profitsin the United States*)中认为:美国资本有机构成没有像马克思所说的那样在提高,相反是在降低;资本的利润率也没有在降低,相反在提高。

(三)对科学技术的影响

从人类发展史整体来看,科学技术和生产力的发展从来就是与社会的发展紧密地联系在一起的,科学技术的发展与生产力之间存在着互动的关系。由于科学技术的发展,生产力才能得到进步;而生产力的进步,又对科学技术提出了新的要求。正是由于对科学技术的重视,发达资本主义国家和大型跨国资本主义企业才能够不断地进行技术创新,始终在市场上掌握主动权,为其对发展中国家实行技术垄断创造了条件。发达国家技术创新的周期缩短,特别表现在信息技术创新的发展迅速,以及用以对传统产业进行改造,使产业结构和经济结构快速提升等方面。中国毕竟是一个生产力水平相对落后、工业基础不稳固、产业技术总水平和产业结构层次相对不高的发展中国家。社会主义市场经济体制虽已初步建立,但旧体制的束缚和影响仍然存在,新体制和机制尚不完善,企业还远未成为技术创新的主体,这些都会影响到科技创新能力的发挥。[①] 中国应重视向西方发达国家学习先进技术,调整科技发展战略,加速实现由跟踪模仿为主向自主创新为主的转变,切实提高我国科技的原始性创新能力。政府应加大科技创新方面的投资力度,维护科学技术创新所需要的竞争环境。要走出一条科技含量高、经济效益好、资源耗能低、环境污染少、人力资源得到充分发挥的新型工业化道路。

第三节 资本有机构成创新理论的现代价值

将资本有机构成区分为短期动态与长期动态变化、外延与内涵,对于马克

---

① 程伟:《世界经济十论》,高等教育出版社,2004,第 101 页。

思经济学在现时代的发展具有重要意义。

马克思创建了科学的劳动价值论,并在其基础上首创了剩余价值理论。马克思在揭示价值与剩余价值的源泉时,更多是着眼于劳动者耗费的活劳动,认为这是价值和剩余价值的唯一源泉。他在阐明资本理论时也相应地将资本区分为不变资本与可变资本,认为前者所支配的劳动是死劳动,在剩余价值生产时只转移旧价值不创造新价值,而后者所购买到的劳动则是活劳动,能够创造新价值。

然而,马克思在考察活劳动与可变资本的变化时,并没有进行直接的考察,而是通过对物化劳动与不变资本来间接考察这些变化。如他在分析价值量时不得不通过使用价值量变化来考察价值变化;在考察资本主义失业问题、再生产问题以及生产价格与平均利润等问题时,则不得不通过不变资本的变化来考察可变资本的相对变化。同时,马克思也在一定程度受时代的局限以及古典经济学家关于机器排挤人的观点的影响,如他在考察资本主义社会的失业问题时,也遵循着科技进步导致不变资本增加,使可变资本相对减少而导致失业的古典经济学逻辑。这样,就使得马克思在分析资本结构以及变化时,会更多关注不变资本与可变资本的比例关系。

其实,从马克思经济学的逻辑来论,不变资本与可变资本的技术比例仅是剩余价值生产的背景条件,而重要的是可变资本以及活劳动的变化问题,在考察技术进步与劳动生产率的变化时,也应重点考察这些因素对活劳动与可变资本的影响。如不变资本与可变资本之间的比例关系对于价值和剩余价值的生产,对于失业、再生产以及利润率的变化固然重要,但是,这种比例关系仅是一种技术关系,就个别企业的价值或剩余价值生产而论,生产者如何来确定两者比例也是一个技术问题,这也是一个社会生产得以进行的重要前提。然而,资本购买到的活劳动能够创造多少价值和剩余价值则是这一生产的核心问题,这与可变资本或活劳动的增加与减少直接相关。但马克思并没有很好地将这个逻辑贯彻下去,其关键点还是在于马克思经济学假定条件的局限性。这就造成了马克思经济学 100 多年来在价值与生产价格之间关系上,在生产资料优先增长问题上,在平均利润率下降的趋势问题上,在地租来源的问题上,等等,都受到来自马克思主义经济学内部与外部的论辩。

总结

世界的变迁和中国社会的发展与实践一次次证明，马克思主义永远不会过时，它只会随着社会的发展、时代的进步，不断充实新的内容、变换新的面孔。这种新与变，只会更加科学地指导我国社会发展实践。正如习近平总书记所说："前进道路上，我们要继续高扬马克思主义伟大旗帜，让马克思、恩格斯设想的人类社会美好前景不断在中国大地上生动展现出来！"

参考文献

[1] 王家福,刘海年.中国人权大百科全书[M].北京:中国大百科全书出版社,1998:316.

[2] 庄三红.劳动价值论的时代化研究[M].北京:中国社会科学出版社,2012:77.

[3] 吴军宏.重庆市就业服务业发展研究[C].重庆:重庆师范大学,2015:83.

[4] 中共中央马克思恩格斯列宁斯大林著作编译局.马克思恩格斯选集:3卷[M].北京:人民出版社,1972:332.

[5] 中共中央马克思恩格斯列宁斯大林著作编译局.列宁选集:1卷[M].北京:人民出版社,2012:153.

[6] 吴冷西.十年论战:1卷:上册[M].北京:中央文献出版社,1999:6.

[7] 于源华.马克思主义就业理论及其当代意义分析[C].沈阳:东北大学,2010:23.

[8] 孔寒冰.东欧史[M].上海:上海人民出版社,2010:436—437.

[9] 雅诺什·科尔奈.社会主义体制:共产主义政治经济学[M].张安,译.北京:中央编译出版社,2007:184—185.

[10] 杜尚·比兰吉奇.南斯拉夫社会主义联邦共和国史纲[M].许万明,等,译.阿丹,赵乃斌,等,校.天津:天津人民出版社,1985:158—159.

[11] 卡德尔.卡德尔论文选[M].李嘉恩,等,译.北京:外语教学与研究出版社,1986:40.

[12] 衣俊卿.20世纪新马克思主义:修订版[M].北京:中央编译出版社,2012:58.

[13] 马尔科维奇,彼得洛维奇.实践南斯拉夫哲学和社会科学方法论文集[G].郑一明,曲跃厚,译.哈尔滨:黑龙江大学出版社,2010:217.

[14] 高歌.东欧国家的政治转轨[M].北京:世界知识出版社,2003:143.

[15]祖立.波兰:工会问题的新风波[J].世界知识,1982:22.

[16]汪亭友.波兰剧变的主要原因与历史教训[J].科学社会主义,2009:5.

[17]胡德巧.波兰促进就业的做法及启示[J].宏观经济管理,2006:4.

[18]郑永延,杨菲蓉.中国化马克思主义理论[M].广州:广东高等教育出版社,2005:44.

[19]胡锦涛.高举中国特色社会主义伟大旗帜 为夺取全面建设小康社会新胜利而奋斗[N].人民日报,2007-10-15.

[20]邓小平.邓小平文选:1卷[M].北京:人民出版社,1994:88.

[21]姚永明.中俄（苏）马克思主义本土化研究[D].扬州:扬州大学,2015:134.

[22]国家统计局.中国统计年鉴:1992[M].北京:中国统计出版社,1992:97+105+114.

[23]毛泽东.毛泽东文集:6卷[M].北京:人民出版社,1952:128+204.

[24]邓小平.邓小平文选:3卷[M].北京:人民出版社,1993:269.

[25]中共中央文献研究室.党的十五大以来重要文献选编:上[M].北京:人民出版社,2000:10.

[26]邓小平.邓小平文选:2卷[M].北京:人民出版社,1994:108+120+165.

[27]刘庆唐.邓小平就业理论的基本观点与解决就业问题的对策[J].重庆工学院学报,2002(6).

[28]李云鹏.人力资源市场建设辉煌四十年[N].中国劳动保障报,2018-12-28.

[29]程艳旗.近十年工科大学生就业流向探析[J].高等工程教育研究,2002(6):44—46.

[30]江泽民.江泽民文选:3卷[M].北京:人民出版社,2006:506—508+510—511.

[31]江泽民.江泽民论有中国特色社会主义:专题摘编[M].北京:中央文献出版社,2002:116.

[32]江泽民.解决就业问题是贯彻"三个代表"要求的重大实践论[N].人

民日报,2002-9-12.

[33]中共中央文献研究室.江泽民论有中国特色社会主义[M].北京:中央文献出版社,2002:135.

[34]江泽民.江泽民文选:2卷[M].北京:人民出版社,2006:552.

[35]胡锦涛.实施更加积极的就业政策努力实现社会就业更加充分[N].新华网.(2012-7-22)[2020-2-21],http://www.chinadaily.com.cn/dfpd/shizheng/2012-02/21/content_14661020.htm.

[36]中共中央文献研究室.党的十七大以来重要文献选编[M].北京:中央文献出版社,2009:91+237.

[37]刘启生.马克思主义就业理论与社会主义就业实践[D].天津:天津师范大学,2008.

[38]劳动保障部专项课题研究小组.实施扩大就业的发展战略实现社会就业更加充分研究报告[J].中国就业,2008(3).

[39]胡锦涛.在省部级主要领导干部提高构建和谐社会能力专题研讨班上的讲话[N].人民日报,2005-6-27.

[40]胡锦涛.在邓小平同志诞辰100周年大会上的讲话[N].人民日报,2003-7-2.

[41]李淮春.马克思主义哲学全书[M].北京:中国人民大学出版社,1996:560.

[42]杨天平.对党的十八大报告中教育"二为"方针的学理解读[N].江苏大学学报,2012-12-10.

[43]蔡禾,曹薇娜.中国的失业问题及其特征:基于CLDS追踪调查数据的描述[J].广东社会科学,2019(2).

[44]孙伯鍨,侯惠勤.马克思主义哲学的历史与现状:上[M].南京:南京大学出版社,2004:153—154.

[45]张才国.新自由主义的意识形态[M].北京:中央编译出版社,2007:144.

[46]安小强.新自由主义对当代中国的侵袭及对策研究[D].秦皇岛:燕山大学,2017:34.

[47] 诺姆·乔姆斯基.新自由主义和全球质询[M].徐海铭,季海宏译.南京:江苏人民出版社,2000:1.

[48] 攀登.全球化视域下新自由主义、普遍主义与历史主义的再考察[J].国外社会科学前沿,2011(3):37.

[49] 张才国,新自由主义的意识形态分析[D].北京:中国社会科学研究院,2007:131.

[50] 李其庆.新自由主义本质辨析[J].经济学家,2004(6).